EINMOTORIGE & ZWEIMOTORIGE FLUGZEUGE

BACHMANN

EINMOTORIGE & ZWEIMOTORIGE FLUGZEUGE

Motor
buch
Verlag

MOTORBUCH VERLAG STUTTGART

Exklusivproduktion für Motorbuch Verlag
Idee, Gestaltung und Herstellung:
Air Report Verlag, 6101 Rossdorf 2

ISBN: 3-87943-719-X

Der Verfasser dankt allen in diesem Handbuch aufgeführten Flugzeugherstellern für die freundliche Unterstützung mit umfangreichem Bild- und Datenmaterial.

VORWORT

Seit 1975 erscheinen unsere Handbücher über einmotorige und zweimotorige Flugzeuge.

In diesem Handbuch nun, in dem erstmals Einmotorige und Zweimotorige zusammengefasst sind, spielt - den Forderungen unserer energiebewussten Zeit entsprechend - der Treibstoffverbrauch der Flugzeuge eine wichtige Rolle; ein Faktor, der in unseren Flugzeughandbüchern der letzten Jahre zwar keine untergeordnete, aber doch nebensächliche Bewertung erfahren hatte.

Bei den Analysen des Treibstoffverbrauchs der Einmotorigen und Zweimotorigen kamen wir zu dem Ergebnis, dass Flugzeuge dieser Kategorie ausgesprochen optimale Energieverwerter sind, die zudem keine Belastung für unseren Strassenverkehr darstellen. Wir haben mit allen möglichen Methoden Vergleiche zwischen PKWs und diesen Flugzeugen berechnet - das Flugzeug blieb in jedem Fall das energiesparendere Verkehrsmittel.

Aber nicht nur im Energie-Verbrauchsvergleich unterscheidet sich dieses Handbuch von seinen Vorgängern: die technischen Daten der Flugzeuge wurden vor allem in den Leistungsdaten erheblich aufgeschlüsselt und ihrer Bedeutung entsprechend hervorgehoben.

Neu ist auch die unterschiedliche Zuordnung der Avionic. Jedes Flugzeug wurde gemäss seiner Leistungskategorie bewertet und erhielt folglich die adäquate Funknavigationsausrüstung. Dies führte bei jedem Flugzeugtyp zu einer grösseren Kostentransparenz, die einen noch präziseren Vergleich zwischen den einzelnen Flugzeugen ermöglicht.

Kostenvergleiche in der Allgemeinen Luftfahrt sind notwendig geworden - auch wenn zur Zeit der relativ günstige Dollarkurs (Stand Mitte 1980: ein Dollar = ca. DM 1,80) ein günstiges „Geschäft“ beim Kauf einer Ein- oder Zweimotorigen aus den Vereinigten Staaten indiziert.

Dieses Handbuch soll dabei helfen.

Rossdorf, im Juli 1980

Peter Bachmann

Peter Bachmann

INHALTSVERZEICHNIS

INFORMATIONEN VON A - Z

BILDER, DATEN, KOSTEN

INFORMATIONEN VON A~Z

PILATUS TURBO PORTER IN DER VERSION ALS WASSERFLUGZEUG

Auf den folgenden Seiten finden Sie einige wichtige Kurzinformationen über technische Daten und Kostenwerte bei den in diesem Handbuch vorgestellten einmotorigen und zweimotorigen Flugzeugen.

Diese Kurztexte samt zugehöriger erläuternder Abbildungen sollen Ihnen eine prägnante Orientierungshilfe zum besseren Verständnis der dargestellten Werte sein. Sie erheben allerdings keinen Anspruch auf Vollständigkeit oder umfassende Information, die ein tiefergehendes Studium der einschlägigen Fachliteratur erübrigt. Auf wissenschaftliche Ausdrucksweise und komplizierte mathematische Formeln ist in jedem Fall bewusst verzichtet worden. Es wurde dagegen eine allgemein verständliche Ausdrucksweise gewählt, die es auch dem Nichtfachmann ermöglicht, in kürzester Zeit die Zusammenhänge im Bereich der Flugzeugtechnik zu erkennen. Für den Fachmann wird der alphabetische Teil mit den Kurztexten vielleicht überflüssig sein - er mag den lexikalischen Teil als Abrundung zu dem umfangreichen Bild- und Datenteil sehen, der ja der eigentliche Hauptteil dieses Handbuches ist.

Nicht zuletzt haben wir den lexikalischen Teil kurz gefasst, um dem Bilder- und Datenteil den grössten Platz bei einem vorgegebenen Umfang des Handbuches zu widmen. Bei den 116 einmotorigen und zweimotorigen Flugzeugen wurden über 20.000 Daten analysiert und auf standardisierte 8.000 Daten gebracht. Die den Datenseiten gegenüberliegenden grossformatigen Abbildungen lockern die etwas „trockene“ Zahlenmaterie auf.

ABMESSUNGEN

Die Abmessungen innerhalb der technischen Daten in diesem Handbuch sind in Metern (m) angegeben.

Zu den Abmessungen zählen:

o Länge des Flugzeuges

o Höhe des Flugzeuges

o Spannweite und

o Flügelfläche (Angabe in qm).

Weitere Detailabmessungen wurden aus Gründen der Übersichtlichkeit nicht genannt. Aus der folgenden Abbildung (Abmessungen in m einer Robin Aiglon) können die einzelnen Werte bis auf die Flügelfläche abgelesen werden.

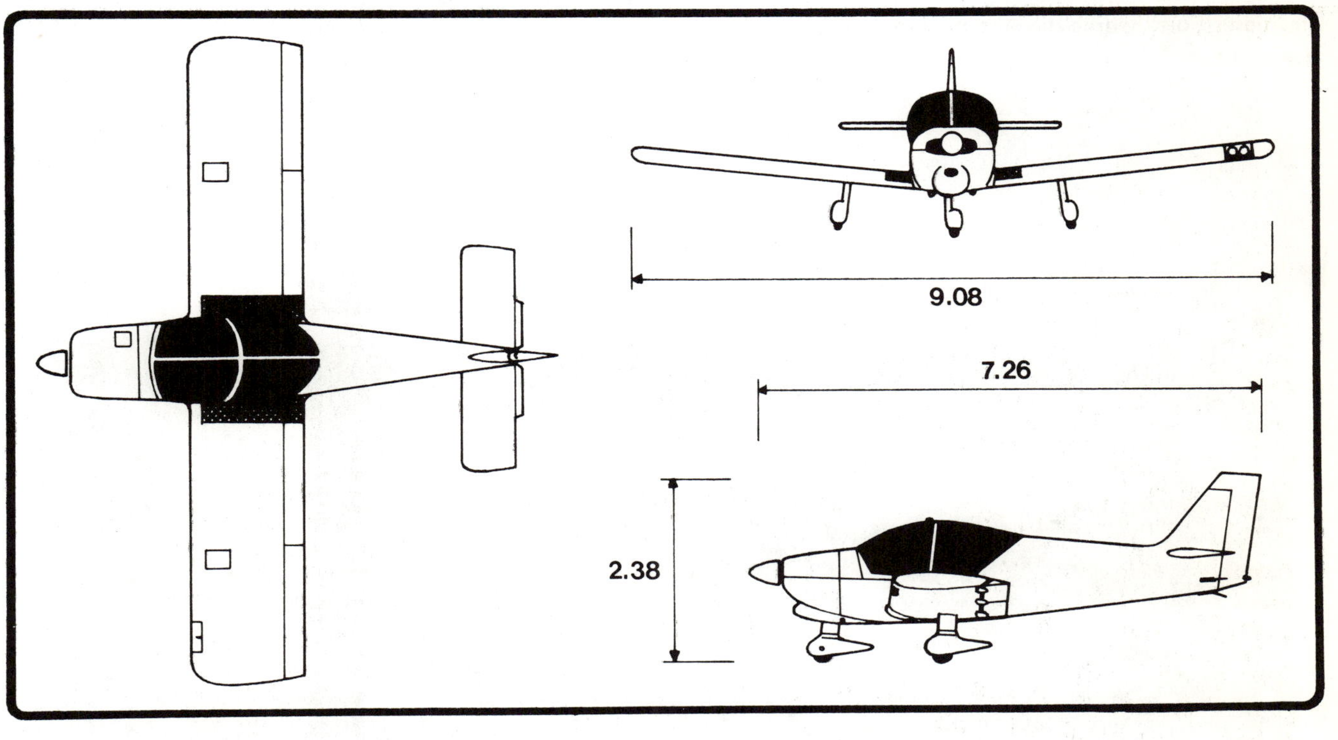

ABREISSGESCHWINDIGKEIT

Die Abreissgeschwindigkeit ist vor allem bei Start und Landung von Interesse, da es sich hier um die grössten Gefahrenmomente beim Fliegen handelt.

Diese Geschwindigkeit, bei der die Luftströmung an den Tragflächen förmlich „abreisst" und zum Auftriebsverlust führt, wird in km/h bei voller Landeklappenstellung und in Landekonfiguration angegeben. Unter „Landekonfiguration" ist der Flugzustand des Flugzeuges im Landeanflug (Endanflug) zu verstehen: entsprechend den Vorschriften des Flugzeugherstellers reduzierte Triebwerkleistung, festgelegte Sinkrate (m/sek) und festgelegter Gleitwinkel (Grad).

ABSCHREIBUNG

Die Abschreibung eines Flugzeuges ist nur innerhalb der „Kaufmännischen Kalkulation" für Firmen und Unternehmen der Luftfahrtwirtschaft interessant.

Ausgehend von einem Anschaffungspreis z.B. von insgesamt DM 200.000 (ohne MWSt) wird ein Abschreibungszeitraum von 8 Jahren und ein Wiederverkaufswert von 30 % (bezogen auf den Anschaffungspreis) nach Ablauf der 8 Jahre angenommen. In unserem Beispiel ergäbe sich ein Wiederverkaufswert von DM 60.000, der vom Anschaffungspreis abgezogen werden muss. Es verbleiben DM 140.000, die auf 8 Jahre abgeschrieben werden:

DM 140.000 : 8 = DM 17.500 Abschreibung pro Jahr

In dieser Form wurde die Abschreibung bei allen Flugzeugen in diesem Handbuch berechnet.

ABSTELLGEBÜHREN/HANGARIERUNG

Abstellgebühren sind wie die Landegebühren nach dem maximalen Startgewicht der Flugzeuge gestaffelt. Auch hier gilt wie bei den Landegebühren auf ADV-Flugplätzen eine einheitliche Gebührenpolitik.

Bis 1.000 kg	DM 02,20
Bis 1.200 kg	DM 02,75
Bis 1.400 kg	DM 03,30
Bis 2.000 kg	DM 04,40
Bis 3.000 kg	DM 06,60
Bis 4.000 kg	DM 08,80
Bis 5.000 kg	DM 11,00
Bis 6.000 kg	DM 13,20

Die Hangarierungskosten entsprechen in ihrer Berechnungsart den Abstellgebühren (Staffelung nach Gewicht). Als Grundpreis können rund DM 1.000 angesetzt werden. Hinzu kommen DM 0,60 je 100 kg und je Tag der Hangarierung. Der Grundpreis errechnet sich aus ca. DM 3,00 je Tag Grundgebühr.

Berechnungsbeispiel

Flugzeug mit einem maximalen Gewicht von 2.000 kg:
Grundpreis . . . DM 3,00 x 360 Tage = DM 1.080,00
Zusätzlich . . . . . DM 12,00 x 360 = DM 4.320,00
Gesamtpreis . . . . DM 5.400,00

Aus dem Gesamtpreis ist in diesem Fall noch die Mehrwertsteuer herauszuziehen.

(Abbildung: Hallenplätze sind rar und teuer !)

ANSCHAFFUNGSPREIS

Der Anschaffungspreis ist in DM angegeben und stellt den Preis dar, den man für ein ein- oder zweimotoriges Flugzeug mit entsprechender Avionic ausgerüstet (siehe auch „Avionic" und „Flugzeugkategorien") frei deutschem Flugplatz ohne Mehrwertsteuer (bzw. Einfuhrumsatzsteuer) zahlen muss.

In dem Anschaffungspreis sind weiterhin 5 - 15 % Zusatzkosten (je nach Flugzeughersteller) enthalten, die für die Ausrüstung des Flugzeuges über die Standardausführung hinaus aufzuwenden sind (siehe auch „Musterkalkulation").

AVIONIC

Unter Avionic ist im weitesten Sinne die Ausrüstung eines Flugzeuges mit Funk- und Naviagtionsgeräten, Flugregelsystem/Autopilot zu verstehen.

Entsprechend dem Verwendungszweck der ein- und zweimotorigen Flugzeuge unterscheiden sich auch die Elektronik-Ausrüstungen (Avionic) voneinander. Wir beziehen uns hier auf die Kategorisierung der ein- und zweimotorigen Flugzeuge (siehe auch „Flugzeugkategorien") und möchten jedem Flugzeugtypus die ihm angemessene Avionic zuordnen, wobei diese Zuordnung auch bei der Kalkulation des Anschaffungspreises (siehe auch „Musterkalkulation") berücksichtigt wurde.

Einmotorige Flugzeuge	100 - 160 PS
Avionic-Kategorie A	DM 15.000
Einmotorige Flugzeuge	160 - 200 PS
Avionic-Kategorie B	DM 25.000
Einmotorige Flugzeuge	200 - 300 PS
Avionic-Kategorie C	DM 40.000
Avionic-Kategorie D	DM 60.000
Einmotorige Flugzeuge	über 300 PS
Avionic-Kategorie D	DM 60.000
Zweimotorige Flugzeuge	180 - 250 PS
Avionic-Kategorie D	DM 60.000
Avionic-Kategorie E	DM 70.000
Zweimotorige Flugzeuge	250 - 300 PS
Avionic-Kategorie E	DM 70.000
Zweimotorige Flugzeuge	300 - 400 PS
Avionic-Kategorie E	DM 70.000
Avionic-Kategorie F	DM 100.000
Zweimotorige Flugzeuge	400 - 1.000 PS
Avionic-Kategorie F	DM 100.000
Avionic-Kategorie G	DM 220.000

Die einzelnen Kategorien können folgendermassen beschrieben werden:

Kategorie A . . . . DM 15.000
Sprechfunkgerät, VOR-Funknavigationsgerät, ADF-Funknavigationsgerät, Transponder

Kategorie B . . . . DM 25.000
Wie Kategorie A, zusätzlich wahlweise Autopilot oder zweites VOR-Funknavigationsgerät

Kategorie C . . . . DM 40.000
Preiswerte IFR-Ausrüstung ohne Autopilot

Kategorie D . . . . DM 60.000
Anspruchsvolle IFR-Ausrüstung mit Autopilot und DME

Kategorie E . . . . DM 70.000
IFR-Ausrüstung für Zweimotorige mit Autopilot und DME

Kategorie F . . . . DM 100.000
Anspruchsvolle IFR-Ausrüstung für Zweimotorige mit Wetterradar

Kategorie G . . . . DM 220.000
Anspruchsvolle IFR-Ausrüstung für Hochleistungs-Turboprops der höchsten Klasse mit farbigem Wetterradar

Unten und auf den beiden folgenden Seiten finden Sie einige Avionic-Beispiele (Hersteller King) abgebildet.

N55726

ACTIVE
COMM
STANDBY
TEST
KING
ATC TRANSP
IDENT
ON
STBY
ALT
OFF
A
B
TEST
ADF
ADF
ANT
VOL
BFO
OFF
TEST
FREQ/KEYBOARD
COURSE
AUTO CRS
CLR TEST
WPT CRS
DSPY
IN USE
WPT RADIAL
WPT DISTANCE
EN ROUTE
VOR
APPR
CRS 1
CRS 2
NAV TEST
KYBD CLR
DIGITAL RNAV

DATEN, TECHNISCHE

Die technischen Daten der einzelnen Flugzeuge, die im alphabetischen Teil dieses Handbuches in Kurzform definiert sind, haben im Teil II (Bilder, Daten, Kosten) des Handbuches folgendes Aussehen (Musterabbildung der technischen Daten einer Beechcraft Skipper 77):

TECHNISCHE DATEN

Triebwerk	Lycoming 0 - 235
Triebwerkart	Vergasermotor
Treibstoffart	Flugbenzin
Triebwerkleistung (PS)	115
Triebwerkleistung (kW)	85
Flächenanordnung	Tiefdecker
Fahrwerk	Fest
Propeller	Zweiblatt, starr
Sitzplätze (mit Besatzung)	2
Länge (m)	7,28
Höhe (m)	2,30
Spannweite (m)	9,14
Flügelfläche (qm)	12,07
Leergewicht (kg)	499
Zuladung ohne Treibstoff (kg)	182
Zuladung mit Treibstoff (kg)	261
Zuladung ohne Treibstoff (%)*01	23,92
Zuladung mit Treibstoff (%)*02	34,34
Treibstoff (Liter)	110
Treibstoff (kg)	79
Maximales Startgewicht (kg)	760
Flächenbelastung (kg/qm)	62,97
Leistungsbelastung (kg/PS)	6,61
Leistungsbelastung (kg/kW)	8,98
Höchstgeschwindigkeit (km/h)*03	196
Reisegeschwindigkeit (km/h)*04	180
Abreissgeschwindigkeit (km/h)*05	87
Steigleistung einmotorig (m/sek)	3,66
Steigleistung zweimotorig (m/sek)	-
Dienstgipfelhöhe einmotorig (m)	3.932
Dienstgipfelhöhe zweimotorig (m)	-
Reichweite (km)*06	735
Startrollstrecke (m)	229
Startstrecke über 15-m-Hindernis (m)	390
Landerollstrecke (m)	182
Landestrecke über 15-m-Hindernis (m)	400

DIENSTGIPFELHÖHE

Dienstgipfelhöhe ist als die Höhe definiert, in der ein ein- oder zweimotoriges Flugzeug mit maximalem Startgewicht (abzüglich der seit dem Start verbrauchten Kraftstoffmenge) noch mit 0,5 m/sec steigen kann.

Bei den zweimotorigen Flugzeugen ist zunächst die Dienstgipfelhöhe beim Flug mit einem Motor, danach die beim Zweimotorenflug angegeben.

EINSPRITZER

Bei einem Triebwerk mit Einspritzanlage wird das Treibstoffluftgemisch entweder mechanisch oder elektrisch (elektronisch) aufbereitet. Dies geschieht entsprechend der Flughöhe, so dass auch in grösseren Flughöhen (ab 3.000 m) immer ein optimal abgestimmtes Treibstoffluftgemisch vorhanden ist. Flugzeuge mit Einspritzanlagen erreichen Flughöhen bis zu 7.000 m. Der zum Betrieb verwendete Treibstoff ist Flugbenzin (AVGAS 100 LL).

Auf der folgenden Abbildung sehen Sie drei Zylinder eines 6-Zylinder-Einspritzmotors IO - 540 von Lycoming (Blick von vorne).

FAHRWERK

Unter dieser Bezeichnung sind bei den technischen Daten folgende Hinweise zu finden:

o Fest und

o Einziehbar

Feste Fahrwerke können strömungsgünstige Radverkleidungen haben, um den Luftwiderstand der Räder zu mindern. Dies ist in der Regel auch der Fall.

Einziehbare Fahrwerke bieten den Vorteil des strömungsgünstigeren Rumpfes mit einem Geschwindigkeitsplus um 10 - 15 Knoten bei Einmotorigen und bis zu 40 und mehr Knoten bei Zweimotorigen, da bei letzteren die wesentlich höheren Geschwindigkeiten zu einem erheblichen Luftwiderstand bei festen Fahrwerken führen würden.

Auf der unteren Abbildung sehen Sie eine einmotorige Pilatus Turbo Porter mit Propellerturbinenantrieb und festem, ausgesprochen robust ausgelegtem Fahrwerk. Da dieses Flugzeug als reines Nutzflugzeug ohne Anspruch auf hoge Geschwindigkeiten eingesetzt wird, ist ein Einziehfahrwerk völlig entbehrlich. Darüber hinaus besitzt die Pilatus Turbo Porter noch extreme Kurzstart- und Landeeigenschaften, die ebenfalls bei dem hohen Gewicht des Flugzeuges ein festes Fahrwerk fordern.

FLÄCHENANORDNUNG

Bei den ein- und zweimotorigen Flugzeugen unterscheidet man hinsichtlich der Flächenanordnung zwischen Tiefdeckern und Hochdeckern. Genau genommen gibt es auch noch sogenannte „Schulterdecker" (wie die einstige Bölkow Junior), bei denen die Tragflächen im oberen Drittel zwischen Rumpfober- und Unterkante montiert sind und den Eindruck einer „Schulter" vermitteln. Unter den in diesem Handbuch vorgestellten Flugzeugtypen befindet sich jedoch kein Schulterdecker.

FLÄCHENBELASTUNG

Die Flächenbelastung eines Flugzeuges errechnet sich aus dem maximalen Startgewicht (kg) dividiert durch die Quadratmeterfläche der Tragflügel (qm) und wird in kg/qm angegeben. In Verbindung mit der Leistungsbelastung (Angabe in kg/PS oder kg/kW) kann die Flächenbelastung zur Beurteilung des Flugverhaltens der Flugzeuge eingesetzt werden.

Die Flächenbelastungen von Einmotorigen liegen im Bereich von ca. 50 kg/qm bis 100 kg/qm (die schnellsten Einmotorigen haben Werte zwischen 90 kg/qm und 120 kg/qm), die von Zweimotorigen zwischen 120 kg/qm und 200 kg/qm. Hochleistungs-Zweimots erreichen sogar Höchstwerte von 250 kg/qm bis 300 kg/qm.

FLUGKILOMETER

Der Begriff des „Flugkilometer" taucht bei der Kostenberechnung auf. Hier werden die Kosten je Flugkilometer bei einer Flugstundenzahl von 300 pro Jahr genannt. Ein Flugkilometer kostet demnach den Flugstundenpreis dividiert durch die mittlere Reisegeschwindigkeit (65 % Leistung in typischer Reiseflughöhe).

FLUGSTUNDE

Präzise gesehen stellt eine Flugstunde eine Zeiteinheit von 60 Minuten dar, in der ein Flugzeug fliegt. In der Luftfahrt hat sich jedoch besonders bei Kalkulationen und Abrechnungen der Begriff „Betriebsstunde" eingebürgert. Eine Betriebsstunde schliesst neben der reinen Flugzeit auch die Zeit für das Warmlaufen des Motors und die Zeit für das Rollen des Flugzeuges ein, denn der dekadische Betriebsstundenzähler im Flugzeug zählt ab einer bestimmten Drehzahl des Motors jede Sekunde.

FLUGZEUGHERSTELLERVERZEICHNIS

BEECHCRAFT
Beech Aircraft Corporation

USA — Wichita, Kansas 67201

BELLANCA
Bellanca Aircraft Corporation

USA — Alexandria, Minnesota 56308

BRITTEN NORMAN
Britten-Norman Ltd

GB — Isle of Wight PO35 5PR

CESSNA
Cessna Aircraft Company

USA — Wichita, Kansa 67201

DE HAVILLAND
De Havilland Aircraft of Canada Ltd

CANADA - Ontario

DORNIER
Dornier GmbH

D — 7990 Friedrichshafen

FFA
Flug- und Fahrzeugwerke Altenrhein

CH — 9422 Staad/SG

MITSUBISHI
Mitsubishi Heavy Industries Ltd

JAPAN - Tokyo 100

MOONEY
Mooney Aircraft Corporation

USA — Kerville, Texas 17820

PARTENAVIA
Partenavia SpA

I — 8026 Casoria (Naples)

PEZETEL
WSK-PZL-MIELEC
Ludowego Wojska Polskiego 3

POLEN — 39-301 Mielec

PILATUS
Pilatus Flugzeugwerke AG

CH — 6370 Stans/Luzern

PIPER
Piper Aircraft Corporation

USA — Lock Haven, Pennsylvania 17745

ROBIN
Avions Pierre Robin

F — 21121 Fontaine-les-Dijon

ROCKWELL
Rockwell International Corporation

USA — Bethany, Oklahoma 73008

SIAI MARCHETTI
Siai Marchetti SpA

I — 21018 Sesto Calende

SOCATA
Aerospatiale, Group Socata

F — 65001 Tarbes

SPORTAVIA
Sportavia Pützer GmbH

D — 5377 Dahlem-Schmidtheim

SWEARINGEN
Swearingen Aviation Corporation

USA — San Antonio, Texas 78284

FLUGZEUGKATEGORIEN

Die ein- und zweimotorigen Flugzeuge können, grob gesehen, in folgende Kategorien eingeteilt werden, wobei die PS-Leistung und der hauptsächliche Verwendungszweck massgeblich sind:

Einmotorige Flugzeuge . . . . 100 - 160 PS
Schulflugzeuge und leichte Reiseflugzeuge mit Vergasermotoren

Einmotorige Flugzeuge . . . . 160 - 200 PS
Leichte und mittlere Reiseflugzeuge, Schleppflugzeuge, Arbeitsflugzeuge mit Vergaser- und Turbomotoren

Einmotorige Flugzeuge . . . . 200 - 300 PS
Mittlere und schwere Reiseflugzeuge, Hochleistungsreiseflugzeuge mit Vergaser- und Turbomotoren

Einmotorige Flugzeuge . . . . über 300 PS
Hochleistungsreiseflugzeuge und Arbeitsflugzeuge mit Turbomotoren und Propellerturbinen

Zweimotorige Flugzeuge . . . . 180 - 250 PS
Schulflugzeuge, leichte Reiseflugzeuge mit Vergaser- und Turbomotoren

Zweimotorige Flugzeuge . . . . 250 - 300 PS
Mittlere Reiseflugzeuge mit Vergaser- und Turbomotoren

Zweimotorige Flugzeuge . . . . 300 - 400 PS
Mittlere Reiseflugzeuge mit Vergaser- und Turbomotoren

Zweimotorige Reiseflugzeuge . . . . 400 - 1.000 PS
Schwere Reiseflugzeuge mit Turbomotoren und Propellerturbinen

HÖCHSTGESCHWINDIGKEIT

Wir definieren entsprechend der Mehrzahl aller Flugzeughersteller die Höchstgeschwindigkeit (Angabe in km/h) als die Geschwindigkeit, die ein Flugzeug mit maximaler Motorenleistung und maximalem Startgewicht in Meershöhe unter den Bedingungen der Standardatmosphäre erreicht.

KALKULATION, BÜRGERLICH

Die „Bürgerliche Kalkulation" bei dem Einsatz von Flugzeugen wird häufig von Privatpersonen und Vereinen angewendet, die kaufmännische Kalkulationsbegriffe wie Abschreibung und Kapitalverzinsung in die Berechnung der Wirtschaftlichkeit eines Flugzeuges nicht einbeziehen. So enthalten die „Fixen Kosten" daher lediglich Hangarierungs- und Versicherungskosten und liegen damit deutlich unter den Kosten der „Kaufmännischen Kalkulation".

KALKULATION, KAUFMÄNNISCH

Im Unterschied zu der „Bürgerlichen Kalkulation" enthält die „Kaufmännische Kalkulation" bei den „Fixen Kosten" Abschreibung und Kapitalkosten. Ein Gewinnaufschlag ist bei der Kostenkalkulation der einzelnen Flugzeuge nicht enthalten.

KOSTEN, FIXE

Die „Fixen Kosten" werden als Jahreswert angegeben. Sie fallen grundsätzlich an, ganz gleich, ob das Flugzeug fliegt oder in der Halle steht. Lediglich kann bei einer Dauerhangarierung eine „Stilliegeversicherung" abgeschlossen werden. Dann entfallen natürlich die Versicherungskosten für die Dauer des Stilliegens.

Die „Fixen Kosten" setzen sich aus den Versicherungskosten, den Hangarierungskosten, den Abschreibungskosten und den Kosten für Kapitalzinsen zusammen. Bei der „Bürgerlichen Kalkulation" entfallen - wie bereits erwähnt - die Kapitalzinsen und die Kosten für Abschreibung.

KOSTEN, VARIABLE

Die „Variablen Kosten" sind die Kosten, die mit dem Betrieb eines Flugzeuges unmittelbar verbunden sind. Im einzelnen sind dies:

- Öl und Benzin
- Wartungskosten
- Rücklagekosten
- Landegebühren

(Siehe auch „Musterkalkulation")

LANDEGEBÜHREN

Die Landegebühren der Verkehrslandeplätze sind in der Regel nach Gewicht gestaffelt. Eine einheitliche Gebührenpolitik bei den Landegebühren repräsentiert die ADV (Arbeitsgemeinschaft der Verkehrslandeplätze):

Bis 1.000 kg	DM 06,90
Bis 1.200 kg	DM 08,10
Bis 1.400 kg	DM 13,80
Bis 2.000 kg	DM 20,70
Bis 3.000 kg	DM 34,50
Bis 4.000 kg	DM 46,00
Bis 5.000 kg	DM 57,50
Bis 6.000 kg	DM 69,00

Diese Landegebühren enthalten keine Mehrwertsteuer und basieren auf den Angaben mit Stand Juli 1980.

Für Flugzeuge mit einem maximalen Startgewicht von über 6.000 kg sind die Landegebühren noch höher, für uns aber in diesem Handbuch nicht von Interesse, da hier lediglich ein- und zweimotorige Flugzeuge bis zu 5.700 kg behandelt werden.

LANDEROLLSTRECKE

Die Landerollstrecke ist die Strecke, die ein Flugzeug vom Aufsetzpunkt bis zum Stillstand benötigt. Sie wird in den „Technischen Daten" in Metern (m) angegeben. Die Landerollstrecke wird durch das maximale Gewicht und die Geschwindigkeit am Aufsetzpunkt bei optimalem Landeklappeneinsatz unter mittlerem Bremsen bestimmt. Wie auch bei der Startrollstrecke gibt es für jeden Flugzeugtyp festgelegte Verfahren, ein Flugzeug anzufliegen und zu landen.

(Siehe auch Abbildung unten: Darstellung der Landeroll- und Startstrecke für eine Pilatus Turbo Porter)

LANDESTRECKE

Die Landestrecke setzt sich aus der Strecke (über Grund) vom Überflug eines 15-m-Hindernisses bis zum Aufsetzpunkt und der Landerollstrecke zusammen. Sie wird in den „Technischen Daten" in Metern (m) angegeben.

(Siehe auch Abbildung unten: Darstellung der Landeroll- und Startstrecke für eine Pilatus Turbo Porter)

LEERGEWICHT

Das Leergewicht (Angabe in kg) eines Flugzeuges ist als Gewicht des leeren Flugzeuges mit Avionic, Öl und nicht ausfliegbarem Treibstoff definiert. Es gibt zwar noch andere Definitionen, auf die hier aber nicht eingegangen werden soll, da sich die meisten Flugzeughersteller an diese Festlegung halten.

LEISTUNGSBELASTUNG

Die Leistungsbelastung ist eine Zahl, die das Verhältnis des maximalen Startgewichts zur PS-Leistung angibt. In den „Technischen Daten" ist als zweiter Wert auch die Leistungsbelastung pro kW angegeben. Die Berechnung der Leistungsbelastung ist einfach:

Max. Startgewicht : PS-Leistung = Leistungsbelastung

Hat ein Flugzeug ein maximales Startgewicht von 1.200 kg und eine PS-Leistung von 200 PS, so ist die Leistungsbelastung = 6,00.

Die Leistungsbelastung wird als Kriterium gern zur Beurteilung des Flugverhaltens eines Flugzeuges verwendet, wobei eine hohe Leistungsbelastung im Allgemeinen auf ein nicht ganz unproblematisches Flugverhalten schliessen lässt. Dies gilt allerdings nur mit Einschränkungen und auch nur bei Einmotorigen und Werten über 7,00 kg/PS.

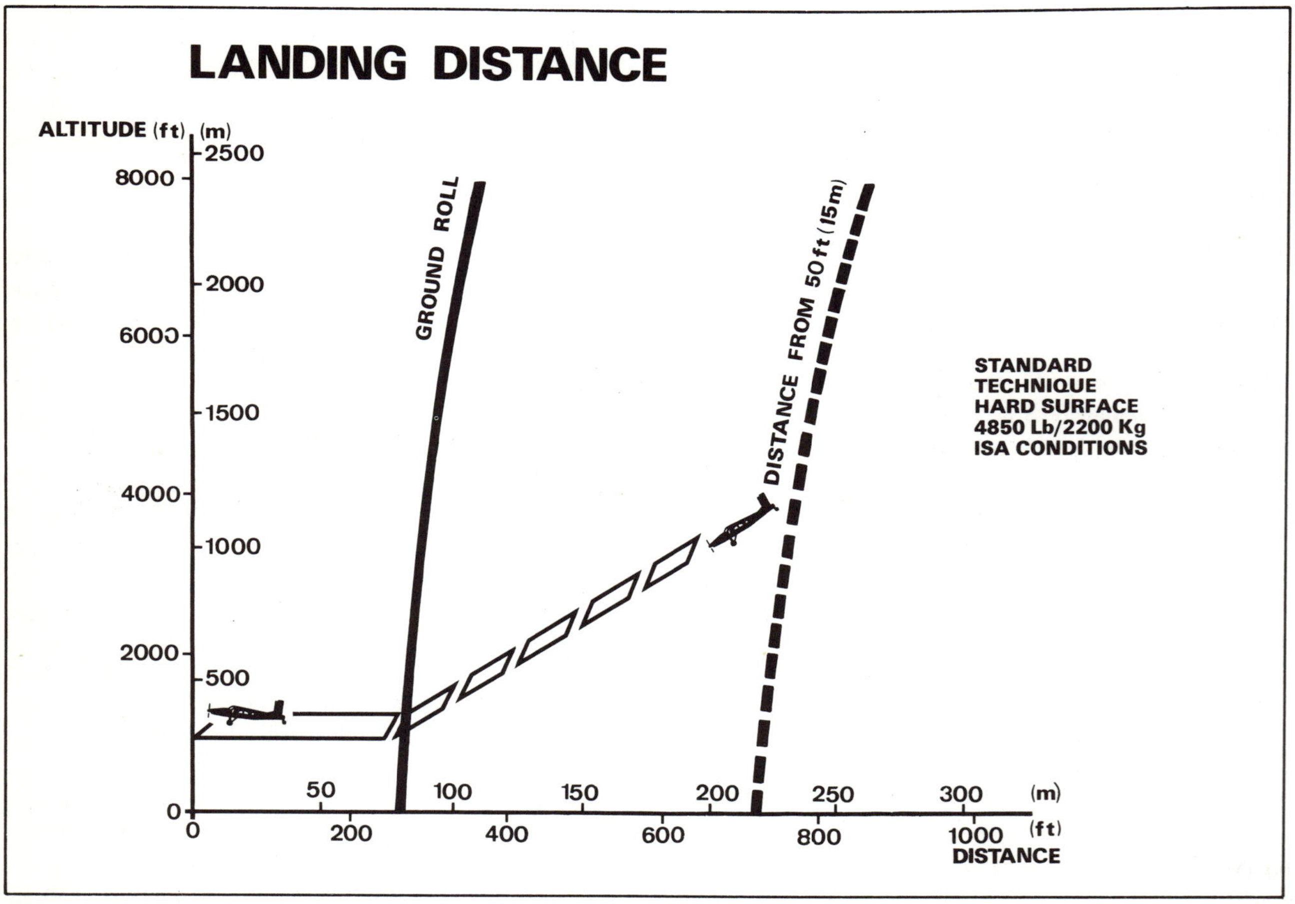

MUSTERKALKULATION

Die nachfolgende Musterkalkulation für eine Beechcraft Skipper 77 steht hinsichtlich der Methodik stellvertretend für alle Kalkulationen, die für die ein- und zweimotorigen Flugzeuge in diesem Handbuch angefertigt wurden. Zur Berechnung der einzelnen Kostenwerte wurden folgende Ausgangspreise herangezogen:

ANSCHAFFUNGSPREIS

Der Anschaffungspreis errechnet sich aus dem Basispreis (1) zuzüglich der Avionic (2), den Überführungs- und Zulassungskosten (3) und einer 5 - 15 % - Pauschale für eine über die Standardausführung hinausgehende Ausstattung, die zur Betriebszulassung des Flugzeuges in der Bundesrepublik Deutschland erforderlich ist (4).

(1) = Basispreis ohne Avionic in Standardausführung
(2) = Avionic gemäss Avionic-Kategorie
(3) = Frei deutschem Flugplatz
(4) = Bezogen auf den Basispreis des Flugzeuges, je nach Hersteller und Flugzeugtyp verschieden

FIXE KOSTEN

Die „Fixen Kosten", die pro Jahr auch ohne Bewegung des Flugzeuges entstehen, schliessen bei der „Kaufmännischen Kalkulation" Abschreibung, Kapitalverzinsung, Abstellgebühren/Hangarierung und Versicherungskosten (ca. 3,5 % vom Versicherungswert = Anschaffungspreis) ein, bei der „Bürgerlichen Kalkulation" entfallen Abschreibung und Kapitalverzinsung. Bei der Abschreibung ist erwähnenswert, dass ein Wiederverkaufswert von 30 % (bezogen auf den Anschaffungspreis) in Ansatz gebracht wurde und dass die Abschreibungsdauer mit 8 Jahren gewählt wurde. Die jährliche Abschreibungsquote errechnete sich aus Anschaffungspreis ./. 30 % Wiederverkaufswert : 8.

VARIABLE KOSTEN

Die „Variablen Kosten" beinhalten alle die Kosten, die mit der Bewegung des Flugzeuges zusammenhängen. Sie werden pro Flugstunde angegeben. Im einzelnen handelt es sich um folgende Kostenpositionen:

o Kosten für Öl und Treibstoff

o Umlage der 50/100-Stunden-Kontrollkosten

o Rücklagen (0,02 % vom Anschaffungspreis)

o Landegebühren (gestaffelt nach Gewicht, angenommen wurde eine Landung pro 2 Stunden Flugzeit)

Beim Treibstoffpreis wurden DM 1,10 für AVGAS 100 LL und DM 0,76 für KEROSIN (Preise Stand Juni 1980) berechnet. Um den Ölverbrauch mit einzubeziehen, wurden auf den Treibstoffpreis je Flugstunde 5 % pauschal aufgeschlagen.

Die Begriffe „Treibstoffverbrauch" und „Treibstoffverbrauchsindex" werden unter dem jeweiligen Stichwort erläutert.

KOSTEN JE FLUGSTUNDE

Diese Kosten sind in 50-Stunden-Intervalle, beginnend mit 50 Stunden pro Jahr und endend mit 500 Stunden pro Jahr, eingeteilt. Aus den einzelnen Werten (1. Wert bürgerlich, 2. Wert kaufmännisch) lässt sich deutlich ersehen, dass die grössten Kostensprünge im Bereich 50 bis 300 Stunden zu finden sind (beim Gros der Flugzeuge). Danach werden die Abstände zwischen den 50-Stunden-Kosten erheblich geringer.

Mit erheblichen und spürbaren Verbilligungen bei „Vielfliegern" (über 500 Stunden pro Jahr) kann in keinem Fall gerechnet werden - auch nicht bei den teuren Zweimotorigen mit Turboprop-Antrieb.

Schliesslich werden noch die Kosten je Flugkilometer und je Sitzplatzkilometer (1. Wert bürgerlich, 2. Wert kaufmännisch) genannt. Beide Werte können zur Bewertung der Wirtschaftlichkeit eines Flugzeuges herangezogen werden.

Abschliessend sei noch der Vollständigkeit halber vermerkt, dass alle genannten Kostenwerte keine Mehrwertsteuer enthalten. Der private Pilot muss also, will er ein realistisches Kostenbild haben, die Mehrwertsteuer in allen Fällen hinzurechnen. Es sei nochmals erwähnt, dass bei der „Kaufmännischen Kalkulation" kein Gewinn einkalkuliert wurde.

(Teil KOSTENWERTE des Datenblattes zur Beechcraft Skipper 77)

KOSTENWERTE

Anschaffungspreis (DM)	78.622
Fixe Kosten (DM/p.a.)*07	15.930
Variable Kosten (DM/h)*08	69,00
Treibstoffverbrauch (Liter/h)*09	25,30
Treibstoffverbrauchsindex*10	5,62

KOSTEN JE FLUGSTUNDE UND JAHR BEI:

050 Stunden pro Jahr (DM)	171/387
100 Stunden pro Jahr (DM)	120/228
150 Stunden pro Jahr (DM)	103/175
200 Stunden pro Jahr (DM)	94/148
250 Stunden pro Jahr (DM)	89/132
300 Stunden pro Jahr (DM)	86/122
350 Stunden pro Jahr (DM)	83/114
400 Stunden pro Jahr (DM)	81/108
450 Stunden pro Jahr (DM)	80/104
500 Stunden pro Jahr (DM)	79/101

Flugkilometer (DM/km)*11	0,48/0,68
Sitzplatzkilometer (DM/km)*12	0,24/0,34

PROPELLER

Unter dieser Zeile werden der Propellertyp (Blattanzahl), die Möglichkeit, den Propeller zu verstellen und die Möglichkeit, die Vortriebswirkung des Propellers umzukehren (Reverse) genannt.

Bei der Blattanzahl kann man davon ausgehen, dass ein Drei- oder Vierblattpropeller ein kultiviertes Laufverhalten als ein Zweiblatt-Propeller hat. Auch das Vortriebsverhalten (Schub) des Drei- oder Vierblatt-Propellers ist in der Regel günstiger.

Starre Propeller haben eine festgelegte Steigung der einzelnen Propellerblätter, bei Verstellpropellern lässt sich der Wirkungsgrad des Propellers einstellen, je nachdem welche Leistung gerade benötigt wird (Reiseflugstellung, Startstellung, Segelstellung).

Propeller mit Reverse-Einrichtung (fast ausschliesslich bei Turbo-Props) bieten die Möglichkeit, beim Landeanflug nach dem Aufsetzen die Schubwirkung des Propellers umzukehren und damit eine zusätzlich zu den Bremsen wirkende Bremsleistung zu erreichen. Dies hat zur Folge, dass auch grosse Turbo-Props auf relativ kurzen Landebahnen landen können, da sie dank des Prop-Reverse eine kürzere Landerollstrecke benötigen.

PROPELLERTURBINE

Kolbentriebwerke sind wegen ihres geringen Leistungsgewichts nicht in der Lage, grössere propellergetriebene Flugzeuge anzutreiben. Propellerturbinen (PTL-Triebwerke) erfüllen jedoch diese Forderung.

PTL-Triebwerke werden bei grösseren zweimotorigen (und auch bei einer Einmotorigen, der Pilatus Turbo Porter) Flugzeugen eingebaut, die eine hohe Transportkapazität haben und dabei weitgehend unabhängig vom Wetter in grossen Höhen (bis zu 9.000 m) operieren sollen. PTL-Triebwerke werden mit Kerosin betrieben.

QUELLENVERZEICHNIS

Die in diesem Handbuch erwähnten Begriffe konnten mit Rücksicht auf das umfangreiche Bilder- und Datenmaterial sowie auf einen möglichst kurzen und prägnanten Informationswert nur in Kurzform erläutert werden. Zum eingehenderen Studium der Terminologie der ein- und zweimotorigen Flugzeuge sei auf folgende Bücher und Informationsquellen hingewiesen, die auch dem Verfasser dieses Handbuches zur Verfügung standen:

Allan, AERODYNAMIK, Air Report Verlag Rossdorf 2, 1979

Avco Lycoming, OPERATORS MANUAL AIRCRAFT ENGINES 0 - 360, I0 - 360, TI0 - 360, Williamsport, USA, 1974

Bachmann, ZWEIMOTORIGE FLUGZEUGE, Air Report Verlag, Rossdorf 2, 1976

Bachmann, EINMOTORIGE FLUGZEUGE, Air Report Verlag Rossdorf 2, 1978

Beechcraft Company, PILOTS OPERATING HANDBOOK, V 35, V 35 A, V 35 B, Wichita, USA, 1977

BILDMATERIAL, Hersteller der in diesem Handbuch aufgeführten Flugzeugmuster

Cescotti, LUFTFAHRTDEFINITIONEN, Reich Verlag, München, 1973

DATENMATERIAL, Hersteller der in diesem Handbuch aufgeführten Flugzeugmuster

Dorian, FACHWÖRTERBUCH DER LUFTFAHRT, Oldenbourg Verlag, München, 1964

Faber/Müller, PILOTENTRAINING, Air Report Verlag, Rossdorf 2, 1979

Faber/Müller, COCKPIT INSTRUMENTE, Air Report Verlag, Rossdorf 2, 1977

Foster, THE AIRCRAFT OWNERS HANDBOOK, Van Nostrand Reinhold, New York, 1978

Hünecke, FLUGTRIEBWERKE, Motorbuch Verlag, Stuttgart, 1978

JANES ALL THE WORLDS AIRCRAFT 1979 - 1980

Kermode, FLUGTECHNIK, Air Report Verlag, Rossdorf 2, 1979

Radke, BETRIEBSWIRTSCHAFTLICHE FORMEL-SAMMLUNG, Verlag Moderne Industrie, München, 1973

REICHWEITE

Die Reichweite (angegeben in Kilometern) gehört mit zu den wichtigsten Leistungskriterien eines Flugzeuges, wenn man das Flugzeug nicht nur zum Zwecke von Platzrundenflügen benutzen will.

Die Reichweite wurde errechnet bei mittlerer Reisegeschwindigkeit (65 % Leistung) in typischer Reiseflughöhe. Dabei wurde die Tankkapazität (Liter) abzüglich der nicht ausfliegbaren Restmenge Treibstoff sowie abzüglich einer Reserve von 45 Minuten durch den durchschnittlichen Treibstoffverbrauch je Stunde (ebenfalls bei 65 % Leistung) geteilt.

Dieser Wert wurde mit der Reisegeschwindigkeit (65 % Leistung) multipliziert. Die Reichweite wurde grundsätzlich mit maximaler Tankfüllung angegeben. Bei Flugzeugen, die nur über eine eingeschränkte Zuladekapazität Treibstoff bei vollbesetztem Flugzeug verfügen, gilt die genannte Reichweite natürlich mit diesen Einschränkungen. Die effektive Reichweite bei einem bestimmten Beladungszustand (Passagiere + Gepäck) kann anhand der prozentualen Angaben über Zuladung % ohne Treibstoff und Zuladung % mit Treibstoff errechnet werden.

REISEGESCHWINDIGKEIT

Unter „Reisegeschwindigkeit" ist bei den „Technischen Daten" die Geschwindigkeit zu verstehen, die ein Flugzeug mit einer Leistungseinstellung von 65 % in typischer Reiseflughöhe erreicht (mit maximalem Startgewicht unter Abzug des bis zum Erreichen dieser Höhe verbrauchten Treibstoffs).

Als „Typische Reiseflughöhe" ist die Höhe zu verstehen, die ein Flugzeug unter Berücksichtigung der optimalen Leistungseinstellung des Motors (Treibstoffausnutzung), grösster erzielbarer Reichweite und unter Sicherheitsaspekten wählt. Dabei wird die Reiseflughöhe auch von der Triebwerkart bestimmt. Ein einmotoriges, 120 PS starkes, zweisitziges Flugzeug wird verständlicherweise eine andere typische Reiseflughöhe haben als eine 800 PS starke Zweimotorige mit PTL-Triebwerk. Die typische Reiseflughöhe wird also nicht zuletzt auch durch die Einsatzfähigkeit des Triebwerks in unterschiedlichen Höhen bestimmt.

RÜCKLAGEN

Rücklagen müssen als „eiserne" Reserve für Wartungen und Reparaturen verstanden werden, die nicht durch periodische, in der Kalkulation erfasste Kontrollkosten abgedeckt sind (50- und 100-Stunden-Kontrollen).

Um einen einheitlichen, vergleichbaren Kostenwert festzusetzen, wurden 0,02 % Rücklagen je Flugstunde (bezogen auf den Anschaffungspreis) bei allen Flugzeugen kalkuliert.

Rücklagen gehen in die Kostenkalkulation für die „Variablen Kosten" ein. Der Stellenwert der Rücklagen innerhalb der „Variablen Kosten" kann dem Stichwort „Wartungskosten" entnommen werden.

SITZPLÄTZE

Bei den „Technischen Daten" werden die Sitzplätze einschliesslich der Besatzung angegeben. In der Regel ist bei den ein- und zweimotorigen Flugzeugen eine 1-Mann-Besatzung zulässig. Vorsicht ist bei allen Fluzeugen geboten, die angegebene Sitzplatzzahl als unbedingten Wert anzusehen. Vielfach ist das Ausnutzen des Sitzplatzangebotes von erheblichen Gewichtseinschränkungen bei der Zuladung (Treibstoff) abhängig.

SITZPLATZKILOMETER

Unter Sitzplatzkilometer sind bei den Kostenwerten die Kosten je Sitzplatz angegeben, die bei 300 Flugstunden pro Jahr nach der „Bürgerlichen" (1. Wert) und der „Kaufmännischen (2. Wert) Kalkulation" unter Einbeziehung der mittleren Reisegeschwindigkeit (65 % Leistung in typischer Reiseflughöhe) anfallen.

Diese Kosten werden ermittelt, indem die Kosten pro Flugkilometer (bei 300 Stunden pro Jahr, wie in unseren Tabellen für die einzelnen Flugzeuge angegeben) durch die Anzahl der Sitzplätze dividiert werden.

Die Kosten für den Sitzplatzkilometer können für einen Wirtschaftlichkeitsvergleich der Flugzeuge untereinander herangezogen werden.

STARTGEWICHT, MAXIMALES

Das maximale Startgewicht ist in den „Technischen Daten" in Kilogramm (kg) angegeben. Es ist als das maximale Gewicht zu verstehen, mit dem ein Flugzeug starten darf. Es setzt sich aus dem Leergewicht + Zuladung zusammen und wird vom Flugzeughersteller genannt.

STARTROLLSTRECKE

Die Startrollstrecke ist in den „Technischen Daten" in Metern (m) angegeben. Sie ist gemäss der internationalen Norm als die Strecke zu verstehen, die ein Flugzeug aus dem Stand bis zum Abheben benötigt.Die Angaben über die Startrollstrecke werden vom Flugzeughersteller gemacht, wobei maximales Startgewicht und optimale Klappenstellung (für besten Auftrieb unter Berücksichtigung des Luft- und Reibungswiderstandes) in diese Angabe einbezogen sind.

(Siehe auch die folgende Abbildung: Darstellung der Startrollstrecke und Startstrecke für eine Pilatus Turbo Porter)

STARTSTRECKE

Die Startstrecke ist bei den „Technischen Daten" in Metern (m) angegeben. Dabei wird die Startstrecke entsprechend der internationalen Definition als die Strecke bezeichnet, die ein Flugzeug aus dem Stand bis zum Überflug eines 15 Meter hohen Hindernisses benötigt.

Die Startstrecke setzt sich also aus der Startrollstrecke und der Strecke (über Grund) vom Abhebepunkt bis zum Überflug des 15-m-Hindernisses zusammen.

(Siehe auch folgende Abbildung: Darstellung der Startrollstrecke und Startstrecke für eine Pilatus Turbo Porter)

TAKE OFF DISTANCE

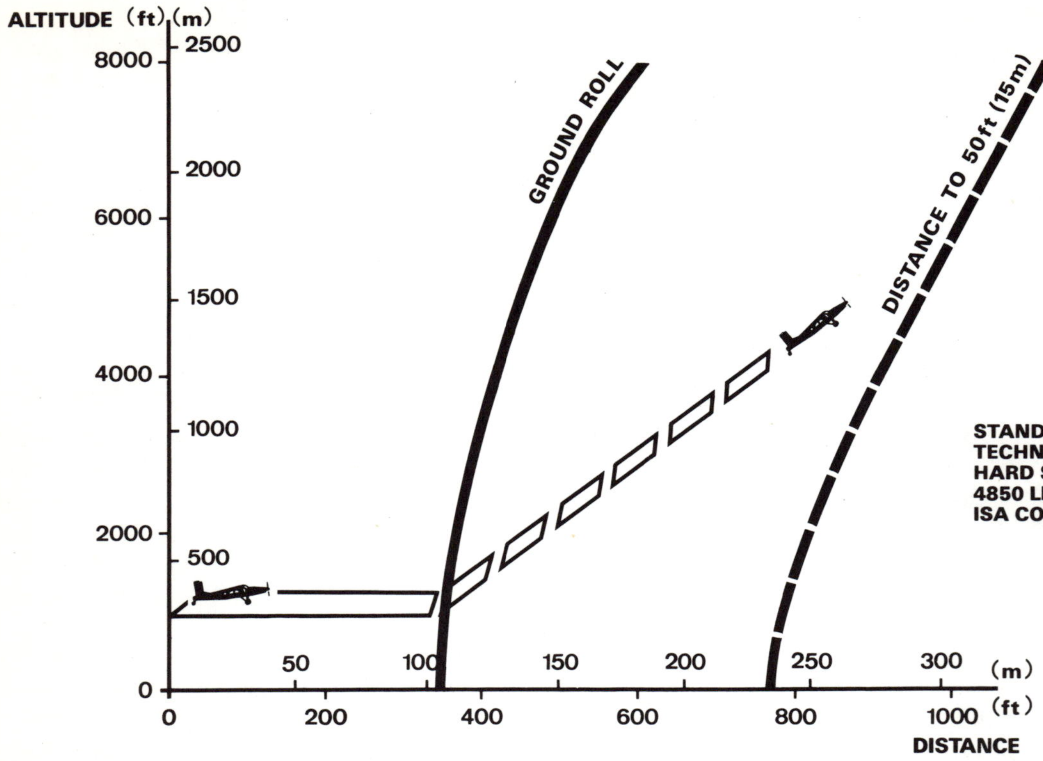

CLIMB PERFORMANCE

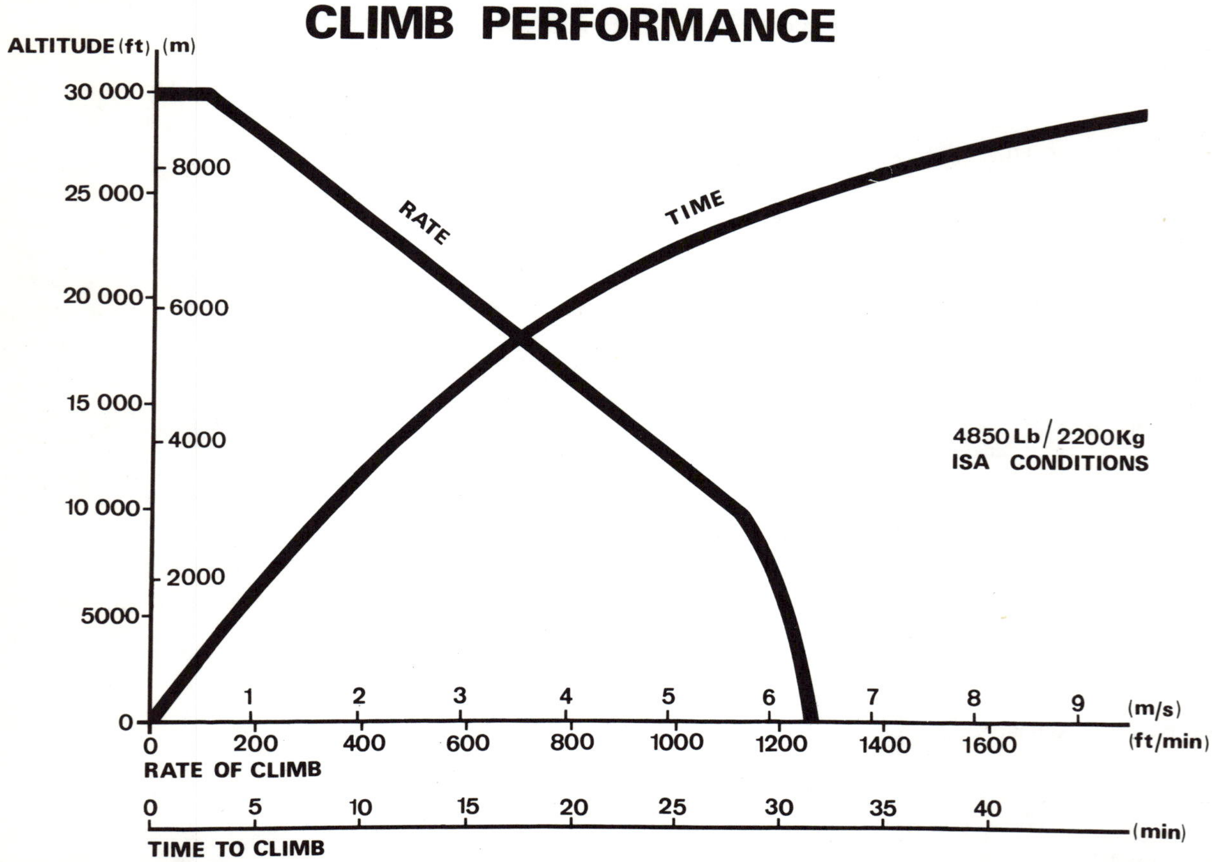

STEIGLEISTUNG

Die Steigleistung ist bei den „Technischen Daten" in Metern pro Sekunde (m/sek) angegeben. Zur Berechnung der Steigleistung wurden die Herstellerangaben, die unterschiedliche Masse hatten (ft/min, ft/sec, m/min) einheitlich in m/sek umgerechnet.

Bei den zweimotorigen Flugzeugen ist die Steigleistung getrennt für ein- und zweimotorigen Betrieb genannt.

(Siehe auch die Abbildung auf der gegenüber liegenden Seite, die die Steigleistung einer Pilatus Turbo Porter zeigt)

TREIBSTOFF

Flugzeuge mit normalen Kolbentriebwerken benötigen zum Betrieb Flugbenzin, seit einiger Zeit AVGAS 100 LL genannt. Flugzeuge mit Propellerturbinen-Triebwerken können nur mit Kerosin betrieben werden.

Das spezifische Gewicht von AVGAS 100 LL wurde bei allen Berechnungen mit 0,72 angesetzt, das von Kerosin mit 0,80. Hierbei handelt es sich um Durchschnittswerte, exakte Werte können nur ermittelt werden, wenn die Temperatur und die Provenienz des Treibstoffs vorliegen.

TREIBSTOFFVERBRAUCH

Der Treibstoffverbrauch eines Flugzeuges (in Litern/Stunde angegeben) hängt im wesentlichen von dem Gewicht des Flugzeuges, der Flughöhe, dem Triebwerktyp und der eingestellten Triebwerkleistung ab. Wir haben bei der Berechnung des Treibstoffverbrauchs eine Triebwerkleistung von 65 % in typischer Reiseflughöhe angenommen, wobei festgestellt werden muss, dass der genannte Treibstoffverbrauch kein wissenschaftlich errechneter Wert ist, sondern ein Durchschnittswert, der zusätzlich noch den Mehrverbrauch beim Rollen, Starten und beim Steigflug einschliesst. Dabei wurde als Basis für die Berechnung ein 2-stündiger Flug gewählt.

Als „Faustformel" kann man sich einprägen, dass der Treibstoffverbrauch in Litern/Stunde (L/h) mit ca. 22 % der Triebwerkleistung geschätzt werden kann.

Ein einmotoriges Flugzeug mit 200 PS Triebwerkleistung würde demnach ca. 44 L/h Treibstoff verbrauchen. Bei einem zweimotorigen Flugzeug mit 2 x 200 PS läge der Wert bei 88 L/h. Es muss nochmals betont werden, dass es sich hierbei um einen grob berechneten Wert handelt, der bis zu plus/minus 10 % von dem effektiven Verbrauch abweichen kann.

TREIBSTOFFVERBRAUCHSINDEX (TVI)

Beim Treibstoffverbrauchsindex handelt es sich um einen Wert, der die Effektivität eines Flugzeuges in bezug auf Treibstoffverbrauch, zurückgelegter Kilometerstrecke und beförderter Personenanzahl angibt. Als Zeitbezug für diese Effektivität wurde 1 Flugstunde gewählt.

Die Berechnung des TVI berücksichtigt auch die Tatsache, dass ein Flugzeug gegenüber einem PKW bezüglich des verbrauchten Treibstoffes einen besseren Aktionsgrad erreicht, da es nicht der Strassenführung folgen muss, sondern weitestgehend gerade Strecken fliegt.

Da es keine festgelegte Formel für die bessere Umsetzung des Treibstoffes in zurückgelegten Kilometern bei einem Flugzeug gegenüber einem PKW gibt, kann man sich hier wie auch bei dem Treibstoffverbrauch (L/h) nur mit einer Faustformel behelfen, die wir nachstehend entwickeln und vorstellen möchten.

Nehmen wir einmal an, ein PKW würde pro Stunde 20 Liter Benzin verbrauchen und dabei eine Strecke von 100 Kilometern zurücklegen. Könnte nun dieser PKW fliegen, so würde er die Strassen verlassen und eine gerade Strecke „fliegen". Der Verbrauch wäre pro Stunde gleich, die zurückgelegte Strecke aber grösser. Oder umgekehrt: der PKW würde für die Strecke von 100 Kilometer weniger Benzin verbrauchen. Rein empirisch kann dieser Minderverbrauch im Vergleich PKW zu „fliegendem PKW" mit rund 20 % angesetzt werden. Der „Flug-PKW" würde also statt 20 Litern für die 100 Kilometer nur 16 Liter verbrauchen.

Damit haben wir schon den ersten Teil unserer TVI-Formel für die Treibstoff-Effektivität eines Flugzeuges entwickelt:

(Verbrauch/Stunde x 80)

Beim PKW müsste die Formel so aussehen:

(Verbrauch/Stunde x 100)

Als nächster Punkt bei der Berechnung ist die Anzahl der beförderten Personen (maximale Beförderungszahl) in bezug zur erreichten mittleren Reisegeschwindigkeit (65 % Leistung in typischer Reiseflughöhe) wichtig. Lassen Sie uns zunächst jedoch wieder zum PKW zurückkehren. Hier wäre die mittlere Reisegeschwindigkeit auf der Strasse zur Berechnung heranzuziehen.

Wenn unser PKW nun eine mittlere Reisegschwindigkeit von 120 Kilometern pro Stunde hat und dabei 5 Personen befördert, so legt er pro Stunde 5 x 120 Personenkilometer zurück (=600 Sitzplatzkilometer).

Wenn wir nun den Verbrauch (multipliziert mit der Zahl 100) durch die Sitzplatzkilometer dividieren, so erhalten wir den TVI:

(20 L/h x 100) : (5 x 120) = 3,33

Diesen TVI haben wir für jedes der vorgestellten Flugzeuge berechnet, so dass ein direkter Vergleich in bezug auf die Treibstoffeffektivität möglich ist (bitte beachten: bei den Flugzeugberechnungen wird der Treibstoffverbrauch pro Stunde nicht mit 100, sondern mit 80 multipliziert !).

Man könnte nun diesen TVI sozusagen noch „verfeinern", indem man den Faktor „Zeit" in die Berechnung einbezieht. Am sinnvollsten geschieht dies dadurch, wenn man die mittlere Reisegeschwindigkeit wieder berücksichtigt. Da eine Division des TVI durch den realen km/h-Wert zu einem Bruchwert würde, müsste der km/h-Wert durch 100 dividiert werden. Lassen Sie uns die PKW-Berechnung wieder aufgreifen und den TVI durch 120 : 100 = 1,2 dividieren:

3,33 1,2 = 2,78

Zum Abschluss nun eine vollständige Berechnung zweier Flugzeuge, um den Beurteilungswert des TVI mit zusätzlich einbezogenem Zeitfaktor zu zeigen:

FLUGZEUG A
Einmotoriges Flugzeug, 200 PS Leistung, 4 Sitzplätze, mittlere Reisegeschwindigkeit 250 km/h, Durchschnittsverbrauch je Stunde 44 Liter Flugbenzin.

(44 x 80) : (4 x 250) = TVI = 3,52 : 2,5 = 1,41

FLUGZEUG B
Zweimotoriges Flugzeug, 2 x 200 PS Leistung, 6 Sitzplätze, mittlere Reisegeschwindigkeit 290 km/h, Durchschnittsverbrauch je Stunde 2 x 44 Liter Flugbenzin = 88 Liter/Stunde Gesamtverbrauch.

(88 x 80) : (6 x 290) = TVI = 4,05 : 2,9 = 1,4

Aus diesen beiden Werten kann klar gefolgert werden, dass hinsichtlich der Treibstoffeffektivität die Einmotorige zeitgemässer ist als die Zweimotorige. Wem es aber auf Zeit ankommt, dem wäre die Zweimotorige vermutlich lieber, wenn auch der Unterschied bei berücksichtigtem Zeitfaktor zwischen der Ein- und der Zweimotorigen extrem gering ist.

Lassen Sie uns zum Abschluss der Ausführungen über den Treibstoffverbrauchsindex ein realistisches Beispiel in Form eines PKW heranziehen - es soll, das sei ausdrücklich versichert, keine „Lanze" für die Allgemeine Luftfahrt gebrochen werden, die emotionalen Ursprung hat - die Zahlen sprechen jedoch für sich.

PERSONENKRAFTWAGEN
140 PS Leistung, 5 Sitzplätze, mittlere Reisegeschwindigkeit auf der Autobahn 140 km/h, Durchschnittsverbrauch je Stunde bei 120 km/h = 16 Liter:

(16 x 100) : (5 x 120) = TVI = 2,67 : 1,2 = 2,22

TRIEBWERK

Unter der Bezeichnung „Triebwerk" ist bei den „Technischen Daten" der Herstellername und die Kurzbezeichnung des Triebwerks genannt. Dabei kann aus der Kurzbezeichnung meistens die „Triebwerkart" entnommen werden. Ein „0" bedeutet „Vergasermotor", ein „I0" „Einspritzmotor", ein „TI0", TSI0" und „GTI0" einen Einspritzmotor mit „Turbocharger" (Turbocharged). Propellerturbinen haben andere Bezeichnungen. Bei den propellerturbinen-getriebenen Flugzeugen in diesem Handbuch werden Triebwerke von zwei Herstellern verwendet: PTL-Triebwerke von Pratt & Whitney und von Garrett Airesearch.

Auf der übernächsten Seite ist der Schnitt durch eine Propellerturbine Typ

GARRETT AIRESEARCH TPE 331 - 10 - 501 M

zu sehen. Zwei dieser PTL-Triebwerke treiben die Mitsubishi Marquise an.

Eines der schönsten Fotos zeigt eine Swearingen Metro II, die ebenfalls von 2 Garrett Airesearch Propellerturbinen TPE 331 angetrieben wird. Diese Triebwerke leisten jeweils 940 PS (Abbildung folgende Seite).

TRIEBWERKART

„Triebwerkart" bezeichnet das für das Flugzeug verwendete Triebwerk entsprechend seiner Funktionsweise. Wir unterscheiden bei den ein- und zweimotorigen Flugzeugen in diesem Handbuch folgende Triebwerkarten:

1 Triebwerk mit Vergaser (Vergasermotor)
2 Triebwerk mit Einspritzanlage (Einspritzer)
3 Triebwerk mit Turbolader (Turbocharged)
4 PTL-Triebwerk (Propellerturbine)
(Siehe auch die folgende Abbildung Garrett Airesearch Typ TPE 331 - 10 - 501)

Die Triebwerke 1 - 3 werden „Kolbentriebwerke" genannt. Auf die Merkmale und Unterschiede der einzelnen Triebwerkarten wird unter dem jeweiligen Stichwort eingegangen.

TURBOCHARGER

Bei einem Triebwerk mit Abgasturbolader (Turbocharged Engine) wird ein Teil der Abgasenergie zum Antrieb einer kleinen Turbine verwendet, die die vorhandene Luft komprimiert und dem Einspritzaggregat zur Gemischaufbereitung zuführt.

Da mit zunehmender Flughöhe die Luftdichte abnimmt, behält ein Flugzeug mit Turbolader in mittleren Höhen (bis ca. 8.000 m) weitgehend seine Leistung bei (im Vergleich zu einem Flugzeug mit Vergasermotor). In niedrigen Flughöhen (bis zu ca. 3.000 m) ist der Unterschied in der Leistung zwischen einem Vergasermotor und einem Motor mit Turbolader nicht so gravierend.

Flugzeuge mit Abgasturboladern erreichen Flughöhen bis zu 8.000/9.000 m. Diese Motore werden mit Flugbenzin (AVGAS 100 LL) betrieben.

CC-ECL

AIRESEARCH TPE 331-10-501M ENGINE

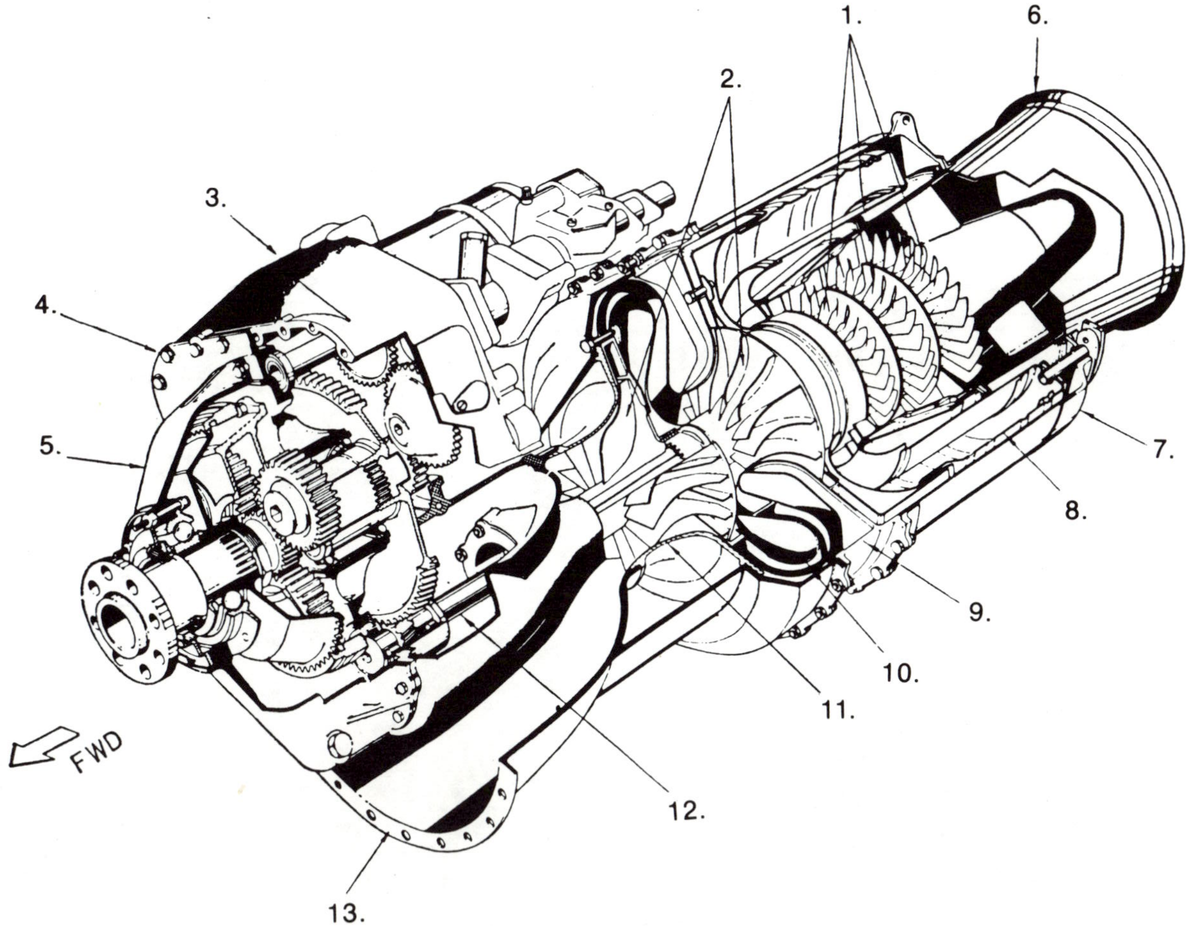

1. Turbine wheels
2. Compressor impellers
3. Reduction gear input housing assembly
4. Intermediate housing assembly
5. Output housing assembly
6. Turbine exhaust diffuser
7. Turbine plenum
8. Combustion chamber
9. Compressor housing
10. Compressor interstage duct assembly
11. Compressor shroud
12. Main drive shaft
13. Inlet air duct

TYPENVERZEICHNIS

BEECHCRAFT
Skipper 77

BEECHCRAFT
Sundowner 180

BEECHCRAFT
Sierra 200

BEECHCRAFT
Bonanza A 36

BEECHCRAFT
Bonanza F 33 A

BEECHCRAFT
Bonanza V 35 B

BEECHCRAFT
Bonanza A 36 TC

BEECHCRAFT
Duchess

BEECHCRAFT
Baron B 55

BEECHCRAFT
Baron 58

BEECHCRAFT
Baron E 55

BEECHCRAFT
Baron 58 P

BEECHCRAFT
Baron 58 TC

BEECHCRAFT
Duke B 60

BEECHCRAFT
King Air C 90

BEECHCRAFT
King Air E 90

BEECHCRAFT
King Air A 100

BEECHCRAFT
King Air B 100

BEECHCRAFT
King Air F 90

BEECHCRAFT
Super King Air

BELLANCA
Citabria

BELLANCA
Decathlon

BELLANCA
Scout

BELLANCA
Aries T 250

BELLANCA
Viking 300

BRITTEN NORMAN
BN 2B 26 Islander

CESSNA
152

CESSNA
Skyhawk

CESSNA
Cutlass RG

CESSNA
Hawk XP

CESSNA
Skylane

CESSNA
180 Skywagon

CESSNA
Skylane RG

CESSNA
Turbo Skylane RG

CESSNA
185 Skywagon

CESSNA
Stationair 6

CESSNA
Stationair 8

CESSNA
Centurion

CESSNA
Turbo Stationair 6

CESSNA
Turbo Stationair 8

CESSNA
Turbo Centurion

CESSNA
Centurion P

CESSNA
Skymaster

CESSNA
Turbo Skymaster

CESSNA
Skymaster P

CESSNA
310

CESSNA
Turbo 310

CESSNA
335

CESSNA
340

CESSNA
Chancellor

CESSNA
402 C

CESSNA
421 Golden Eagle

CESSNA
Titan

CESSNA
Conquest

DE HAVILLAND
DHC 6 Twin Otter

DORNIER
DO 28 Skyservant

FFA
AS 202/15 A

FFA
AS 202/18 A

FFA
AS 202/26 A

MITSUBISHI
Solitaire

MITSUBISHI
Marquise

MOONEY
M 20 J 201

MOONEY
M 20 K 231

PARTENAVIA
P.68 C

PARTENAVIA
P.68 Observer

PEZETEL
PZL 35 A Wilga

PILATUS
PC 6 Turbo Porter

PIPER
Tomahawk

PIPER
Super Cub

PIPER
Warrior

PIPER
Archer

PIPER
Turbo Dakota

PIPER
Arrow IV

PIPER
Turbo Arrow IV

PIPER
Dakota

PIPER
Saratoga

PIPER
Turbo Saratoga

PIPER
Saratoga SP

PIPER
Turbo Saratoga SP

PIPER
Seminole

PIPER
Seneca II

PIPER
Aztec F

PIPER
Turbo Aztec F

PIPER
Aerostar 600 A

PIPER
Aerostar 601 B

PIPER
Aerostar 601 P

PIPER
Navajo

PIPER
Navajo C/R

PIPER
Navajo Chieftain

PIPER
Cheyenne I

PIPER
Cheyenne II

ROBIN
DR 400/120 Dauphin

ROBIN
R 2112 Alpha

ROBIN
R 2160 Alpha Sport

ROBIN
DR 400/160 Major

ROBIN
R 1180 Aiglon

ROBIN
DR 400/180 Regent

ROBIN
DR 400/180 Remorqueur

ROCKWELL
Gran Tourismo Commander

ROCKWELL
Commander 700

ROCKWELL
Commander 840

ROCKWELL
Commander 980

SIAI MARCHETTI
S 205

SIAI MARCHETTI
S 208

SIAI MARCHETTI
SF 260

SOCATA
Rallye Galopin

SOCATA
Rallye Garnement

SOCATA
Rallye Tampico

SOCATA
Rallye Gaillard

SOCATA
Rallye Galerien

SOCATA
Rallye Tobago

SOCATA
Rallye Gabier

SPORTAVIA
RS 180 Sportsman

SWEARINGEN
Merlin III B

SWEARINGEN
Metro II

SWEARINGEN
Merlin IV A

VERGASERMOTOR

Diese Angabe bei den „Technischen Daten" bedeutet, dass es sich um ein Triebwerk mit einem Vergaser zur Gemischaufbereitung handelt. Triebwerke mit Vergaser haben mit zunehmender Höhe einen deutlichen Leistungsschwund. Die maximale Flughöhe z.B. eines einmotorigen Flugzeuges ist bei ca. 5.000 m erreicht. Nur bei besonderen Konstruktionen kann eine wenn auch nur unwesentlich höhere Flughöhe erflogen werden. Triebwerke mit Vergaser verwenden Flugbenzin (AVGAS 100 LL) als Energieträger.

VERSICHERUNG

Bei einer Flugzeugversicherung unterscheidet man zunächst drei Einzelversicherungen:

- o die Halter-Haftpflicht-Versicherung
- o die Luftfahrzeug-Kasko-Versicherung
- o die Sitzplatz-Unfall-Versicherung.

Die erstgenannte deckt die gesetzliche Haftpflicht aus der Haltung und den Betrieb des versicherten Luftfahrzeuges. Eingeschlossen ist die persönliche Haftpflicht der für die Führung und Bedienung des Luftfahrzeuges verantwortlichen Luftfahrer, sonstiger Besatzungsmitglieder und der Fallschirmabspringer. Der Versicherungsschutz gilt weltweit. Massgebend sind die „Allgemeinen Versicherungsbedingungen für Haftpflichtversicherungen" (AHB) und - soweit zutreffend - die „Besonderen Bedingungen für die Haftpflichtversicherungen der Luftfahrzeughalter und Luftfrachtführer" (LuH 1).

Es handelt sich hierbei um eine Pflichtversicherung. Der Versicherungsnachweis über Haftpflichtversicherung (blaue Karte) ist bei den Bordpapieren mitzuführen. Die Deckungssumme muss bzw. sollte - soweit nicht vorgeschrieben - mindestens der Gefährdungshaftungssumme gem. Paragraph 37 LuftVG entsprechen.

Die Luftfahrzeug-Kasko-Versicherung umfasst bis zur Höhe der Versicherungssumme den Verlust oder die Beschädigung des versicherten Luftfahrzeuges durch Unfall am Boden, auf dem Wasser, in der Luft sowie auf dem Transport. Die Versicherung gilt weltweit. Massgebend sind die „Allgemeinen Versicherungsbedingungen für die Kaskoversicherung von Luftfahrzeugen" (AKB-Lu).

Die Sitzplatz-Unfall-Versicherung schliesslich erstreckt sich auf alle Unfälle, von denen die Insassen in ursächlichem Zusammenhang mit dem Betrieb des versicherten Luftfahrzeuges betroffen werden. Der Versicherungsschutz dauert vom Besteigen bis zum Verlassen des Luftfahrzeuges unter Einschluss von Unfällen während des Ein- und Aussteigens. Die Deckung gilt weltweit. Massgabend sind die „Allgemeinen Unfallversicherungs-Bedingungen" (AUB) und die „Besonderen Bedingungen für die Obligatorische Unfallversicherung von Fluggästen in Motorflugzeugen von Luftfahrtunternehmen (OPUV)".

Die Versicherung ist auf die Sitzplätze des versicherten Luftfahrzeuges abgestellt. Es handelt sich um eine namenlose Versicherung. Sitzplatz-Unfall-Versicherungen können für den Todesfall, Invaliditätsfall, für Tagegeld und/oder Heilkosten abgeschlossen werden.

Bei der Sitzplatz-Unfallversicherung wird zwischen der Versicherung nach dem Platzsystem und der Versicherung nach dem Pauschalsystem unterschieden. Beim Platzsystem sind die Versicherungssummen für jeden Sitzplatz und beim Pauschalsystem für bestimmte Sitzplatzgruppen oder teils auch für alle Plätze des Luftfahrzeuges festgelegt. Im Schadensfall wird die Pauschalversicherungssumme durch die Anzahl der sich an Bord befindlichen Personen bzw. Personengruppe geteilt. Die Sitzplatz-Unfall-Versicherung nach dem Platzsystem wird auch im Falle der gem. Paragraph 50 LuftVG von Luftfahrtunternehmen abzuschliessenden Obligatorischen Passagier-Unfall-Versicherung angewendet.

Die wichtigste Versicherung jedoch ist die Luftfrachtführer-Haftpflicht-Versicherung, die nach der neuesten Gesetzgebung eine besondere Bedeutung gewonnen hat. Eine Haftung des Piloten bzw. Flugzeughalters gegenüber seinen Fluggästen nach Paragraph 44 LuftVG besteht nicht, wenn kein Beförderungsvertrag (auch kein „Gefälligkeitsvertrag" schriftlich oder mündlich abgeschlossen wurde. Die Haftung nach Paragraph 44 LuftVG ist eine Verschuldenshaftung mit umgekehrter Beweislast. Die Ersatzpflicht des Luftfrachtführers tritt nicht ein, wenn er beweist, dass er und seine Leute alle erforderlichen Massnahmen zur Verhinderung des Schadens getroffen haben oder dass sie diese Massnahmen nicht treffen konnten, siehe Paragraph 45 LuftVG.

Lässt man Gäste aus reiner Gefälligkeit mitfliegen, besteht im Schadensfall kein Ersatzanspruch eines Fluggastes gegenüber dem Piloten nach Paragraph 44 LuftVG, also keine Verschuldenshaftung mit umgekehrter Beweislast. Bei nachgewiesenem Verschulden des Piloten hat der geschädigte Fluggast jedoch Ansprüche nach den allgemeinen gesetzlichen Vorschriften, siehe Paragraphen 823 ff. BGB.

Zahlt der Fluggast jedoch auch nur einen Teil der Selbstkosten oder hat der Pilot ein ideelles oder wirtschaftliches Interesse an der kostenlosen Mitnahme eines Fluggastes (Gefälligkeitsvertrag = unentgeltlicher Vertrag mit rechtlicher Bindung), so besteht kein Beförderungsvertrag mit der Folge, dass der Luftfrachtführer bis zu einem Betrag von DM 320.000 (seit 1.1.1978) je Fluggast haftet, wenn er den Entlastungsbeweis gem. Paragraph 45 LuftVG nicht führen kann. Fällt ihm Vorsatz oder grobe Fahrlässigkeit zur Last, so haftet er nach allgemeinen gesetzlichen Vorschriften in unbeschränkter Höhe. Eine Luftfrachtführer-Haftpflichtversicherung mit einer Versicherungssumme von mindestens DM 320.000 je Fluggastsitz ist unbedingt notwendig, möglicherweise - bei unbeschränkter Haftung - nicht ausreichend, so dass es sich empfiehlt, höhere Versicherungssummen zu wählen.

Man kann natürlich noch eine Reihe anderer Versicherungen wie zum Beispiel die Auslandsreiseversicherung, die Unfallversicherung, die Privathaftpflichtversicherung, die Reisegepäckversicherung, Foto- und Filmapparate-Versicherung u. ä. abschliessen, wenn man mit der Einmotorigen und der Zweimotorigen viel auf Reise ist. Im Einzelfall kann darüber jede Versicherung Auskunft geben, die dem Deutschen Luftpool angeschlossen ist.

WARTUNGSKOSTEN

Die Wartungskosten werden in folgende Kostenarten eingeteilt:

- o Kosten für 50-Stunden-Kontrolle
- o Kosten für 100-Stunden-Kontrolle
- o Kosten für Jahresnachprüfung der Zelle und des Tragwerks
- o Kosten für Jahresnachprüfung der Avionic
- o Kosten für Triebwerksüberholung
- o Kosten für Zellen- und Tragwerk-Überholung
- o Sonstige Kosten für Reparaturen

Bei unseren Berechnungen sind die periodischen Wartungskosten (50- und 100-Stunden-Kontrollen) direkt in die „Variablen Kosten" eingeflossen. Die übrigen Wartungskosten wurden pauschal in Form von Rücklagen mit 0,02 % vom Anschaffungspreis je Flugstunde berechnet. Auch dieser Rücklagenbetrag wurde den „Variablen Kosten" zugeordnet.

ZINSEN

Die Anschaffung eines Flugzeuges ist nicht zuletzt von den Zinsen für das Kapital abhängig, das man neben den Eigenmitteln als sogenanntes „Fremdkapital" benötigt, denn eine vollständige Eigenfinanzierung wird wohl kaum jemand aus wirtschaftlichen Gründen vornehmen. Wird aber nun das Flugzeug teils mit Eigen- teils mit Fremdmitteln finanziert, so sollten bei kaufmännischen Überlegungen auch die Eigenmittel als „verzinslich" angenommen werden. Bei dieser Kalkulation nun wird der gesamte Anschaffungspreis verzinst.

Bei der „Kaufmännischen Kalkulation" nun sind diese Kapitalzinsen berücksichtigt worden, bei der „Bürgerlichen Kalkulation" (Vereine, Privatpersonen) nicht.

Die Zinsen (Kapitalzinsen) wurden bei den Berechnungen mit 10 Prozent auf das durchschnittlich gebundene Kapital angesetzt.

ZOLL

Vor dem 01.01.1980 betrug der Zollsatz 12 % bei Flugzeugen bis zu 2.000 kg Gesamtgewicht und 5,5 % bei Flugzeugen von 2.000 kg bis zu 15.000 kg Gesamtgewicht. Das am 01.01.1980 in Kraft getretene GATT - Abkommen nun schliesst eine Zollpflicht unter der Voraussetzung aus, dass das eingeführte Flugzeug ausschliesslich ziviler Verwendung dient. Militärische Flugzeuge werden nach wie vor verzollt. Weiterhin ist Voraussetzung, dass das Flugzeug unter zollamtlicher Überwachung eingeführt und betrieben wird. Das heisst, dass das Flugzeug ordnungsgemäss in die Luftfahrzeugrolle mit zivilem Verwendungszweck eingetragen ist (LBA, Luftfahrtbundesamt). Die Luftfahrzeugrolle dient hier als Nachweis.

ZULADUNG

Die Zuladung eines Flugzeuges wird in Kilogramm (kg) angegeben. Sie ist definiert als das Gewicht, das zusätzlich zum Leergewicht (einschliesslich Ausrüstung, Öl und nicht ausfliegbarem Treibstoff) bis zum maximalen Startgewicht „zugeladen" werden darf.

Leergewicht + Zuladung = Maximales Startgewicht

Nun sagt die Zuladung in kg zunächst nicht allzuviel aus. Folgende Fragen müsste man sich bei der Nennung allein der Zuladung in kg stellen:

1 Ist in der Zuladung der Treibstoff enthalten ?
2 Wie gross ist die Zuladung ohne Treibstoff ?
3 Verhältnis Zuladung : maximalem Startgewicht ?

Aus diesen Gründen haben wir bei den „Technischen Daten" die Zuladung in vier Begriffe aufgeteilt:

1 Zuladung ohne Treibstoff, also Personen, Gepäck usw.
2 Zuladung mit Treibstoff, also Treibstoff, Personen, Gepäck usw.
3 Zuladung ohne Treibstoff = x % vom maximalen Startgewicht
4 Zuladung mit Treibstoff = x % vom maximalen Startgewicht

Warum diese Aufteilung sehr wichtig ist, erfährt man an folgendem Beispiel:

Ein Flugzeughersteller gibt die Anzahl der Sitzplätze z.B. mit 20 an und benennt die maximale Reichweite mit einem vierstelligen Wert. Nimmt man nun ein Durchschnittsgewicht je Person von ca. 80 kg, so kann man bei dem besagten Flugzeugtyp errechnen, dass das Flugzeug lediglich rund 100 Kilometer weit fliegen kann, wenn es voll besetzt ist. Denn die Zuladung ohne Treibstoff liegt bei ca. 3 % vom maximalen Startgewicht. Das Flugzeug kann vollbesetzt also lediglich eine Platzrunde drehen, denn mehr Treibstoff kann nicht getankt werden. Bei der Beurteilung der Leistungsfähigkeit einer ein- oder zweimotorigen Maschine ist daher die Kenntnis aller vier Zuladegrössen wesentlich. Nur so kann ein falsches Bild von dem jeweiligen Flugzeugtyp vermieden werden.

SITZE DER EINMOTORIGEN FFA 202/26 A

SITZE DER EINMOTORIGEN PIPER ARROW IV

BILDER
DATEN
KOSTEN

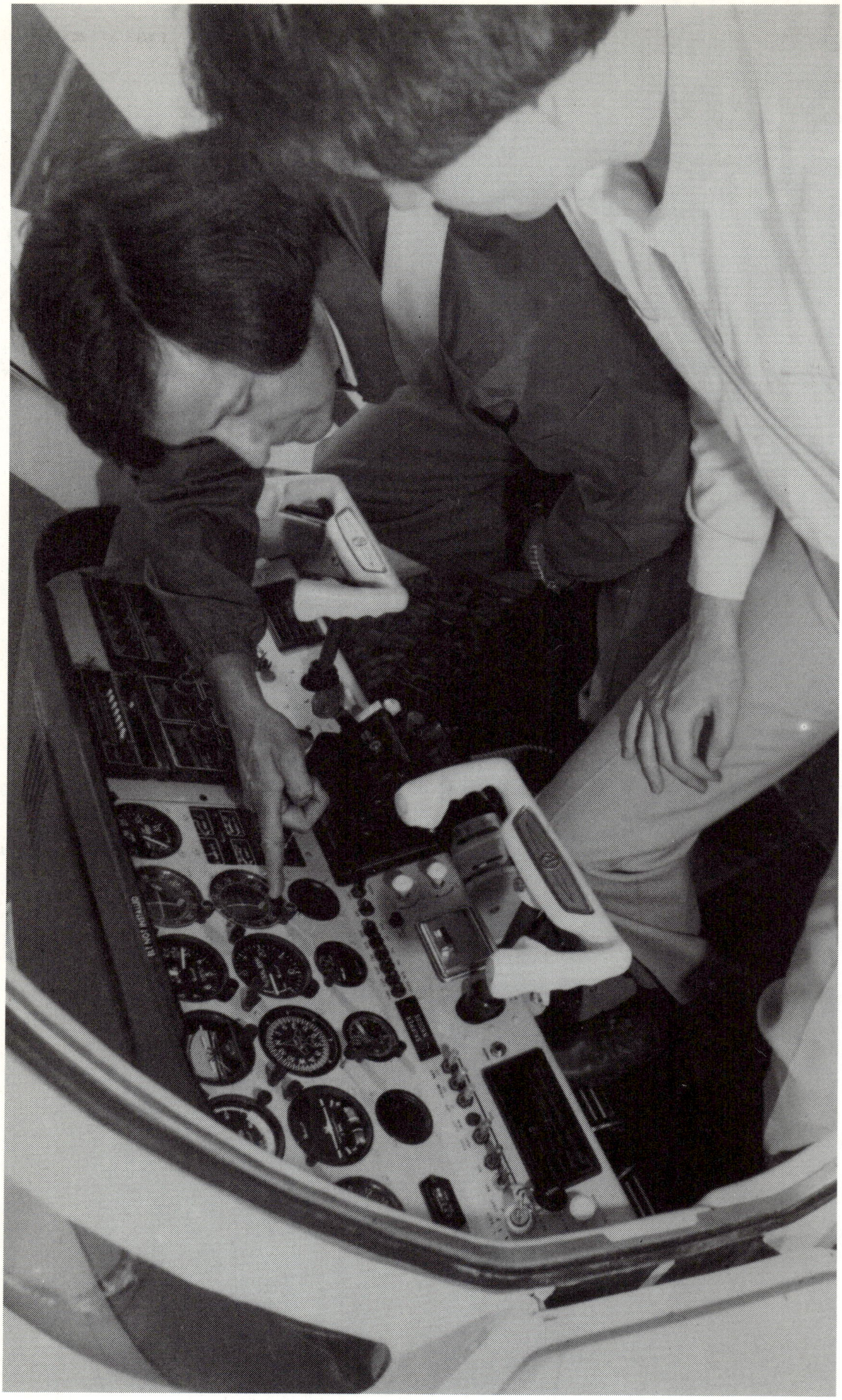

ERSTE EINWEISUNG IN EINE BEECHCRAFT SKIPPER 77

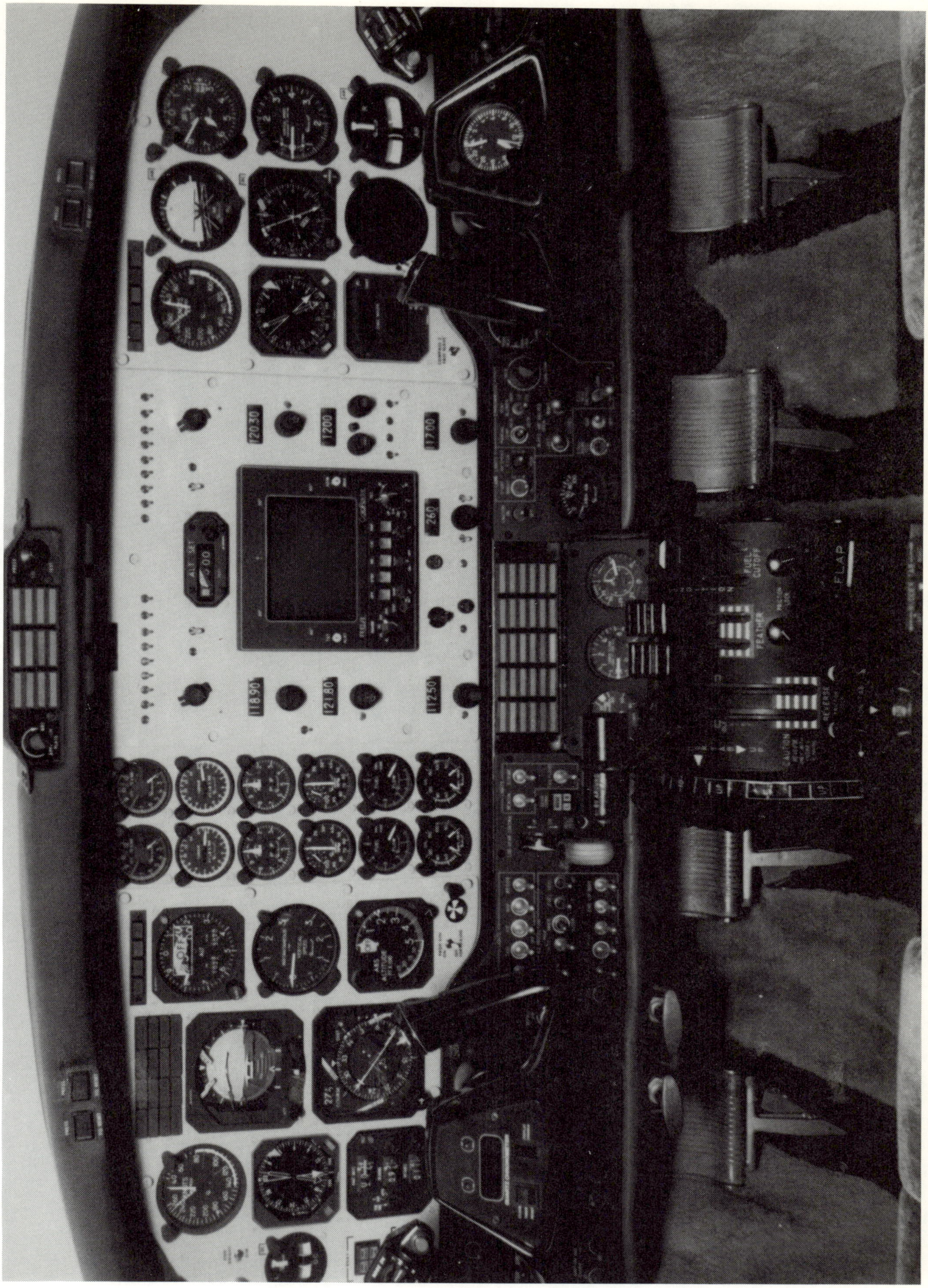

PANEL EINER BEECHCRAFT KING AIR F 90

Beechcraft Skipper 77

TECHNISCHE DATEN

Triebwerk	Lycoming 0 - 235
Triebwerkart	Vergasermotor
Treibstoffart	Flugbenzin
Triebwerkleistung (PS)	115
Triebwerkleistung (kW)	85
Flächenanordnung	Tiefdecker
Fahrwerk	Fest
Propeller	Zweiblatt, starr
Sitzplätze (mit Besatzung)	2
Länge (m)	7,28
Höhe (m)	2,30
Spannweite (m)	9,14
Flügelfläche (qm)	12,07
Leergewicht (kg)	499
Zuladung ohne Treibstoff (kg)	182
Zuladung mit Treibstoff (kg)	261
Zuladung ohne Treibstoff (%)*01	23,92
Zuladung mit Treibstoff (%)*02	34,34
Treibstoff (Liter)	110
Treibstoff (kg)	79
Maximales Startgewicht (kg)	760
Flächenbelastung (kg/qm)	62,97
Leistungsbelastung (kg/PS)	6,61
Leistungsbelastung (kg/kW)	8,98
Höchstgeschwindigkeit (km/h)*03	196
Reisegeschwindigkeit (km/h)*04	180
Abreissgeschwindigkeit (km/h)*05	87
Steigleistung einmotorig (m/sek)	3,66
Steigleistung zweimotorig (m/sek)	-
Dienstgipfelhöhe einmotorig (m)	3.932
Dienstgipfelhöhe zweimotorig (m)	-
Reichweite (km)*06	735
Startrollstrecke (m)	229
Startstrecke über 15-m-Hindernis (m)	390
Landerollstrecke (m)	182
Landestrecke über 15-m-Hindernis (m)	400

KOSTENWERTE

Anschaffungspreis (DM)	78.622
Fixe Kosten (DM/p.a.)*07	15.930
Variable Kosten (DM/h)*08	69,00
Treibstoffverbrauch (Liter/h)*09	25,30
Treibstoffverbrauchsindex*10	5,62

KOSTEN JE FLUGSTUNDE UND JAHR BEI:

050 Stunden pro Jahr (DM)	171/387
100 Stunden pro Jahr (DM)	120/228
150 Stunden pro Jahr (DM)	103/175
200 Stunden pro Jahr (DM)	94/148
250 Stunden pro Jahr (DM)	89/132
300 Stunden pro Jahr (DM)	86/122
350 Stunden pro Jahr (DM)	83/114
400 Stunden pro Jahr (DM)	81/108
450 Stunden pro Jahr (DM)	80/104
500 Stunden pro Jahr (DM)	79/101

Flugkilometer (DM/km)*11	0,48/0,68
Sitzplatzkilometer (DM/km)*12	0,24/0,34

*ERLÄUTERUNGEN

Alle Kostenwerte verstehen sich ohne Mehrwertsteuer. Bei den Flugstundenkosten enthält der 1. Wert keine Abschreibung und keine Kapitalzinsen (sogenannte „Bürgerliche Kalkulation").

*01	Bezogen auf das maximale Startgewicht
*02	Bezogen auf das maximale Startgewicht
*03	In Meereshöhe (MSL)
*04	65 % Leistung in typischer Reiseflughöhe
*05	Volle Klappen in Landekonfiguration
*06	Wie Wert *04, mit maximaler Tankfüllung
*07	Abschreibung, Zinsen, Sonstige Fixkosten
*08	Treibstoff, Öl, Landegeb., Wartung, Rücklagen
*09	65 % Leistung in typischer Reiseflughöhe
*10	(Liter x 80) : (km/h x Sitze), km/h-Wert *04
*11	Bei 300 Stunden pro Jahr
*12	Bei 300 Stunden pro Jahr

Ausführliche Definitionen im alphabetischen Teil.

Beechcraft Sundowner 180

TECHNISCHE DATEN

Triebwerk	Lycoming 0 - 360
Triebwerkart	Vergasermotor
Treibstoffart	Flugbenzin
Triebwerkleistung (PS)	180
Triebwerkleistung (kW)	132
Flächenanordnung	Tiefdecker
Fahrwerk	Fest
Propeller	Zweiblatt, starr
Sitzplätze (mit Besatzung)	4
Länge (m)	7,84
Höhe (m)	2,51
Spannweite (m)	9,98
Flügelfläche (qm)	13,56
Leergewicht (kg)	680
Zuladung ohne Treibstoff (kg)	276
Zuladung mit Treibstoff (kg)	431
Zuladung ohne Treibstoff (%)*01	24,86
Zuladung mit Treibstoff (%)*02	38,79
Treibstoff (Liter)	215
Treibstoff (kg)	155
Maximales Startgewicht (kg)	1.111
Flächenbelastung (kg/qm)	81,93
Leistungsbelastung (kg/PS)	6,17
Leistungsbelastung (kg/kW)	8,39
Höchstgeschwindigkeit (km/h)*03	227
Reisegeschwindigkeit (km/h)*04	193
Abreissgeschwindigkeit (km/h)*05	82
Steigleistung einmotorig (m/sek)	4,02
Steigleistung zweimotorig (m/sek)	-
Dienstgipfelhöhe einmotorig (m)	3.840
Dienstgipfelhöhe zweimotorig (m)	-
Reichweite (km)*06	1.019
Startrollstrecke (m)	350
Startstrecke über 15-m-Hindernis (m)	595
Landerollstrecke (m)	205
Landestrecke über 15-m-Hindernis (m)	452

KOSTENWERTE

Anschaffungspreis (DM)	118.012
Fixe Kosten (DM/p.a.)*07	23.384
Variable Kosten (DM/h)*08	99,00
Treibstoffverbrauch (Liter/h)*09	39,6
Treibstoffverbrauchsindex*10	4,10

KOSTEN JE FLUGSTUNDE UND JAHR BEI:

050 Stunden pro Jahr (DM)	242/567
100 Stunden pro Jahr (DM)	170/333
150 Stunden pro Jahr (DM)	147/255
200 Stunden pro Jahr (DM)	135/216
250 Stunden pro Jahr (DM)	128/192
300 Stunden pro Jahr (DM)	123/177
350 Stunden pro Jahr (DM)	119/166
400 Stunden pro Jahr (DM)	117/157
450 Stunden pro Jahr (DM)	115/151
500 Stunden pro Jahr (DM)	113/146
Flugkilometer (DM/km)*11	0,64/0,92
Sitzplatzkilometer (DM/km)*12	0,16/0,23

*ERLÄUTERUNGEN

Alle Kostenwerte verstehen sich ohne Mehrwertsteuer. Bei den Flugstundenkosten enthält der 1. Wert keine Abschreibung und keine Kapitalzinsen (sogenannte „Bürgerliche Kalkulation").

*01	Bezogen auf das maximale Startgewicht
*02	Bezogen auf das maximale Startgewicht
*03	In Meereshöhe (MSL)
*04	65 % Leistung in typischer Reiseflughöhe
*05	Volle Klappen in Landekonfiguration
*06	Wie Wert *04, mit maximaler Tankfüllung
*07	Abschreibung, Zinsen, Sonstige Fixkosten
*08	Treibstoff, Öl, Landegeb., Wartung, Rücklagen
*09	65 % Leistung in typischer Reiseflughöhe
*10	(Liter x 80) : (km/h x Sitze), km/h-Wert *04
*11	Bei 300 Stunden pro Jahr
*12	Bei 300 Stunden pro Jahr

Ausführliche Definitionen im alphabetischen Teil.

N2121W

Beechcraft Sierra 200

TECHNISCHE DATEN

Triebwerk	Lycoming IO - 360
Triebwerkart	Einspritzer
Treibstoffart	Flugbenzin
Triebwerkleistung (PS)	200
Triebwerkleistung (kW)	147
Flächenanordnung	Tiefdecker
Fahrwerk	Einziehbar
Propeller	Zweiblatt, verstellbar
Sitzplätze (mit Besatzung)	4
Länge (m)	7,84
Höhe (m)	2,51
Spannweite (m)	9,98
Flügelfläche (qm)	13,57
Leergewicht (kg)	777
Zuladung ohne Treibstoff (kg)	315
Zuladung mit Treibstoff (kg)	470
Zuladung ohne Treibstoff (%)*01	25,28
Zuladung mit Treibstoff (%)*02	37,69
Treibstoff (Liter)	215
Treibstoff (kg)	155
Maximales Startgewicht (kg)	1.247
Flächenbelastung (kg/qm)	91,89
Leistungsbelastung (kg/PS)	6,24
Leistungsbelastung (kg/kW)	8,47
Höchstgeschwindigkeit (km/h)*03	262
Reisegeschwindigkeit (km/h)*04	235
Abreissgeschwindigkeit (km/h)*05	111
Steigleistung einmotorig (m/sek)	4,71
Steigleistung zweimotorig (m/sek)	
Dienstgipfelhöhe einmotorig (m)	4.689
Dienstgipfelhöhe zweimotorig (m)	
Reichweite (km)*06	1.100
Startrollstrecke (m)	298
Startstrecke über 15-m-Hindernis (m)	506
Landerollstrecke (m)	202
Landestrecke über 15-m-Hindernis (m)	445

KOSTENWERTE

Anschaffungspreis (DM)	154.829
Fixe Kosten (DM/p.a.)*07	29.991
Variable Kosten (DM/h)*08	121,00
Treibstoffverbrauch (Liter/h)*09	44,0
Treibstoffverbrauchsindex*10	3,74

KOSTEN JE FLUGSTUNDE UND JAHR BEI:

050 Stunden pro Jahr (DM)	295/721
100 Stunden pro Jahr (DM)	208/421
150 Stunden pro Jahr (DM)	179/321
200 Stunden pro Jahr (DM)	165/271
250 Stunden pro Jahr (DM)	156/241
300 Stunden pro Jahr (DM)	150/221
350 Stunden pro Jahr (DM)	146/207
400 Stunden pro Jahr (DM)	143/196
450 Stunden pro Jahr (DM)	141/188
500 Stunden pro Jahr (DM)	139/181

Flugkilometer (DM/km)*11	0,64/0,94
Sitzplatzkilometer (DM/km)*12	0,16/0,24

*ERLÄUTERUNGEN

Alle Kostenwerte verstehen sich ohne Mehrwertsteuer. Bei den Flugstundenkosten enthält der 1. Wert keine Abschreibung und keine Kapitalzinsen (sogenannte „Bürgerliche Kalkulation").

*01	Bezogen auf das maximale Startgewicht
*02	Bezogen auf das maximale Startgewicht
*03	In Meereshöhe (MSL)
*04	65 % Leistung in typischer Reiseflughöhe
*05	Volle Klappen in Landekonfiguration
*06	Wie Wert *04, mit maximaler Tankfüllung
*07	Abschreibung, Zinsen, Sonstige Fixkosten
*08	Treibstoff, Öl, Landegeb., Wartung, Rücklagen
*09	65 % Leistung in typischer Reiseflughöhe
*10	(Liter x 80) : (km/h x Sitze), km/h-Wert *04
*11	Bei 300 Stunden pro Jahr
*12	Bei 300 Stunden pro Jahr

Ausführliche Definitionen im alphabetischen Teil.

N2518W

Beechcraft Bonanza A 36

TECHNISCHE DATEN

Triebwerk	Continental IO - 520
Triebwerkart	Einspritzer
Treibstoffart	Flugbenzin
Triebwerkleistung (PS)	285
Triebwerkleistung (kW)	210
Flächenanordnung	Tiefdecker
Fahrwerk	Einziehbar
Propeller	Dreiblatt, verstellbar
Sitzplätze (mit Besatzung)	6
Länge (m)	8,38
Höhe (m)	2,57
Spannweite (m)	10,21
Flügelfläche (qm)	16,81
Leergewicht (kg)	994
Zuladung ohne Treibstoff (kg)	437
Zuladung mit Treibstoff (kg)	639
Zuladung ohne Treibstoff (%)*01	26,79
Zuladung mit Treibstoff (%)*02	39,13
Treibstoff (Liter)	280
Treibstoff (kg)	202
Maximales Startgewicht (kg)	1.633
Flächenbelastung (kg/qm)	97,14
Leistungsbelastung (kg/PS)	5,73
Leistungsbelastung (kg/kW)	7,79
Höchstgeschwindigkeit (km/h)*03	331
Reisegeschwindigkeit (km/h)*04	302
Abreissgeschwindigkeit (km/h)*05	96
Steigleistung einmotorig (m/sek)	5,23
Steigleistung zweimotorig (m/sek)	
Dienstgipfelhöhe einmotorig (m)	4.875
Dienstgipfelhöhe zweimotorig (m)	
Reichweite (km)*06	1.272
Startrollstrecke (m)	389
Startstrecke über 15-m-Hindernis (m)	662
Landerollstrecke (m)	201
Landestrecke über 15-m-Hindernis (m)	442

KOSTENWERTE

Anschaffungspreis (DM)	297.890
Fixe Kosten (DM/p.a.)*07	55.394
Variable Kosten (DM/h)*08	176,00
Treibstoffverbrauch (Liter/h)*09	62,7
Treibstoffverbrauchsindex*10	2,77

KOSTEN JE FLUGSTUNDE UND JAHR BEI:

050 Stunden pro Jahr (DM)	465/1.284
100 Stunden pro Jahr (DM)	320/730
150 Stunden pro Jahr (DM)	272/545
200 Stunden pro Jahr (DM)	248/453
250 Stunden pro Jahr (DM)	243/397
300 Stunden pro Jahr (DM)	224/360
350 Stunden pro Jahr (DM)	217/334
400 Stunden pro Jahr (DM)	212/314
450 Stunden pro Jahr (DM)	208/299
500 Stunden pro Jahr (DM)	205/287

Flugkilometer (DM/km)*11	0,74/1,19
Sitzplatzkilometer (DM/km)*12	0,12/0,20

*ERLÄUTERUNGEN

Alle Kostenwerte verstehen sich ohne Mehrwertsteuer. Bei den Flugstundenkosten enthält der 1. Wert keine Abschreibung und keine Kapitalzinsen (sogenannte „Bürgerliche Kalkulation").

*01	Bezogen auf das maximale Startgewicht
*02	Bezogen auf das maximale Startgewicht
*03	In Meereshöhe (MSL)
*04	65 % Leistung in typischer Reiseflughöhe
*05	Volle Klappen in Landekonfiguration
*06	Wie Wert *04, mit maximaler Tankfüllung
*07	Abschreibung, Zinsen, Sonstige Fixkosten
*08	Treibstoff, Öl, Landegeb., Wartung, Rücklagen
*09	65 % Leistung in typischer Reiseflughöhe
*10	(Liter x 80) : (km/h x Sitze), km/h-Wert *04
*11	Bei 300 Stunden pro Jahr
*12	Bei 300 Stunden pro Jahr

Ausführliche Definitionen im alphabetischen Teil.

Beechcraft Bonanza F 33 A

TECHNISCHE DATEN

Triebwerk	Continental IO - 520
Triebwerkart	Einspritzer
Treibstoffart	Flugbenzin
Triebwerkleistung (PS)	285
Triebwerkleistung (kW)	210
Flächenanordnung	Tiefdecker
Fahrwerk	Einziehbar
Propeller	Dreiblatt, verstellbar
Sitzplätze (mit Besatzung)	6
Länge (m)	7,77
Höhe (m)	2,51
Spannweite (m)	10,20
Flügelfläche (qm)	16,81
Leergewicht (kg)	967
Zuladung ohne Treibstoff (kg)	374
Zuladung mit Treibstoff (kg)	576
Zuladung ohne Treibstoff (%)*01	24,22
Zuladung mit Treibstoff (%)*02	37,35
Treibstoff (Liter)	280
Treibstoff (kg)	202
Maximales Startgewicht (kg)	1.542
Flächenbelastung (kg/qm)	91,73
Leistungsbelastung (kg/PS)	5,41
Leistungsbelastung (kg/kW)	7,35
Höchstgeschwindigkeit (km/h)*03	336
Reisegeschwindigkeit (km/h)*04	310
Abreissgeschwindigkeit (km/h)*05	95
Steigleistung einmotorig (m/sek)	5,93
Steigleistung zweimotorig (m/sek)	
Dienstgipfelhöhe einmotorig (m)	5.443
Dienstgipfelhöhe zweimotorig (m)	
Reichweite (km)*06	1.306
Startrollstrecke (m)	305
Startstrecke über 15-m-Hindernis (m)	539
Landerollstrecke (m)	233
Landestrecke über 15-m-Hindernis (m)	404

KOSTENWERTE

Anschaffungspreis (DM)	278.880
Fixe Kosten (DM/p.a.)*07	51.994
Variable Kosten (DM/h)*08	172,00
Treibstoffverbrauch (Liter/h)*09	62,7
Treibstoffverbrauchsindex*10	2,70

KOSTEN JE FLUGSTUNDE UND JAHR BEI:

050 Stunden pro Jahr (DM)	444/1.211
100 Stunden pro Jahr (DM)	308/691
150 Stunden pro Jahr (DM)	263/518
200 Stunden pro Jahr (DM)	240/432
250 Stunden pro Jahr (DM)	226/380
300 Stunden pro Jahr (DM)	217/345
350 Stunden pro Jahr (DM)	211/320
400 Stunden pro Jahr (DM)	206/302
450 Stunden pro Jahr (DM)	202/287
500 Stunden pro Jahr (DM)	199/276

Flugkilometer (DM/km)*11	0,70/1,11
Sitzplatzkilometer (DM/km)*12	0,12/0,19

*ERLÄUTERUNGEN

Alle Kostenwerte verstehen sich ohne Mehrwertsteuer. Bei den Flugstundenkosten enthält der 1. Wert keine Abschreibung und keine Kapitalzinsen (sogenannte „Bürgerliche Kalkulation").

*01	Bezogen auf das maximale Startgewicht
*02	Bezogen auf das maximale Startgewicht
*03	In Meereshöhe (MSL)
*04	65 % Leistung in typischer Reiseflughöhe
*05	Volle Klappen in Landekonfiguration
*06	Wie Wert *04, mit maximaler Tankfüllung
*07	Abschreibung, Zinsen, Sonstige Fixkosten
*08	Treibstoff, Öl, Landegeb., Wartung, Rücklagen
*09	65 % Leistung in typischer Reiseflughöhe
*10	(Liter x 80) : (km/h x Sitze), km/h-Wert *04
*11	Bei 300 Stunden pro Jahr
*12	Bei 300 Stunden pro Jahr

Ausführliche Definitionen im alphabetischen Teil.

Beechcraft Bonanza V 35 B

TECHNISCHE DATEN

Triebwerk	Continental IO - 520
Triebwerkart	Einspritzer
Treibstoffart	Flugbenzin
Triebwerkleistung (PS)	285
Triebwerkleistung (kW)	210
Flächenanordnung	Tiefdecker
Fahrwerk	Einziehbar
Propeller	Dreiblatt, verstellbar
Sitzplätze (mit Besatzung)	6
Länge (m)	7,77
Höhe (m)	2,51
Spannweite (m)	10,20
Flügelfläche (qm)	16,81
Leergewicht (kg)	967
Zuladung ohne Treibstoff (kg)	374
Zuladung mit Treibstoff (kg)	576
Zuladung ohne Treibstoff (%)*01	24,22
Zuladung mit Treibstoff (%)*02	37,35
Treibstoff (Liter)	280
Treibstoff (kg)	202
Maximales Startgewicht (kg)	1.542
Flächenbelastung (kg/qm)	91,73
Leistungsbelastung (kg/PS)	5,41
Leistungsbelastung (kg/kW)	7,35
Höchstgeschwindigkeit (km/h)*03	336
Reisegeschwindigkeit (km/h)*04	310
Abreissgeschwindigkeit (km/h)*05	95
Steigleistung einmotorig (m/sek)	5,93
Steigleistung zweimotorig (m/sek)	
Dienstgipfelhöhe einmotorig (m)	5.443
Dienstgipfelhöhe zweimotorig (m)	
Reichweite (km)*06	1.306
Startrollstrecke (m)	305
Startstrecke über 15-m-Hindernis (m)	539
Landerollstrecke (m)	233
Landestrecke über 15-m-Hindernis (m)	404

KOSTENWERTE

Anschaffungspreis (DM)	278.880
Fixe Kosten (DM/p.a.)*07	51.994
Variable Kosten (DM/h)*08	172,00
Treibstoffverbrauch (Liter/h)*09	62,7
Treibstoffverbrauchsindex*10	2,70

KOSTEN JE FLUGSTUNDE UND JAHR BEI:

050 Stunden pro Jahr (DM)	444/1.211
100 Stunden pro Jahr (DM)	308/691
150 Stunden pro Jahr (DM)	263/518
200 Stunden pro Jahr (DM)	240/432
250 Stunden pro Jahr (DM)	226/380
300 Stunden pro Jahr (DM)	217/345
350 Stunden pro Jahr (DM)	211/320
400 Stunden pro Jahr (DM)	206/302
450 Stunden pro Jahr (DM)	202/287
500 Stunden pro Jahr (DM)	199/276

Flugkilometer (DM/km)*11	0,70/1,11
Sitzplatzkilometer (DM/km)*12	0,12/0,19

*ERLÄUTERUNGEN

Alle Kostenwerte verstehen sich ohne Mehrwertsteuer. Bei den Flugstundenkosten enthält der 1. Wert keine Abschreibung und keine Kapitalzinsen (sogenannte „Bürgerliche Kalkulation").

*01	Bezogen auf das maximale Startgewicht
*02	Bezogen auf das maximale Startgewicht
*03	In Meereshöhe (MSL)
*04	65 % Leistung in typischer Reiseflughöhe
*05	Volle Klappen in Landekonfiguration
*06	Wie Wert *04, mit maximaler Tankfüllung
*07	Abschreibung, Zinsen, Sonstige Fixkosten
*08	Treibstoff, Öl, Landegeb., Wartung, Rücklagen
*09	65 % Leistung in typischer Reiseflughöhe
*10	(Liter x 80) : (km/h x Sitze), km/h-Wert *04
*11	Bei 300 Stunden pro Jahr
*12	Bei 300 Stunden pro Jahr

Ausführliche Definitionen im alphabetischen Teil.

Beechcraft — Bonanza A 36 TC

TECHNISCHE DATEN

Triebwerk	Continental TSIO - 520
Triebwerkart	Turbocharged
Treibstoffart	Flugbenzin
Triebwerkleistung (PS)	300
Triebwerkleistung (kW)	221
Flächenanordnung	Tiefdecker
Fahrwerk	Einziehbar
Propeller	Dreiblatt, verstellbar
Sitzplätze (mit Besatzung)	6
Länge (m)	8,38
Höhe (m)	2,57
Spannweite (m)	10,21
Flügelfläche (qm)	16,81
Leergewicht (kg)	1.029
Zuladung ohne Treibstoff (kg)	426
Zuladung mit Treibstoff (kg)	628
Zuladung ohne Treibstoff (%)*01	25,69
Zuladung mit Treibstoff (%)*02	37,92
Treibstoff (Liter)	280
Treibstoff (kg)	202
Maximales Startgewicht (kg)	1.656
Flächenbelastung (kg/qm)	98,51
Leistungsbelastung (kg/PS)	5,52
Leistungsbelastung (kg/kW)	7,50
Höchstgeschwindigkeit (km/h)*03	396
Reisegeschwindigkeit (km/h)*04	298
Abreissgeschwindigkeit (km/h)*05	106
Steigleistung einmotorig (m/sek)	5,92
Steigleistung zweimotorig (m/sek)	
Dienstgipfelhöhe einmotorig (m)	7.620
Dienstgipfelhöhe zweimotorig (m)	
Reichweite (km)*06	1.181
Startrollstrecke (m)	315
Startstrecke über 15-m-Hindernis (m)	536
Landerollstrecke (m)	201
Landestrecke über 15-m-Hindernis (m)	442

KOSTENWERTE

Anschaffungspreis (DM)	333.317
Fixe Kosten (DM/p.a.)*07	61.560
Variable Kosten (DM/h)*08	187,00
Treibstoffverbrauch (Liter/h)*09	66,0
Treibstoffverbrauchsindex*10	2,95

KOSTEN JE FLUGSTUNDE UND JAHR BEI:

050 Stunden pro Jahr (DM)	501/1.418
100 Stunden pro Jahr (DM)	344/802
150 Stunden pro Jahr (DM)	292/597
200 Stunden pro Jahr (DM)	265/495
250 Stunden pro Jahr (DM)	250/433
300 Stunden pro Jahr (DM)	239/392
350 Stunden pro Jahr (DM)	232/363
400 Stunden pro Jahr (DM)	226/341
450 Stunden pro Jahr (DM)	222/324
500 Stunden pro Jahr (DM)	218/310

Flugkilometer (DM/km)*11	0,80/1,32
Sitzplatzkilometer (DM/km)*12	0,13/0,22

*ERLÄUTERUNGEN

Alle Kostenwerte verstehen sich ohne Mehrwertsteuer. Bei den Flugstundenkosten enthält der 1. Wert keine Abschreibung und keine Kapitalzinsen (sogenannte „Bürgerliche Kalkulation").

*01	Bezogen auf das maximale Startgewicht
*02	Bezogen auf das maximale Startgewicht
*03	In Meereshöhe (MSL)
*04	65 % Leistung in typischer Reiseflughöhe
*05	Volle Klappen in Landekonfiguration
*06	Wie Wert *04, mit maximaler Tankfüllung
*07	Abschreibung, Zinsen, Sonstige Fixkosten
*08	Treibstoff, Öl, Landegeb., Wartung, Rücklagen
*09	65 % Leistung in typischer Reiseflughöhe
*10	(Liter x 80) : (km/h x Sitze), km/h-Wert *04
*11	Bei 300 Stunden pro Jahr
*12	Bei 300 Stunden pro Jahr

Ausführliche Definitionen im alphabetischen Teil.

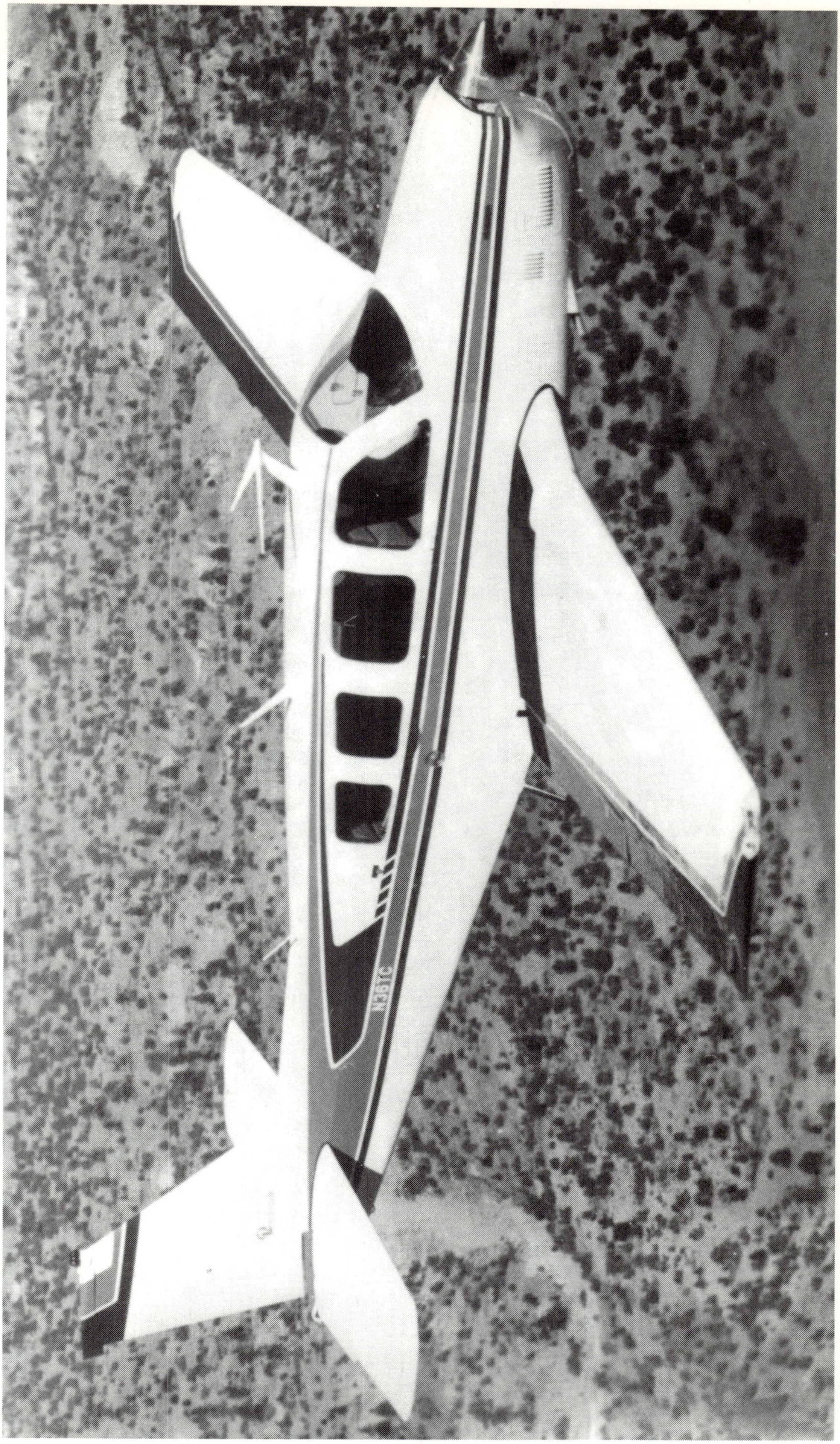

Beechcraft Duchess

TECHNISCHE DATEN

Triebwerk	2 x Lycoming 0 - 360
Triebwerkart	Vergasermotore
Treibstoffart	Flugbenzin
Triebwerkleistung (PS)	2 x 180
Triebwerkleistung (kW)	2 x 132
Flächenanordnung	Tiefdecker
Fahrwerk	Einziehbar
Propeller	2 x Zweiblatt, verstellbar
Sitzplätze (mit Besatzung)	4
Länge (m)	8,86
Höhe (m)	2,90
Spannweite (m)	11,58
Flügelfläche (qm)	16,80
Leergewicht (kg)	1.110
Zuladung ohne Treibstoff (kg)	387
Zuladung mit Treibstoff (kg)	659
Zuladung ohne Treibstoff (%)*01	21,88
Zuladung mit Treibstoff (%)*02	37,25
Treibstoff (Liter)	378
Treibstoff (kg)	272
Maximales Startgewicht (kg)	1.769
Flächenbelastung (kg/qm)	105,30
Leistungsbelastung (kg/PS)	4,91
Leistungsbelastung (kg/kW)	6,68
Höchstgeschwindigkeit (km/h)*03	316
Reisegeschwindigkeit (km/h)*04	300
Abreissgeschwindigkeit (km/h)*05	111
Steigleistung einmotorig (m/sek)	1,19
Steigleistung zweimotorig (m/sek)	6,34
Dienstgipfelhöhe einmotorig (m)	1.880
Dienstgipfelhöhe zweimotorig (m)	5.989
Reichweite (km)*06	1.366
Startrollstrecke (m)	380
Startstrecke über 15-m-Hindernis (m)	646
Landerollstrecke (m)	260
Landestrecke über 15-m-Hindernis (m)	573

KOSTENWERTE

Anschaffungspreis (DM)	311.283
Fixe Kosten (DM/p.a.)*07	57.960
Variable Kosten (DM/h)*08	200,00
Treibstoffverbrauch (Liter/h)*09	79,2
Treibstoffverbrauchsindex*10	5,28

KOSTEN JE FLUGSTUNDE UND JAHR BEI:

050 Stunden pro Jahr (DM)	503/1.359
100 Stunden pro Jahr (DM)	352/780
150 Stunden pro Jahr (DM)	301/586
200 Stunden pro Jahr (DM)	276/490
250 Stunden pro Jahr (DM)	261/432
300 Stunden pro Jahr (DM)	251/393
350 Stunden pro Jahr (DM)	243/366
400 Stunden pro Jahr (DM)	238/345
450 Stunden pro Jahr (DM)	234/329
500 Stunden pro Jahr (DM)	230/316

Flugkilometer (DM/km)*11	0,84/1,31
Sitzplatzkilometer (DM/km)*12	0,21/0,33

*ERLÄUTERUNGEN

Alle Kostenwerte verstehen sich ohne Mehrwertsteuer. Bei den Flugstundenkosten enthält der 1. Wert keine Abschreibung und keine Kapitalzinsen (sogenannte „Bürgerliche Kalkulation").

*01	Bezogen auf das maximale Startgewicht
*02	Bezogen auf das maximale Startgewicht
*03	In Meereshöhe (MSL)
*04	65 % Leistung in typischer Reiseflughöhe
*05	Volle Klappen in Landekonfiguration
*06	Wie Wert *04, mit maximaler Tankfüllung
*07	Abschreibung, Zinsen, Sonstige Fixkosten
*08	Treibstoff, Öl, Landegeb., Wartung, Rücklagen
*09	65 % Leistung in typischer Reiseflughöhe
*10	(Liter x 80) : (km/h x Sitze), km/h-Wert *04
*11	Bei 300 Stunden pro Jahr
*12	Bei 300 Stunden pro Jahr

Ausführliche Definitionen im alphabetischen Teil.

N176BA

Beechcraft Baron B 55

TECHNISCHE DATEN

Triebwerk	2 x Continental IO - 470
Triebwerkart	Einspritzer
Treibstoffart	Flugbenzin
Triebwerkleistung (PS)	2 x 260
Triebwerkleistung (kW)	2 x 191
Flächenanordnung	Tiefdecker
Fahrwerk	Einziehbar
Propeller	2 x Dreiblatt, verstellbar
Sitzplätze (mit Besatzung)	6
Länge (m)	8,53
Höhe (m)	2,92
Spannweite (m)	11,53
Flügelfläche (qm)	18,51
Leergewicht (kg)	1.466
Zuladung ohne Treibstoff (kg)	477
Zuladung mit Treibstoff (kg)	847
Zuladung ohne Treibstoff (%)*01	20,62
Zuladung mit Treibstoff (%)*02	36,62
Treibstoff (Liter)	514
Treibstoff (kg)	370
Maximales Startgewicht (kg)	2.313
Flächenbelastung (kg/qm)	124,96
Leistungsbelastung (kg/PS)	4,45
Leistungsbelastung (kg/kW)	6,04
Höchstgeschwindigkeit (km/h)*03	371
Reisegeschwindigkeit (km/h)*04	341
Abreissgeschwindigkeit (km/h)*05	135
Steigleistung einmotorig (m/sek)	2,02
Steigleistung zweimotorig (m/sek)	8,60
Dienstgipfelhöhe einmotorig (m)	1.950
Dienstgipfelhöhe zweimotorig (m)	5.882
Reichweite (km)*06	1.446
Startrollstrecke (m)	370
Startstrecke über 15-m-Hindernis (m)	656
Landerollstrecke (m)	346
Landestrecke über 15-m-Hindernis (m)	664

KOSTENWERTE

Anschaffungspreis (DM)	429.032
Fixe Kosten (DM/p.a.)*07	79.294
Variable Kosten (DM/h)*08	283,00
Treibstoffverbrauch (Liter/h)*09	114,4
Treibstoffverbrauchsindex*10	4,47

KOSTEN JE FLUGSTUNDE UND JAHR BEI:

050 Stunden pro Jahr (DM)	689/1.869
100 Stunden pro Jahr (DM)	486/1.076
150 Stunden pro Jahr (DM)	418/812
200 Stunden pro Jahr (DM)	384/679
250 Stunden pro Jahr (DM)	364/600
300 Stunden pro Jahr (DM)	351/547
350 Stunden pro Jahr (DM)	341/510
400 Stunden pro Jahr (DM)	334/481
450 Stunden pro Jahr (DM)	328/459
500 Stunden pro Jahr (DM)	324/442

Flugkilometer (DM/km)*11	1,03/1,60
Sitzplatzkilometer (DM/km)*12	0,17/0,27

*ERLÄUTERUNGEN

Alle Kostenwerte verstehen sich ohne Mehrwertsteuer. Bei den Flugstundenkosten enthält der 1. Wert keine Abschreibung und keine Kapitalzinsen (sogenannte „Bürgerliche Kalkulation").

*01	Bezogen auf das maximale Startgewicht
*02	Bezogen auf das maximale Startgewicht
*03	In Meereshöhe (MSL)
*04	65 % Leistung in typischer Reiseflughöhe
*05	Volle Klappen in Landekonfiguration
*06	Wie Wert *04, mit maximaler Tankfüllung
*07	Abschreibung, Zinsen, Sonstige Fixkosten
*08	Treibstoff, Öl, Landegeb., Wartung, Rücklagen
*09	65 % Leistung in typischer Reiseflughöhe
*10	(Liter x 80) : (km/h x Sitze), km/h-Wert *04
*11	Bei 300 Stunden pro Jahr
*12	Bei 300 Stunden pro Jahr

Ausführliche Definitionen im alphabetischen Teil.

N4487W

Beechcraft Baron 58

TECHNISCHE DATEN

Triebwerk	2 x Continental IO - 520
Triebwerkart	Einspritzer
Treibstoffart	Flugbenzin
Triebwerkleistung (PS)	2 x 285
Triebwerkleistung (kW)	2 x 210
Flächenanordnung	Tiefdecker
Fahrwerk	Einziehbar
Propeller	2 x Dreiblatt, verstellbar
Sitzplätze (mit Besatzung)	6
Länge (m)	9,09
Höhe (m)	2,90
Spannweite (m)	11,54
Flügelfläche (qm)	18,50
Leergewicht (kg)	1.525
Zuladung ohne Treibstoff (kg)	396
Zuladung mit Treibstoff (kg)	924
Zuladung ohne Treibstoff (%)*01	16,17
Zuladung mit Treibstoff (%)*02	37,73
Treibstoff (Liter)	734
Treibstoff (kg)	528
Maximales Startgewicht (kg)	2.449
Flächenbelastung (kg/qm)	132,38
Leistungsbelastung (kg/PS)	4,30
Leistungsbelastung (kg/kW)	5,84
Höchstgeschwindigkeit (km/h)*03	384
Reisegeschwindigkeit (km/h)*04	360
Abreissgeschwindigkeit (km/h)*05	137
Steigleistung einmotorig (m/sek)	1,98
Steigleistung zweimotorig (m/sek)	8,43
Dienstgipfelhöhe einmotorig (m)	2.133
Dienstgipfelhöhe zweimotorig (m)	5.669
Reichweite (km)*06	2.071
Startrollstrecke (m)	376
Startstrecke über 15-m-Hindernis (m)	640
Landerollstrecke (m)	346
Landestrecke über 15-m-Hindernis (m)	761

KOSTENWERTE

Anschaffungspreis (DM)	554.975
Fixe Kosten (DM/p.a.)*07	101.277
Variable Kosten (DM/h)*08	321,00
Treibstoffverbrauch (Liter/h)*09	125,4
Treibstoffverbrauchsindex*10	4,64

KOSTEN JE FLUGSTUNDE UND JAHR BEI:

050 Stunden pro Jahr (DM)	820/2.346
100 Stunden pro Jahr (DM)	571/1.334
150 Stunden pro Jahr (DM)	487/996
200 Stunden pro Jahr (DM)	446/827
250 Stunden pro Jahr (DM)	421/726
300 Stunden pro Jahr (DM)	404/658
350 Stunden pro Jahr (DM)	392/610
400 Stunden pro Jahr (DM)	383/574
450 Stunden pro Jahr (DM)	376/546
500 Stunden pro Jahr (DM)	371/523

Flugkilometer (DM/km)*11	1,12/1,83
Sitzplatzkilometer (DM/km)*12	0,19/0,30

*ERLÄUTERUNGEN

Alle Kostenwerte verstehen sich ohne Mehrwertsteuer. Bei den Flugstundenkosten enthält der 1. Wert keine Abschreibung und keine Kapitalzinsen (sogenannte „Bürgerliche Kalkulation").

*01	Bezogen auf das maximale Startgewicht
*02	Bezogen auf das maximale Startgewicht
*03	In Meereshöhe (MSL)
*04	65 % Leistung in typischer Reiseflughöhe
*05	Volle Klappen in Landekonfiguration
*06	Wie Wert *04, mit maximaler Tankfüllung
*07	Abschreibung, Zinsen, Sonstige Fixkosten
*08	Treibstoff, Öl, Landegeb., Wartung, Rücklagen
*09	65 % Leistung in typischer Reiseflughöhe
*10	(Liter x 80) : (km/h x Sitze), km/h-Wert *04
*11	Bei 300 Stunden pro Jahr
*12	Bei 300 Stunden pro Jahr

Ausführliche Definitionen im alphabetischen Teil.

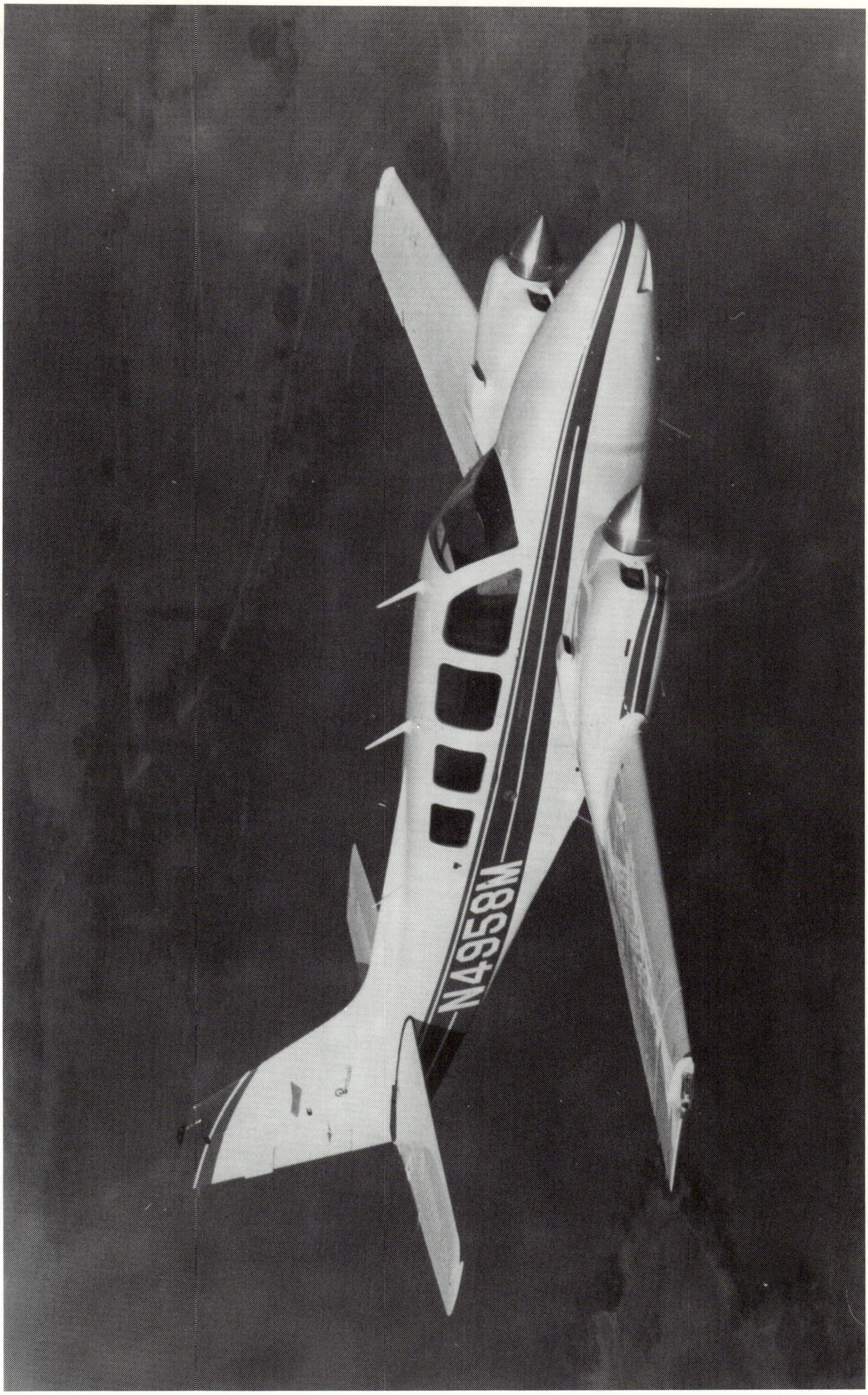
N4958M

Beechcraft Baron E 55

TECHNISCHE DATEN

Triebwerk	2 x Continental IO - 520
Triebwerkart	Einspritzer
Treibstoffart	Flugbenzin
Triebwerkleistung (PS)	2 x 285
Triebwerkleistung (kW)	2 x 210
Flächenanordnung	Tiefdecker
Fahrwerk	Einziehbar
Propeller	2 x Dreiblatt, verstellbar
Sitzplätze (mit Besatzung)	6
Länge (m)	8,84
Höhe (m)	2,79
Spannweite (m)	11,53
Flügelfläche (qm)	18,51
Leergewicht (kg)	1.490
Zuladung ohne Treibstoff (kg)	462
Zuladung mit Treibstoff (kg)	914
Zuladung ohne Treibstoff (%)*01	19,22
Zuladung mit Treibstoff (%)*02	38,02
Treibstoff (Liter)	628
Treibstoff (kg)	452
Maximales Startgewicht (kg)	2.404
Flächenbelastung (kg/qm)	129,88
Leistungsbelastung (kg/PS)	4,22
Leistungsbelastung (kg/kW)	5,73
Höchstgeschwindigkeit (km/h)*03	384
Reisegeschwindigkeit (km/h)*04	360
Abreissgeschwindigkeit (km/h)*05	135
Steigleistung einmotorig (m/sek)	1,97
Steigleistung zweimotorig (m/sek)	8,54
Dienstgipfelhöhe einmotorig (m)	2.011
Dienstgipfelhöhe zweimotorig (m)	5.821
Reichweite (km)*06	1.733
Startrollstrecke (m)	389
Startstrecke über 15-m-Hindernis (m)	625
Landerollstrecke (m)	340
Landestrecke über 15-m-Hindernis (m)	671

KOSTENWERTE

Anschaffungspreis (DM)	490.962
Fixe Kosten (DM/p.a.)*07	90.150
Variable Kosten (DM/h)*08	308,00
Treibstoffverbrauch (Liter/h)*09	125,4
Treibstoffverbrauchsindex*10	4,64

KOSTEN JE FLUGSTUNDE UND JAHR BEI:

050 Stunden pro Jahr (DM)	761/2.111
100 Stunden pro Jahr (DM)	535/1.210
150 Stunden pro Jahr (DM)	459/909
200 Stunden pro Jahr (DM)	421/759
250 Stunden pro Jahr (DM)	399/669
300 Stunden pro Jahr (DM)	384/609
350 Stunden pro Jahr (DM)	373/566
400 Stunden pro Jahr (DM)	365/533
450 Stunden pro Jahr (DM)	358/508
500 Stunden pro Jahr (DM)	353/488
Flugkilometer (DM/km)*11	1,07/1,69
Sitzplatzkilometer (DM/km)*12	0,18/0,28

*ERLÄUTERUNGEN

Alle Kostenwerte verstehen sich ohne Mehrwertsteuer. Bei den Flugstundenkosten enthält der 1. Wert keine Abschreibung und keine Kapitalzinsen (sogenannte „Bürgerliche Kalkulation").

*01	Bezogen auf das maximale Startgewicht
*02	Bezogen auf das maximale Startgewicht
*03	In Meereshöhe (MSL)
*04	65 % Leistung in typischer Reiseflughöhe
*05	Volle Klappen in Landekonfiguration
*06	Wie Wert *04, mit maximaler Tankfüllung
*07	Abschreibung, Zinsen, Sonstige Fixkosten
*08	Treibstoff, Öl, Landegeb., Wartung, Rücklagen
*09	65 % Leistung in typischer Reiseflughöhe
*10	(Liter x 80) : (km/h x Sitze), km/h-Wert *04
*11	Bei 300 Stunden pro Jahr
*12	Bei 300 Stunden pro Jahr

Ausführliche Definitionen im alphabetischen Teil.

N4494W

Beechcraft Baron 58 P

TECHNISCHE DATEN

Triebwerk	2 x Continental TSI0 - 520
Triebwerkart	Turbocharged
Treibstoffart	Flugbenzin
Triebwerkleistung (PS)	2 x 325
Triebwerkleistung (kW)	2 x 239
Flächenanordnung	Tiefdecker
Fahrwerk	Einziehbar
Propeller	2 x Dreiblatt, verstellbar
Sitzplätze (mit Besatzung)	6
Länge (m)	9,09
Höhe (m)	2,79
Spannweite (m)	11,54
Flügelfläche (qm)	17,47
Leergewicht (kg)	1.814
Zuladung ohne Treibstoff (kg)	480
Zuladung mit Treibstoff (kg)	998
Zuladung ohne Treibstoff (%)*01	17,07
Zuladung mit Treibstoff (%)*02	35,49
Treibstoff (Liter)	719
Treibstoff (kg)	518
Maximales Startgewicht (kg)	2.812
Flächenbelastung (kg/qm)	160,96
Leistungsbelastung (kg/PS)	4,33
Leistungsbelastung (kg/kW)	5,88
Höchstgeschwindigkeit (km/h)*03	483
Reisegeschwindigkeit (km/h)*04	389
Abreissgeschwindigkeit (km/h)*05	145
Steigleistung einmotorig (m/sek)	1,37
Steigleistung zweimotorig (m/sek)	7,49
Dienstgipfelhöhe einmotorig (m)	4.111
Dienstgipfelhöhe zweimotorig (m)	7.620
Reichweite (km)*06	1.881
Startrollstrecke (m)	474
Startstrecke über 15-m-Hindernis (m)	805
Landerollstrecke (m)	336
Landestrecke über 15-m-Hindernis (m)	740

KOSTENWERTE

Anschaffungspreis (DM)	720.297
Fixe Kosten (DM/p.a.)*07	130.475
Variable Kosten (DM/h)*08	382,00
Treibstoffverbrauch (Liter/h)*09	143,0
Treibstoffverbrauchsindex*10	4,90

KOSTEN JE FLUGSTUNDE UND JAHR BEI:

050 Stunden pro Jahr (DM)	1.011/2.992
100 Stunden pro Jahr (DM)	696/1.687
150 Stunden pro Jahr (DM)	592/1.252
200 Stunden pro Jahr (DM)	539/1.034
250 Stunden pro Jahr (DM)	508/904
300 Stunden pro Jahr (DM)	487/817
350 Stunden pro Jahr (DM)	472/755
400 Stunden pro Jahr (DM)	461/708
450 Stunden pro Jahr (DM)	452/672
500 Stunden pro Jahr (DM)	445/643
Flugkilometer (DM/km)*11	1,25/2,10
Sitzplatzkilometer (DM/km)*12	0,21/0,35

*ERLÄUTERUNGEN

Alle Kostenwerte verstehen sich ohne Mehrwertsteuer. Bei den Flugstundenkosten enthält der 1. Wert keine Abschreibung und keine Kapitalzinsen (sogenannte „Bürgerliche Kalkulation").

*01	Bezogen auf das maximale Startgewicht
*02	Bezogen auf das maximale Startgewicht
*03	In Meereshöhe (MSL)
*04	65 % Leistung in typischer Reiseflughöhe
*05	Volle Klappen in Landekonfiguration
*06	Wie Wert *04, mit maximaler Tankfüllung
*07	Abschreibung, Zinsen, Sonstige Fixkosten
*08	Treibstoff, Öl, Landegeb., Wartung, Rücklagen
*09	65 % Leistung in typischer Reiseflughöhe
*10	(Liter x 80) : (km/h x Sitze), km/h-Wert *04
*11	Bei 300 Stunden pro Jahr
*12	Bei 300 Stunden pro Jahr

Ausführliche Definitionen im alphabetischen Teil.

Beechcraft Baron 58 TC

TECHNISCHE DATEN

Triebwerk	2 x Continental TSIO - 520
Triebwerkart	Turbocharged
Treibstoffart	Flugbenzin
Triebwerkleistung (PS)	2 x 325
Triebwerkleistung (kW)	2 x 239
Flächenanordnung	Tiefdecker
Fahrwerk	Einziehbar
Propeller	2 x Dreiblatt, verstellbar
Sitzplätze (mit Besatzung)	6
Länge (m)	9,09
Höhe (m)	2,79
Spannweite (m)	11,54
Flügelfläche (qm)	17,47
Leergewicht (kg)	1.720
Zuladung ohne Treibstoff (kg)	574
Zuladung mit Treibstoff (kg)	1.092
Zuladung ohne Treibstoff (%)*01	20,41
Zuladung mit Treibstoff (%)*02	38,83
Treibstoff (Liter)	719
Treibstoff (kg)	518
Maximales Startgewicht (kg)	2.812
Flächenbelastung (kg/qm)	160,96
Leistungsbelastung (kg/PS)	4,33
Leistungsbelastung (kg/kW)	5,88
Höchstgeschwindigkeit (km/h)*03	483
Reisegeschwindigkeit (km/h)*04	367
Abreissgeschwindigkeit (km/h)*05	145
Steigleistung einmotorig (m/sek)	1,37
Steigleistung zweimotorig (m/sek)	7,49
Dienstgipfelhöhe einmotorig (m)	4.111
Dienstgipfelhöhe zweimotorig (m)	7.620
Reichweite (km)*06	1.775
Startrollstrecke (m)	474
Startstrecke über 15-m-Hindernis (m)	805
Landerollstrecke (m)	336
Landestrecke über 15-m-Hindernis (m)	739

KOSTENWERTE

Anschaffungspreis (DM)	589.992
Fixe Kosten (DM/p.a.)*07	107.998
Variable Kosten (DM/h)*08	356,00
Treibstoffverbrauch (Liter/h)*09	143,0
Treibstoffverbrauchsindex*10	5,20

KOSTEN JE FLUGSTUNDE UND JAHR BEI:

050 Stunden pro Jahr (DM)	893/2.516
100 Stunden pro Jahr (DM)	625/1.436
150 Stunden pro Jahr (DM)	535/1.076
200 Stunden pro Jahr (DM)	490/896
250 Stunden pro Jahr (DM)	464/788
300 Stunden pro Jahr (DM)	446/716
350 Stunden pro Jahr (DM)	433/665
400 Stunden pro Jahr (DM)	423/626
450 Stunden pro Jahr (DM)	416/596
500 Stunden pro Jahr (DM)	410/572

Flugkilometer (DM/km)*11	1,21/1,95
Sitzplatzkilometer (DM/km)*12	0,20/0,33

*ERLÄUTERUNGEN

Alle Kostenwerte verstehen sich ohne Mehrwertsteuer. Bei den Flugstundenkosten enthält der 1. Wert keine Abschreibung und keine Kapitalzinsen (sogenannte „Bürgerliche Kalkulation").

*01	Bezogen auf das maximale Startgewicht
*02	Bezogen auf das maximale Startgewicht
*03	In Meereshöhe (MSL)
*04	65 % Leistung in typischer Reiseflughöhe
*05	Volle Klappen in Landekonfiguration
*06	Wie Wert *04, mit maximaler Tankfüllung
*07	Abschreibung, Zinsen, Sonstige Fixkosten
*08	Treibstoff, Öl, Landegeb., Wartung, Rücklagen
*09	65 % Leistung in typischer Reiseflughöhe
*10	(Liter x 80) : (km/h x Sitze), km/h-Wert *04
*11	Bei 300 Stunden pro Jahr
*12	Bei 300 Stunden pro Jahr

Ausführliche Definitionen im alphabetischen Teil.

Beechcraft Duke B 60

TECHNISCHE DATEN

Triebwerk	2 x Lycoming TI0 - 541
Triebwerkart	Turbocharged
Treibstoffart	Flugbenzin
Triebwerkleistung (PS)	2 x 380
Triebwerkleistung (kW)	2 x 280
Flächenanordnung	Tiefdecker
Fahrwerk	Einziehbar
Propeller	2 x Dreiblatt, verstellbar
Sitzplätze (mit Besatzung)	6
Länge (m)	10,31
Höhe (m)	3,76
Spannweite (m)	11,99
Flügelfläche (qm)	19,78
Leergewicht (kg)	1.998
Zuladung ohne Treibstoff (kg)	443
Zuladung mit Treibstoff (kg)	1.075
Zuladung ohne Treibstoff (%)*01	14,42
Zuladung mit Treibstoff (%)*02	34,98
Treibstoff (Liter)	878
Treibstoff (kg)	632
Maximales Startgewicht (kg)	3.073
Flächenbelastung (kg/qm)	155,36
Leistungsbelastung (kg/PS)	4,04
Leistungsbelastung (kg/kW)	5,49
Höchstgeschwindigkeit (km/h)*03	455
Reisegeschwindigkeit (km/h)*04	368
Abreissgeschwindigkeit (km/h)*05	135
Steigleistung einmotorig (m/sek)	1,56
Steigleistung zweimotorig (m/sek)	8,13
Dienstgipfelhöhe einmotorig (m)	4.602
Dienstgipfelhöhe zweimotorig (m)	9.144
Reichweite (km)*06	1.871
Startrollstrecke (m)	503
Startstrecke über 15-m-Hindernis (m)	800
Landerollstrecke (m)	615
Landestrecke über 15-m-Hindernis (m)	934

KOSTENWERTE

Anschaffungspreis (DM)	1.006.084
Fixe Kosten (DM/p.a.)*07	180.264
Variable Kosten (DM/h)*08	479,00
Treibstoffverbrauch (Liter/h)*09	167,2
Treibstoffverbrauchsindex*10	6,06

KOSTEN JE FLUGSTUNDE UND JAHR BEI:

050 Stunden pro Jahr (DM)	1.318/4.084
100 Stunden pro Jahr (DM)	898/2.282
150 Stunden pro Jahr (DM)	759/1.681
200 Stunden pro Jahr (DM)	689/1.380
250 Stunden pro Jahr (DM)	647/1.200
300 Stunden pro Jahr (DM)	619/1.080
350 Stunden pro Jahr (DM)	599/994
400 Stunden pro Jahr (DM)	584/930
450 Stunden pro Jahr (DM)	572/880
500 Stunden pro Jahr (DM)	563/840

Flugkilometer (DM/km)*11	1,68/2,93
Sitzplatzkilometer (DM/km)*12	0,28/0,49

*ERLÄUTERUNGEN

Alle Kostenwerte verstehen sich ohne Mehrwertsteuer. Bei den Flugstundenkosten enthält der 1. Wert keine Abschreibung und keine Kapitalzinsen (sogenannte „Bürgerliche Kalkulation“).

*01	Bezogen auf das maximale Startgewicht
*02	Bezogen auf das maximale Startgewicht
*03	In Meereshöhe (MSL)
*04	65 % Leistung in typischer Reiseflughöhe
*05	Volle Klappen in Landekonfiguration
*06	Wie Wert *04, mit maximaler Tankfüllung
*07	Abschreibung, Zinsen, Sonstige Fixkosten
*08	Treibstoff, Öl, Landegeb., Wartung, Rücklagen
*09	65 % Leistung in typischer Reiseflughöhe
*10	(Liter x 80) : (km/h x Sitze), km/h-Wert *04
*11	Bei 300 Stunden pro Jahr
*12	Bei 300 Stunden pro Jahr

Ausführliche Definitionen im alphabetischen Teil.

Beechcraft King Air C 90

TECHNISCHE DATEN

Triebwerk	2 x Pratt & Whitney PT 6A 21
Triebwerkart	Propellerturbinen
Treibstoffart	Kerosin
Triebwerkleistung (PS)	2 x 550
Triebwerkleistung (kW)	2 x 405
Flächenanordnung	Tiefdecker
Fahrwerk	Einziehbar
Propeller	2 x Dreiblatt, verstellbar, Reverse
Sitzplätze (mit Besatzung)	10
Länge (m)	10,82
Höhe (m)	4,34
Spannweite (m)	15,32
Flügelfläche (qm)	27,31
Leergewicht (kg)	2.620
Zuladung ohne Treibstoff (kg)	595
Zuladung mit Treibstoff (kg)	1.757
Zuladung ohne Treibstoff (%)*01	13,59
Zuladung mit Treibstoff (%)*02	40,14
Treibstoff (Liter)	1.453
Treibstoff (kg)	1.162
Maximales Startgewicht (kg)	4.377
Flächenbelastung (kg/qm)	160,27
Leistungsbelastung (kg/PS)	3,98
Leistungsbelastung (kg/kW)	5,41
Höchstgeschwindigkeit (km/h)*03	412 (3.600 m)
Reisegeschwindigkeit (km/h)*04	412 (3.600 m)
Abreissgeschwindigkeit (km/h)*05	140
Steigleistung einmotorig (m/sek)	2,74
Steigleistung zweimotorig (m/sek)	9,93
Dienstgipfelhöhe einmotorig (m)	4.587
Dienstgipfelhöhe zweimotorig (m)	8.564
Reichweite (km)*06	2.372
Startrollstrecke (m)	689
Startstrecke über 15-m-Hindernis (m)	840
Landerollstrecke (m)	509
Landestrecke über 15-m-Hindernis (m)	640

KOSTENWERTE

Anschaffungspreis (DM)	1.689.834
Fixe Kosten (DM/p.a.)*07	300.661
Variable Kosten (DM/h)*08	591,00
Treibstoffverbrauch (Liter/h)*09	242,0
Treibstoffverbrauchsindex*10	4,70

KOSTEN JE FLUGSTUNDE UND JAHR BEI:

050 Stunden pro Jahr (DM)	1.957/6.604
100 Stunden pro Jahr (DM)	1.274/3.598
150 Stunden pro Jahr (DM)	1.046/2.595
200 Stunden pro Jahr (DM)	933/2.094
250 Stunden pro Jahr (DM)	864/1.794
300 Stunden pro Jahr (DM)	819/1.593
350 Stunden pro Jahr (DM)	786/1.450
400 Stunden pro Jahr (DM)	762/1.343
450 Stunden pro Jahr (DM)	743/1.259
500 Stunden pro Jahr (DM)	728/1.192
Flugkilometer (DM/km)*11	1,99/3,87
Sitzplatzkilometer (DM/km)*12	0,20/0,39

*ERLÄUTERUNGEN

Alle Kostenwerte verstehen sich ohne Mehrwertsteuer. Bei den Flugstundenkosten enthält der 1. Wert keine Abschreibung und keine Kapitalzinsen (sogenannte „Bürgerliche Kalkulation").

*01	Bezogen auf das maximale Startgewicht
*02	Bezogen auf das maximale Startgewicht
*03	In Meereshöhe (MSL)
*04	65 % Leistung in typischer Reiseflughöhe
*05	Volle Klappen in Landekonfiguration
*06	Wie Wert *04, mit maximaler Tankfüllung
*07	Abschreibung, Zinsen, Sonstige Fixkosten
*08	Treibstoff, Öl, Landegeb., Wartung, Rücklagen
*09	65 % Leistung in typischer Reiseflughöhe
*10	(Liter x 80) : (km/h x Sitze), km/h-Wert *04
*11	Bei 300 Stunden pro Jahr
*12	Bei 300 Stunden pro Jahr

Ausführliche Definitionen im alphabetischen Teil.

N180B

Beechcraft King Air E 90

TECHNISCHE DATEN

Triebwerk	2 x Pratt & Whitney PT 6A 28
Triebwerkart	Propellerturbinen
Treibstoffart	Kerosin
Triebwerkleistung (PS)	2 x 550
Triebwerkleistung (kW)	2 x 405
Flächenanordnung	Tiefdecker
Fahrwerk	Einziehbar
Propeller	2 x Dreiblatt, verstellbar, Reverse
Sitzplätze (mit Besatzung)	10
Länge (m)	10,82
Höhe (m)	4,34
Spannweite (m)	15,32
Flügelfläche (qm)	27,30
Leergewicht (kg)	2.745
Zuladung ohne Treibstoff (kg)	401
Zuladung mit Treibstoff (kg)	1.836
Zuladung ohne Treibstoff (%)*01	8,75
Zuladung mit Treibstoff (%)*02	40,08
Treibstoff (Liter)	1.794
Treibstoff (kg)	1.435
Maximales Startgewicht (kg)	4.581
Flächenbelastung (kg/qm)	167,80
Leistungsbelastung (kg/PS)	4,16
Leistungsbelastung (kg/kW)	5,66
Höchstgeschwindigkeit (km/h)*03	462
Reisegeschwindigkeit (km/h)*04	462
Abreissgeschwindigkeit (km/h)*05	143
Steigleistung einmotorig (m/sek)	2,39
Steigleistung zweimotorig (m/sek)	9,50
Dienstgipfelhöhe einmotorig (m)	4.386
Dienstgipfelhöhe zweimotorig (m)	8.418
Reichweite (km)*06	3.009
Startrollstrecke (m)	622
Startstrecke über 15-m-Hindernis (m)	870
Landerollstrecke (m)	402
Landestrecke über 15-m-Hindernis (m)	680

KOSTENWERTE

Anschaffungspreis (DM)	2.043.272
Fixe Kosten (DM/p.a.)*07	362.013
Variable Kosten (DM/h)*08	707,00
Treibstoffverbrauch (Liter/h)*09	299,2
Treibstoffverbrauchsindex*10	5,18

KOSTEN JE FLUGSTUNDE UND JAHR BEI:

050 Stunden pro Jahr (DM)	2.329/7.948
100 Stunden pro Jahr (DM)	1.518/4.327
150 Stunden pro Jahr (DM)	1.248/3.121
200 Stunden pro Jahr (DM)	1.113/2.517
250 Stunden pro Jahr (DM)	1.032/2.155
300 Stunden pro Jahr (DM)	978/1.914
350 Stunden pro Jahr (DM)	939/1.742
400 Stunden pro Jahr (DM)	910/1.612
450 Stunden pro Jahr (DM)	888/1.512
500 Stunden pro Jahr (DM)	869/1.431

Flugkilometer (DM/km)*11	2,12/4,14
Sitzplatzkilometer (DM/km)*12	0,21/0,41

*ERLÄUTERUNGEN

Alle Kostenwerte verstehen sich ohne Mehrwertsteuer. Bei den Flugstundenkosten enthält der 1. Wert keine Abschreibung und keine Kapitalzinsen (sogenannte „Bürgerliche Kalkulation").

*01	Bezogen auf das maximale Startgewicht
*02	Bezogen auf das maximale Startgewicht
*03	In Meereshöhe (MSL)
*04	65 % Leistung in typischer Reiseflughöhe
*05	Volle Klappen in Landekonfiguration
*06	Wie Wert *04, mit maximaler Tankfüllung
*07	Abschreibung, Zinsen, Sonstige Fixkosten
*08	Treibstoff, Öl, Landegeb., Wartung, Rücklagen
*09	65 % Leistung in typischer Reiseflughöhe
*10	(Liter x 80) : (km/h x Sitze), km/h-Wert *04
*11	Bei 300 Stunden pro Jahr
*12	Bei 300 Stunden pro Jahr

Ausführliche Definitionen im alphabetischen Teil.

N932K

Beechcraft King Air A 100

TECHNISCHE DATEN

Triebwerk	2 x Pratt & Whitney PT 6A 28
Triebwerkart	Propellerturbinen
Treibstoffart	Kerosin
Triebwerkleistung (PS)	2 x 680
Triebwerkleistung (kW)	2 x 500
Flächenanordnung	Tiefdecker
Fahrwerk	Einziehbar
Propeller	2 x Vierblatt, verstellbar, Reverse
Sitzplätze (mit Besatzung)	15
Länge (m)	12,17
Höhe (m)	4,70
Spannweite (m)	14,00
Flügelfläche (qm)	25,95
Leergewicht (kg)	3.058
Zuladung ohne Treibstoff (kg)	696
Zuladung mit Treibstoff (kg)	2.117
Zuladung ohne Treibstoff (%)*01	13,45
Zuladung mit Treibstoff (%)*02	40,91
Treibstoff (Liter)	1.776
Treibstoff (kg)	1.421
Maximales Startgewicht (kg)	5.175
Flächenbelastung (kg/qm)	199,42
Leistungsbelastung (kg/PS)	3,81
Leistungsbelastung (kg/kW)	5,17
Höchstgeschwindigkeit (km/h)*03	459
Reisegeschwindigkeit (km/h)*04	459
Abreissgeschwindigkeit (km/h)*05	138
Steigleistung einmotorig (m/sek)	2,30
Steigleistung zweimotorig (m/sek)	9,97
Dienstgipfelhöhe einmotorig (m)	2.834
Dienstgipfelhöhe zweimotorig (m)	7.574
Reichweite (km)*06	2.134
Startrollstrecke (m)	565
Startstrecke über 15-m-Hindernis (m)	817
Landerollstrecke (m)	423
Landestrecke über 15-m-Hindernis (m)	643

KOSTENWERTE

Anschaffungspreis (DM)	2.167:217
Fixe Kosten (DM/p.a.)*07	384.586
Variable Kosten (DM/h)*08	740,00
Treibstoffverbrauch (Liter/h)*09	299,2
Treibstoffverbrauchsindex*10	3,48

KOSTEN JE FLUGSTUNDE UND JAHR BEI:

050 Stunden pro Jahr (DM)	2.472/8.432
100 Stunden pro Jahr (DM)	1.606/4.586
150 Stunden pro Jahr (DM)	1.317/3.304
200 Stunden pro Jahr (DM)	1.173/2.663
250 Stunden pro Jahr (DM)	1.086/2.278
300 Stunden pro Jahr (DM)	1.029/2.022
350 Stunden pro Jahr (DM)	987/1.839
400 Stunden pro Jahr (DM)	956/1.701
450 Stunden pro Jahr (DM)	932/1.595
500 Stunden pro Jahr (DM)	913/1.509
Flugkilometer (DM/km)*11	2,24/4,40
Sitzplatzkilometer (DM/km)*12	0,15/0,29

*ERLÄUTERUNGEN

Alle Kostenwerte verstehen sich ohne Mehrwertsteuer. Bei den Flugstundenkosten enthält der 1. Wert keine Abschreibung und keine Kapitalzinsen (sogenannte „Bürgerliche Kalkulation").

*01	Bezogen auf das maximale Startgewicht
*02	Bezogen auf das maximale Startgewicht
*03	In Meereshöhe (MSL)
*04	65 % Leistung in typischer Reiseflughöhe
*05	Volle Klappen in Landekonfiguration
*06	Wie Wert *04, mit maximaler Tankfüllung
*07	Abschreibung, Zinsen, Sonstige Fixkosten
*08	Treibstoff, Öl, Landegeb., Wartung, Rücklagen
*09	65 % Leistung in typischer Reiseflughöhe
*10	(Liter x 80) : (km/h x Sitze), km/h-Wert *04
*11	Bei 300 Stunden pro Jahr
*12	Bei 300 Stunden pro Jahr

Ausführliche Definitionen im alphabetischen Teil.

N825B

Beechcraft King Air B 100

TECHNISCHE DATEN

Triebwerk	2 x Garrett TPE 331
Triebwerkart	Propellerturbinen
Treibstoffart	Kerosin
Triebwerkleistung (PS)	2 x 715
Triebwerkleistung (kW)	2 x 526
Flächenanordnung	Tiefdecker
Fahrwerk	Einziehbar
Propeller	2 x Vierblatt, verstellbar, Reverse
Sitzplätze (mit Besatzung)	15
Länge (m)	12,17
Höhe (m)	4,70
Spannweite (m)	14,00
Flügelfläche (qm)	26,01
Leergewicht (kg)	3.200
Zuladung ohne Treibstoff (kg)	689
Zuladung mit Treibstoff (kg)	2.110
Zuladung ohne Treibstoff (%)*01	12,98
Zuladung mit Treibstoff (%)*02	39,74
Treibstoff (Liter)	1.776
Treibstoff (kg)	1.421
Maximales Startgewicht (kg)	5.310
Flächenbelastung (kg/qm)	204,15
Leistungsbelastung (kg/PS)	3,71
Leistungsbelastung (kg/kW)	5,05
Höchstgeschwindigkeit (km/h)*03	491
Reisegeschwindigkeit (km/h)*04	491
Abreissgeschwindigkeit (km/h)*05	154
Steigleistung einmotorig (m/sek)	2,55
Steigleistung zweimotorig (m/sek)	10,87
Dienstgipfelhöhe einmotorig (m)	3.694
Dienstgipfelhöhe zweimotorig (m)	8.576
Reichweite (km)*06	2.095
Startrollstrecke (m)	535
Startstrecke über 15-m-Hindernis (m)	821
Landerollstrecke (m)	391
Landestrecke über 15-m-Hindernis (m)	816

KOSTENWERTE

Anschaffungspreis (DM)	2.237.480
Fixe Kosten (DM/p.a.)*07	396.962
Variable Kosten (DM/h)*08	766,00
Treibstoffverbrauch (Liter/h)*09	314,6
Treibstoffverbrauchsindex*10	3,42

KOSTEN JE FLUGSTUNDE UND JAHR BEI:

050 Stunden pro Jahr (DM)	2.552/8.705
100 Stunden pro Jahr (DM)	1.659/4.736
150 Stunden pro Jahr (DM)	1.362/3.413
200 Stunden pro Jahr (DM)	1.213/2.751
250 Stunden pro Jahr (DM)	1.123/2.354
300 Stunden pro Jahr (DM)	1.064/2.089
350 Stunden pro Jahr (DM)	1.021/1.900
400 Stunden pro Jahr (DM)	990/1.759
450 Stunden pro Jahr (DM)	965/1.648
500 Stunden pro Jahr (DM)	945/1.560

Flugkilometer (DM/km)*11	2,17/4,26
Sitzplatzkilometer (DM/km)*12	0,14/0,28

*ERLÄUTERUNGEN

Alle Kostenwerte verstehen sich ohne Mehrwertsteuer. Bei den Flugstundenkosten enthält der 1. Wert keine Abschreibung und keine Kapitalzinsen (sogenannte „Bürgerliche Kalkulation").

*01	Bezogen auf das maximale Startgewicht
*02	Bezogen auf das maximale Startgewicht
*03	In Meereshöhe (MSL)
*04	65 % Leistung in typischer Reiseflughöhe
*05	Volle Klappen in Landekonfiguration
*06	Wie Wert *04, mit maximaler Tankfüllung
*07	Abschreibung, Zinsen, Sonstige Fixkosten
*08	Treibstoff, Öl, Landegeb., Wartung, Rücklagen
*09	65 % Leistung in typischer Reiseflughöhe
*10	(Liter x 80) : (km/h x Sitze), km/h-Wert *04
*11	Bei 300 Stunden pro Jahr
*12	Bei 300 Stunden pro Jahr

Ausführliche Definitionen im alphabetischen Teil.

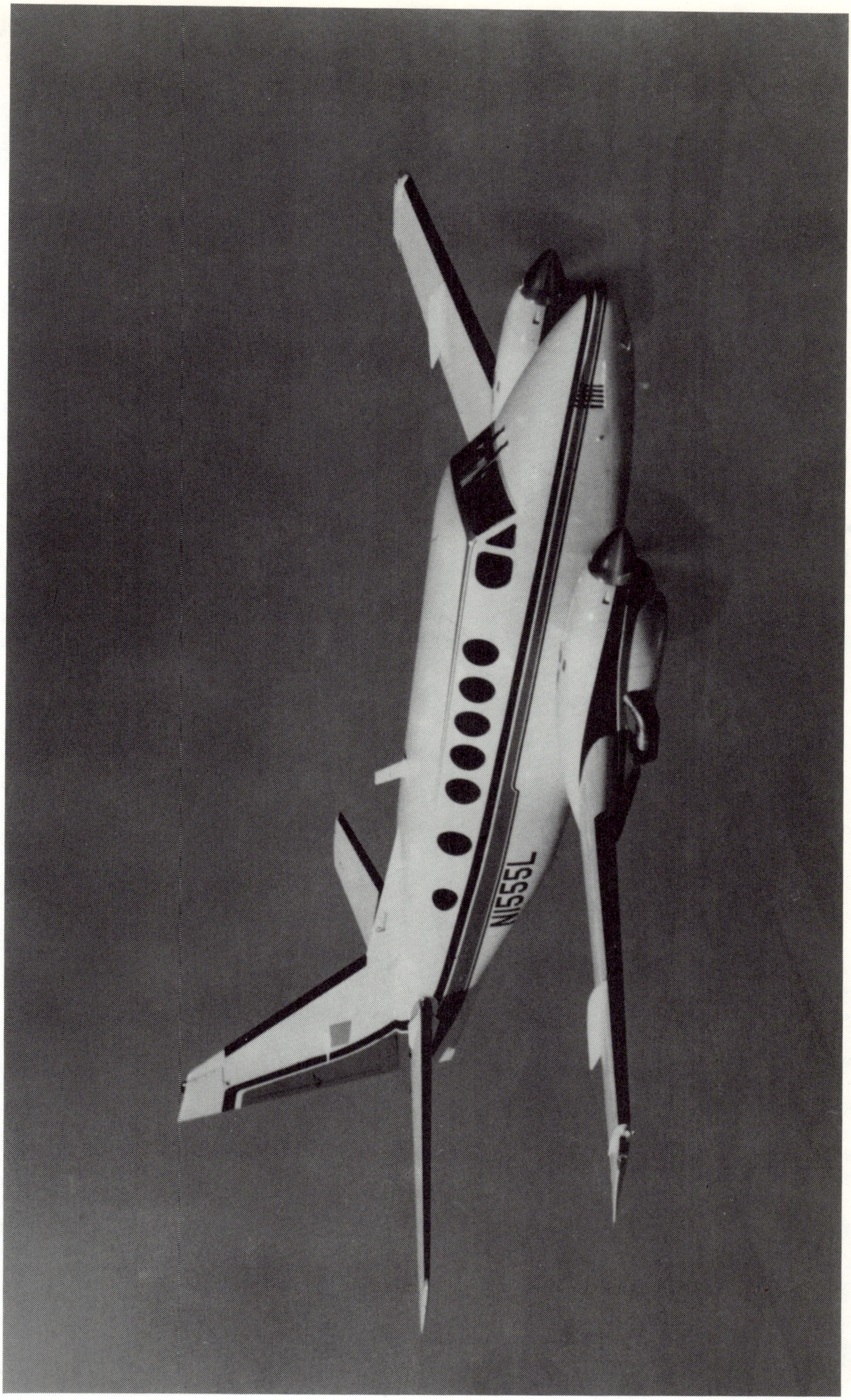
N1555L

Beechcraft King Air F 90

TECHNISCHE DATEN

Triebwerk	2 x Pratt & Whitney PT 6A 135
Triebwerkart	Propellerturbinen
Treibstoffart	Kerosin
Triebwerkleistung (PS)	2 x 750
Triebwerkleistung (kW)	2 x 552
Flächenanordnung	Tiefdecker
Fahrwerk	Einziehbar
Propeller	2 x Vierblatt, verstellbar, Reverse
Sitzplätze (mit Besatzung)	10
Länge (m)	12,09
Höhe (m)	4,60
Spannweite (m)	13,94
Flügelfläche (qm)	26,01
Leergewicht (kg)	2.988
Zuladung ohne Treibstoff (kg)	518
Zuladung mit Treibstoff (kg)	1.939
Zuladung ohne Treibstoff (%)*01	10,51
Zuladung mit Treibstoff (%)*02	39,35
Treibstoff (Liter)	1.776
Treibstoff (kg)	1.421
Maximales Startgewicht (kg)	4.927
Flächenbelastung (kg/qm)	189,87
Leistungsbelastung (kg/PS)	3,28
Leistungsbelastung (kg/kW)	4,46
Höchstgeschwindigkeit (km/h)*03	494
Reisegeschwindigkeit (km/h)*04	494
Abreissgeschwindigkeit (km/h)*05	143
Steigleistung einmotorig (m/sek)	3,05
Steigleistung zweimotorig (m/sek)	12,09
Dienstgipfelhöhe einmotorig (m)	4.394
Dienstgipfelhöhe zweimotorig (m)	9.083
Reichweite (km)*06	2.583
Startrollstrecke (m)	637
Startstrecke über 15-m-Hindernis (m)	870
Landerollstrecke (m)	348
Landestrecke über 15-m-Hindernis (m)	678

KOSTENWERTE

Anschaffungspreis (DM)	2.371.844
Fixe Kosten (DM/p.a.)*07	419.417
Variable Kosten (DM/h)*08	798,00
Treibstoffverbrauch (Liter/h)*09	330,0
Treibstoffverbrauchsindex*10	5,34

KOSTEN JE FLUGSTUNDE UND JAHR BEI:

050 Stunden pro Jahr (DM)	2.663/9.186
100 Stunden pro Jahr (DM)	1.731/4.992
150 Stunden pro Jahr (DM)	1.420/3.594
200 Stunden pro Jahr (DM)	1.264/2.895
250 Stunden pro Jahr (DM)	1.171/2.475
300 Stunden pro Jahr (DM)	1.109/2.196
350 Stunden pro Jahr (DM)	1.064/1.996
400 Stunden pro Jahr (DM)	1.031/1.846
450 Stunden pro Jahr (DM)	1.005/1.730
500 Stunden pro Jahr (DM)	984/1.636

Flugkilometer (DM/km)*11	2,24/4,44
Sitzplatzkilometer (DM/km)*12	0,22/0,44

*ERLÄUTERUNGEN

Alle Kostenwerte verstehen sich ohne Mehrwertsteuer. Bei den Flugstundenkosten enthält der 1. Wert keine Abschreibung und keine Kapitalzinsen (sogenannte „Bürgerliche Kalkulation").

*01	Bezogen auf das maximale Startgewicht
*02	Bezogen auf das maximale Startgewicht
*03	In Meereshöhe (MSL)
*04	65 % Leistung in typischer Reiseflughöhe
*05	Volle Klappen in Landekonfiguration
*06	Wie Wert *04, mit maximaler Tankfüllung
*07	Abschreibung, Zinsen, Sonstige Fixkosten
*08	Treibstoff, Öl, Landegeb., Wartung, Rücklagen
*09	65 % Leistung in typischer Reiseflughöhe
*10	(Liter x 80) : (km/h x Sitze), km/h-Wert *04
*11	Bei 300 Stunden pro Jahr
*12	Bei 300 Stunden pro Jahr

Ausführliche Definitionen im alphabetischen Teil.

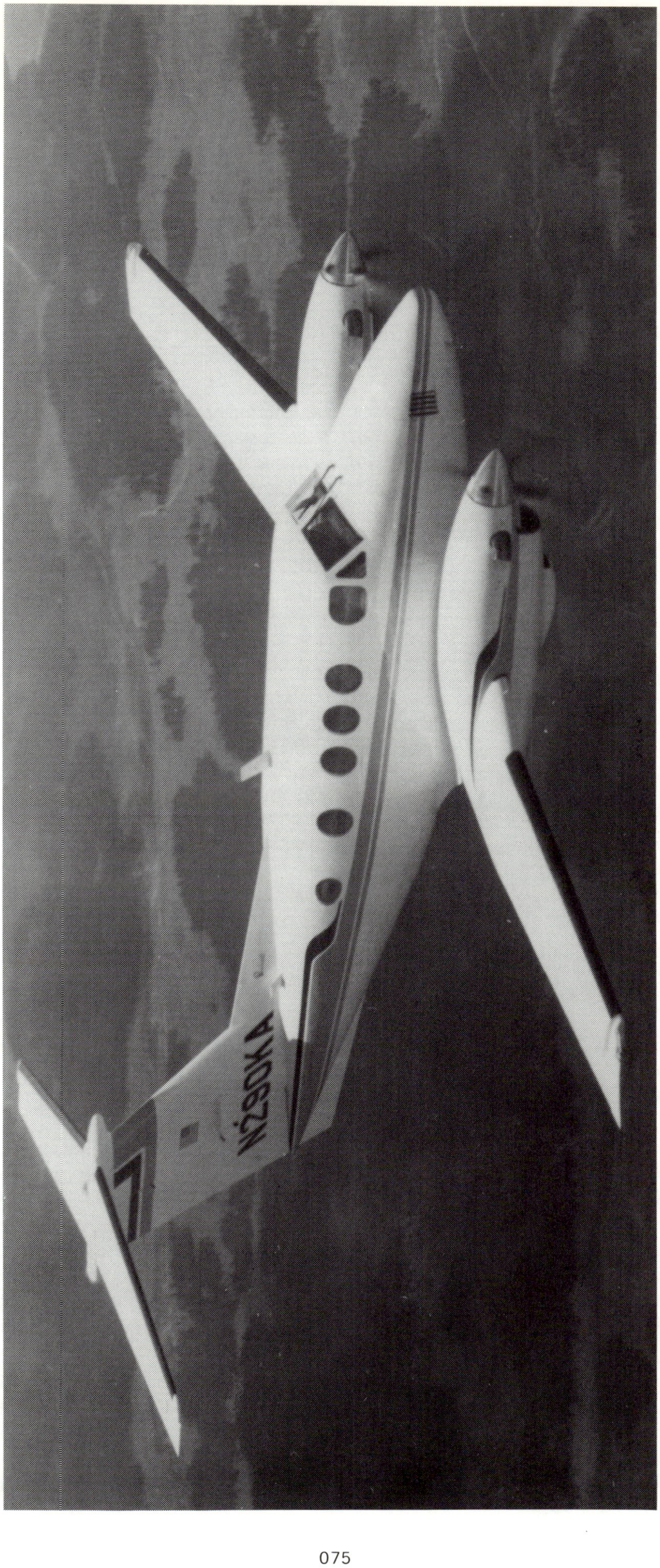
N290KA

Beechcraft Super King Air

TECHNISCHE DATEN

Triebwerk	2 x Pratt & Whitney PT 6A 41
Triebwerkart	Propellerturbinen
Treibstoffart	Kerosin
Triebwerkleistung (PS)	2 x 850
Triebwerkleistung (kW)	2 x 625
Flächenanordnung	Tiefdecker
Fahrwerk	Einziehbar
Propeller	2 x Vierblatt, verstellbar, Reverse
Sitzplätze (mit Besatzung)	15
Länge (m)	13,34
Höhe (m)	4,57
Spannweite (m)	16,61
Flügelfläche (qm)	28,18
Leergewicht (kg)	3.394
Zuladung ohne Treibstoff (kg)	556
Zuladung mit Treibstoff (kg)	2.231
Zuladung ohne Treibstoff (%)*01	9,88
Zuladung mit Treibstoff (%)*02	39,66
Treibstoff (Liter)	2.094
Treibstoff (kg)	1.675
Maximales Startgewicht (kg)	5.625
Flächenbelastung (kg/qm)	199,61
Leistungsbelastung (kg/PS)	3,31
Leistungsbelastung (kg/kW)	4,50
Höchstgeschwindigkeit (km/h)*03	528
Reisegeschwindigkeit (km/h)*04	528
Abreissgeschwindigkeit (km/h)*05	138
Steigleistung einmotorig (m/sek)	3,76
Steigleistung zweimotorig (m/sek)	12,45
Dienstgipfelhöhe einmotorig (m)	5.836
Dienstgipfelhöhe zweimotorig (m)	10.022
Reichweite (km)*06	2.888
Startrollstrecke (m)	592
Startstrecke über 15-m-Hindernis (m)	1.019
Landerollstrecke (m)	536
Landestrecke über 15-m-Hindernis (m)	867

KOSTENWERTE

Anschaffungspreis (DM)	2.716.594
Fixe Kosten (DM/p.a.)*07	480.207
Variable Kosten (DM/h)*08	910,00
Treibstoffverbrauch (Liter/h)*09	374,00
Treibstoffverbrauchsindex*10	3,78

KOSTEN JE FLUGSTUNDE UND JAHR BEI:

050 Stunden pro Jahr (DM)	3.044/10.515
100 Stunden pro Jahr (DM)	1.977/5.713
150 Stunden pro Jahr (DM)	1.622/4.112
200 Stunden pro Jahr (DM)	1.444/3.312
250 Stunden pro Jahr (DM)	1.337/2.831
300 Stunden pro Jahr (DM)	1.266/2.511
350 Stunden pro Jahr (DM)	1.215/2.282
400 Stunden pro Jahr (DM)	1.177/2.111
450 Stunden pro Jahr (DM)	1.148/1.978
500 Stunden pro Jahr (DM)	1.124/1.871

Flugkilometer (DM/km)*11	2,40/4,76
Sitzplatzkilometer (DM/km)*12	0,16/0,32

*ERLÄUTERUNGEN

Alle Kostenwerte verstehen sich ohne Mehrwertsteuer. Bei den Flugstundenkosten enthält der 1. Wert keine Abschreibung und keine Kapitalzinsen (sogenannte „Bürgerliche Kalkulation").

*01	Bezogen auf das maximale Startgewicht
*02	Bezogen auf das maximale Startgewicht
*03	In Meereshöhe (MSL)
*04	65 % Leistung in typischer Reiseflughöhe
*05	Volle Klappen in Landekonfiguration
*06	Wie Wert *04, mit maximaler Tankfüllung
*07	Abschreibung, Zinsen, Sonstige Fixkosten
*08	Treibstoff, Öl, Landegeb., Wartung, Rücklagen
*09	65 % Leistung in typischer Reiseflughöhe
*10	(Liter x 80) : (km/h x Sitze), km/h-Wert *04
*11	Bei 300 Stunden pro Jahr
*12	Bei 300 Stunden pro Jahr

Ausführliche Definitionen im alphabetischen Teil.

THIESS

TECHNISCHE DATEN

Triebwerk	Lycoming 0 - 320
Triebwerkart	Vergasermotor
Treibstoffart	Flugbenzin
Triebwerkleistung (PS)	150
Triebwerkleistung (kW)	110
Flächenanordnung	Hochdecker
Fahrwerk	Fest
Propeller	Zweiblatt, starr
Sitzplätze (mit Besatzung)	2
Länge (m)	6,91
Höhe (m)	2,02
Spannweite (m)	10,19
Flügelfläche (qm)	15,33
Leergewicht (kg)	502
Zuladung ohne Treibstoff (kg)	148
Zuladung mit Treibstoff (kg)	246
Zuladung ohne Treibstoff (%)*01	19,79
Zuladung mit Treibstoff (%)*02	32,89
Treibstoff (Liter)	136
Treibstoff (kg)	98
Maximales Startgewicht (kg)	748
Flächenbelastung (kg/qm)	48,79
Leistungsbelastung (kg/PS)	4,99
Leistungsbelastung (kg/kW)	6,78
Höchstgeschwindigkeit (km/h)*03	230
Reisegeschwindigkeit (km/h)*04	190
Abreissgeschwindigkeit (km/h)*05	82
Steigleistung einmotorig (m/sek)	5,68
Steigleistung zweimotorig (m/sek)	
Dienstgipfelhöhe einmotorig (m)	5.180
Dienstgipfelhöhe zweimotorig (m)	
Reichweite (km)*06	727
Startrollstrecke (m)	114
Startstrecke über 15-m-Hindernis (m)	194
Landerollstrecke (m)	121
Landestrecke über 15-m-Hindernis (m)	266

KOSTENWERTE

Anschaffungspreis (DM)	96.044
Fixe Kosten (DM/p.a.)*07	18.935
Variable Kosten (DM/h)*08	79,00
Treibstoffverbrauch (Liter/h)*09	33,0
Treibstoffverbrauchsindex*10	6,95

KOSTEN JE FLUGSTUNDE UND JAHR BEI:

050 Stunden pro Jahr (DM)	193/457
100 Stunden pro Jahr (DM)	136/268
150 Stunden pro Jahr (DM)	117/205
200 Stunden pro Jahr (DM)	107/173
250 Stunden pro Jahr (DM)	101/154
300 Stunden pro Jahr (DM)	98/142
350 Stunden pro Jahr (DM)	95/133
400 Stunden pro Jahr (DM)	93/126
450 Stunden pro Jahr (DM)	91/121
500 Stunden pro Jahr (DM)	90/116
Flugkilometer (DM/km)*11	0,51/0,75
Sitzplatzkilometer (DM/km)*12	0,26/0,37

*ERLÄUTERUNGEN

Alle Kostenwerte verstehen sich ohne Mehrwertsteuer. Bei den Flugstundenkosten enthält der 1. Wert keine Abschreibung und keine Kapitalzinsen (sogenannte „Bürgerliche Kalkulation").

*01	Bezogen auf das maximale Startgewicht
*02	Bezogen auf das maximale Startgewicht
*03	In Meereshöhe (MSL)
*04	65 % Leistung in typischer Reiseflughöhe
*05	Volle Klappen in Landekonfiguration
*06	Wie Wert *04, mit maximaler Tankfüllung
*07	Abschreibung, Zinsen, Sonstige Fixkosten
*08	Treibstoff, Öl, Landegeb., Wartung, Rücklagen
*09	65 % Leistung in typischer Reiseflughöhe
*10	(Liter x 80) : (km/h x Sitze), km/h-Wert *04
*11	Bei 300 Stunden pro Jahr
*12	Bei 300 Stunden pro Jahr

Ausführliche Definitionen im alphabetischen Teil.

Bellanca Decathlon

TECHNISCHE DATEN

Triebwerk	Lycoming IO - 320
Triebwerkart	Einspritzer
Treibstoffart	Flugbenzin
Triebwerkleistung (PS)	150
Triebwerkleistung (kW)	110
Flächenanordnung	Hochdecker
Fahrwerk	Fest
Propeller	Zweiblatt, starr
Sitzplätze (mit Besatzung)	2
Länge (m)	6,98
Höhe (m)	2,36
Spannweite (m)	9,75
Flügelfläche (qm)	15,70
Leergewicht (kg)	578
Zuladung ohne Treibstoff (kg)	128
Zuladung mit Treibstoff (kg)	237
Zuladung ohne Treibstoff (%)*01	15,71
Zuladung mit Treibstoff (%)*02	29,08
Treibstoff (Liter)	151
Treibstoff (kg)	109
Maximales Startgewicht (kg)	815
Flächenbelastung (kg/qm)	51,91
Leistungsbelastung (kg/PS)	5,43
Leistungsbelastung (kg/kW)	7,38
Höchstgeschwindigkeit (km/h)*03	230
Reisegeschwindigkeit (km/h)*04	201
Abreissgeschwindigkeit (km/h)*05	86
Steigleistung einmotorig (m/sek)	5,45
Steigleistung zweimotorig (m/sek)	
Dienstgipfelhöhe einmotorig (m)	4.875
Dienstgipfelhöhe zweimotorig (m)	
Reichweite (km)*06	910
Startrollstrecke (m)	114
Startstrecke über 15-m-Hindernis (m)	192
Landerollstrecke (m)	121
Landestrecke über 15-m-Hindernis (m)	230

KOSTENWERTE

Anschaffungspreis (DM)	102.503
Fixe Kosten (DM/p.a.)*07	20.153
Variable Kosten (DM/h)*08	80,00
Treibstoffverbrauch (Liter/h)*09	33,0
Treibstoffverbrauchsindex*10	6,57

KOSTEN JE FLUGSTUNDE UND JAHR BEI:

050 Stunden pro Jahr (DM)	210/483
100 Stunden pro Jahr (DM)	140/281
150 Stunden pro Jahr (DM)	120/214
200 Stunden pro Jahr (DM)	110/181
250 Stunden pro Jahr (DM)	104/160
300 Stunden pro Jahr (DM)	100/147
350 Stunden pro Jahr (DM)	97/137
400 Stunden pro Jahr (DM)	95/130
450 Stunden pro Jahr (DM)	93/125
500 Stunden pro Jahr (DM)	92/120

Flugkilometer (DM/km)*11	0,50/0,73
Sitzplatzkilometer (DM/km)*12	0,25/0,37

*ERLÄUTERUNGEN

Alle Kostenwerte verstehen sich ohne Mehrwertsteuer. Bei den Flugstundenkosten enthält der 1. Wert keine Abschreibung und keine Kapitalzinsen (sogenannte „Bürgerliche Kalkulation").

*01	Bezogen auf das maximale Startgewicht
*02	Bezogen auf das maximale Startgewicht
*03	In Meereshöhe (MSL)
*04	65 % Leistung in typischer Reiseflughöhe
*05	Volle Klappen in Landekonfiguration
*06	Wie Wert *04, mit maximaler Tankfüllung
*07	Abschreibung, Zinsen, Sonstige Fixkosten
*08	Treibstoff, Öl, Landegeb., Wartung, Rücklagen
*09	65 % Leistung in typischer Reiseflughöhe
*10	(Liter x 80) : (km/h x Sitze), km/h-Wert *04
*11	Bei 300 Stunden pro Jahr
*12	Bei 300 Stunden pro Jahr

Ausführliche Definitionen im alphabetischen Teil.

N8719K

Bellanca Scout

TECHNISCHE DATEN

Triebwerk	Lycoming 0 - 360
Triebwerkart	Vergasermotor
Treibstoffart	Flugbenzin
Triebwerkleistung (PS)	180
Triebwerkleistung (kW)	132
Flächenanordnung	Hochdecker
Fahrwerk	Fest
Propeller	Zweiblatt, starr
Sitzplätze (mit Besatzung)	2
Länge (m)	7,01
Höhe (m)	2,35
Spannweite (m)	10,97
Flügelfläche (qm)	16,70
Leergewicht (kg)	597
Zuladung ohne Treibstoff (kg)	280
Zuladung mit Treibstoff (kg)	378
Zuladung ohne Treibstoff (%)*01	28,72
Zuladung mit Treibstoff (%)*02	38,77
Treibstoff (Liter)	136
Treibstoff (kg)	98
Maximales Startgewicht (kg)	975
Flächenbelastung (kg/qm)	58,38
Leistungsbelastung (kg/PS)	5,42
Leistungsbelastung (kg/kW)	7,36
Höchstgeschwindigkeit (km/h)*03	217
Reisegeschwindigkeit (km/h)*04	210
Abreissgeschwindigkeit (km/h)*05	84
Steigleistung einmotorig (m/sek)	5,08
Steigleistung zweimotorig (m/sek)	
Dienstgipfelhöhe einmotorig (m)	4.267
Dienstgipfelhöhe zweimotorig (m)	
Reichweite (km)*06	616
Startrollstrecke (m)	156
Startstrecke über 15-m-Hindernis (m)	265
Landerollstrecke (m)	173
Landestrecke über 15-m-Hindernis (m)	381

KOSTENWERTE

Anschaffungspreis (DM)	114.844
Fixe Kosten (DM/p.a.)*07	22.582
Variable Kosten (DM/h)*08	90,00
Treibstoffverbrauch (Liter/h)*09	39,6
Treibstoffverbrauchsindex*10	7,54

KOSTEN JE FLUGSTUNDE UND JAHR BEI:

050 Stunden pro Jahr (DM)	226/542
100 Stunden pro Jahr (DM)	158/316
150 Stunden pro Jahr (DM)	135/241
200 Stunden pro Jahr (DM)	124/203
250 Stunden pro Jahr (DM)	117/180
300 Stunden pro Jahr (DM)	113/165
350 Stunden pro Jahr (DM)	109/154
400 Stunden pro Jahr (DM)	107/146
450 Stunden pro Jahr (DM)	105/140
500 Stunden pro Jahr (DM)	104/135

Flugkilometer (DM/km)*11	0,54/0,79
Sitzplatzkilometer (DM/km)*12	0,27/0,39

*ERLÄUTERUNGEN

Alle Kostenwerte verstehen sich ohne Mehrwertsteuer. Bei den Flugstundenkosten enthält der 1. Wert keine Abschreibung und keine Kapitalzinsen (sogenannte „Bürgerliche Kalkulation").

*01	Bezogen auf das maximale Startgewicht
*02	Bezogen auf das maximale Startgewicht
*03	In Meereshöhe (MSL)
*04	65 % Leistung in typischer Reiseflughöhe
*05	Volle Klappen in Landekonfiguration
*06	Wie Wert *04, mit maximaler Tankfüllung
*07	Abschreibung, Zinsen, Sonstige Fixkosten
*08	Treibstoff, Öl, Landegeb., Wartung, Rücklagen
*09	65 % Leistung in typischer Reiseflughöhe
*10	(Liter x 80) : (km/h x Sitze), km/h-Wert *04
*11	Bei 300 Stunden pro Jahr
*12	Bei 300 Stunden pro Jahr

Ausführliche Definitionen im alphabetischen Teil.

Bellanca Aries T 250

TECHNISCHE DATEN

Triebwerk	Lycoming 0 - 540
Triebwerkart	Vergasermotor
Treibstoffart	Flugbenzin
Triebwerkleistung (PS)	250
Triebwerkleistung (kW)	184
Flächenanordnung	Tiefdecker
Fahrwerk	Einziehbar
Propeller	Zweiblatt, verstellbar
Sitzplätze (mit Besatzung)	4
Länge (m)	7,92
Höhe (m)	2,62
Spannweite (m)	9,55
Flügelfläche (qm)	16,00
Leergewicht (kg)	839
Zuladung ohne Treibstoff (kg)	383
Zuladung mit Treibstoff (kg)	590
Zuladung ohne Treibstoff (%)*01	26,80
Zuladung mit Treibstoff (%)*02	41,29
Treibstoff (Liter)	288
Treibstoff (kg)	207
Maximales Startgewicht (kg)	1.429
Flächenbelastung (kg/qm)	89,31
Leistungsbelastung (kg/PS)	5,72
Leistungsbelastung (kg/kW)	7,77
Höchstgeschwindigkeit (km/h)*03	315
Reisegeschwindigkeit (km/h)*04	290
Abreissgeschwindigkeit (km/h)*05	103
Steigleistung einmotorig (m/sek)	6,78
Steigleistung zweimotorig (m/sek)	
Dienstgipfelhöhe einmotorig (m)	5.938
Dienstgipfelhöhe zweimotorig (m)	
Reichweite (km)*06	1.469
Startrollstrecke (m)	410
Startstrecke über 15-m-Hindernis (m)	697
Landerollstrecke (m)	390
Landestrecke über 15-m-Hindernis (m)	858

KOSTENWERTE

Anschaffungspreis (DM)	232.505
Fixe Kosten (DM/p.a.)*07	43.732
Variable Kosten (DM/h)*08	152,00
Treibstoffverbrauch (Liter/h)*09	55,0
Treibstoffverbrauchsindex*10	3,79

KOSTEN JE FLUGSTUNDE UND JAHR BEI:

050 Stunden pro Jahr (DM)	387/1.026
100 Stunden pro Jahr (DM)	269/589
150 Stunden pro Jahr (DM)	230/443
200 Stunden pro Jahr (DM)	210/370
250 Stunden pro Jahr (DM)	199/327
300 Stunden pro Jahr (DM)	191/297
350 Stunden pro Jahr (DM)	185/277
400 Stunden pro Jahr (DM)	181/261
450 Stunden pro Jahr (DM)	178/249
500 Stunden pro Jahr (DM)	175/239

Flugkilometer (DM/km)*11	0,66/1,03
Sitzplatzkilometer (DM/km)*12	0,16/0,26

*ERLÄUTERUNGEN

Alle Kostenwerte verstehen sich ohne Mehrwertsteuer. Bei den Flugstundenkosten enthält der 1. Wert keine Abschreibung und keine Kapitalzinsen (sogenannte „Bürgerliche Kalkulation").

*01	Bezogen auf das maximale Startgewicht
*02	Bezogen auf das maximale Startgewicht
*03	In Meereshöhe (MSL)
*04	65 % Leistung in typischer Reiseflughöhe
*05	Volle Klappen in Landekonfiguration
*06	Wie Wert *04, mit maximaler Tankfüllung
*07	Abschreibung, Zinsen, Sonstige Fixkosten
*08	Treibstoff, Öl, Landegeb., Wartung, Rücklagen
*09	65 % Leistung in typischer Reiseflughöhe
*10	(Liter x 80) : (km/h x Sitze), km/h-Wert *04
*11	Bei 300 Stunden pro Jahr
*12	Bei 300 Stunden pro Jahr

Ausführliche Definitionen im alphabetischen Teil.

N51AG

Bellanca Viking 300

TECHNISCHE DATEN

Triebwerk	Lycoming IO - 540
Triebwerkart	Einspritzer
Treibstoffart	Flugbenzin
Triebwerkleistung (PS)	300
Triebwerkleistung (kW)	220
Flächenanordnung	Tiefdecker
Fahrwerk	Einziehbar
Propeller	Dreiblatt, verstellbar
Sitzplätze (mit Besatzung)	4
Länge (m)	8,02
Höhe (m)	2,24
Spannweite (m)	10,41
Flügelfläche (qm)	15,00
Leergewicht (kg)	1.009
Zuladung ohne Treibstoff (kg)	336
Zuladung mit Treibstoff (kg)	499
Zuladung ohne Treibstoff (%)*01	22,28
Zuladung mit Treibstoff (%)*02	33,09
Treibstoff (Liter)	227
Treibstoff (kg)	163
Maximales Startgewicht (kg)	1.508
Flächenbelastung (kg/qm)	100,53
Leistungsbelastung (kg/PS)	5,03
Leistungsbelastung (kg/kW)	6,83
Höchstgeschwindigkeit (km/h)*03	363
Reisegeschwindigkeit (km/h)*04	300
Abreissgeschwindigkeit (km/h)*05	113
Steigleistung einmotorig (m/sek)	5,93
Steigleistung zweimotorig (m/sek)	
Dienstgipfelhöhe einmotorig (m)	5.550
Dienstgipfelhöhe zweimotorig (m)	
Reichweite (km)*06	921
Startrollstrecke (m)	420
Startstrecke über 15-m-Hindernis (m)	714
Landerollstrecke (m)	390
Landestrecke über 15-m-Hindernis (m)	858

KOSTENWERTE

Anschaffungspreis (DM)	190.365
Fixe Kosten (DM/p.a.)*07	36.611
Variable Kosten (DM/h)*08	157,00
Treibstoffverbrauch (Liter/h)*09	4,40
Treibstoffverbrauchsindex*10	

KOSTEN JE FLUGSTUNDE UND JAHR BEI:

050 Stunden pro Jahr (DM)	366/889
100 Stunden pro Jahr (DM)	261/523
150 Stunden pro Jahr (DM)	227/401
200 Stunden pro Jahr (DM)	209/340
250 Stunden pro Jahr (DM)	199/303
300 Stunden pro Jahr (DM)	192/279
350 Stunden pro Jahr (DM)	187/262
400 Stunden pro Jahr (DM)	183/249
450 Stunden pro Jahr (DM)	180/238
500 Stunden pro Jahr (DM)	178/230

Flugkilometer (DM/km)*11	0,64/0,93
Sitzplatzkilometer (DM/km)*12	0,16/0,23

*ERLÄUTERUNGEN

Alle Kostenwerte verstehen sich ohne Mehrwertsteuer. Bei den Flugstundenkosten enthält der 1. Wert keine Abschreibung und keine Kapitalzinsen (sogenannte „Bürgerliche Kalkulation").

*01	Bezogen auf das maximale Startgewicht
*02	Bezogen auf das maximale Startgewicht
*03	In Meereshöhe (MSL)
*04	65 % Leistung in typischer Reiseflughöhe
*05	Volle Klappen in Landekonfiguration
*06	Wie Wert *04, mit maximaler Tankfüllung
*07	Abschreibung, Zinsen, Sonstige Fixkosten
*08	Treibstoff, Öl, Landegeb., Wartung, Rücklagen
*09	65 % Leistung in typischer Reiseflughöhe
*10	(Liter x 80) : (km/h x Sitze), km/h-Wert *04
*11	Bei 300 Stunden pro Jahr
*12	Bei 300 Stunden pro Jahr

Ausführliche Definitionen im alphabetischen Teil.

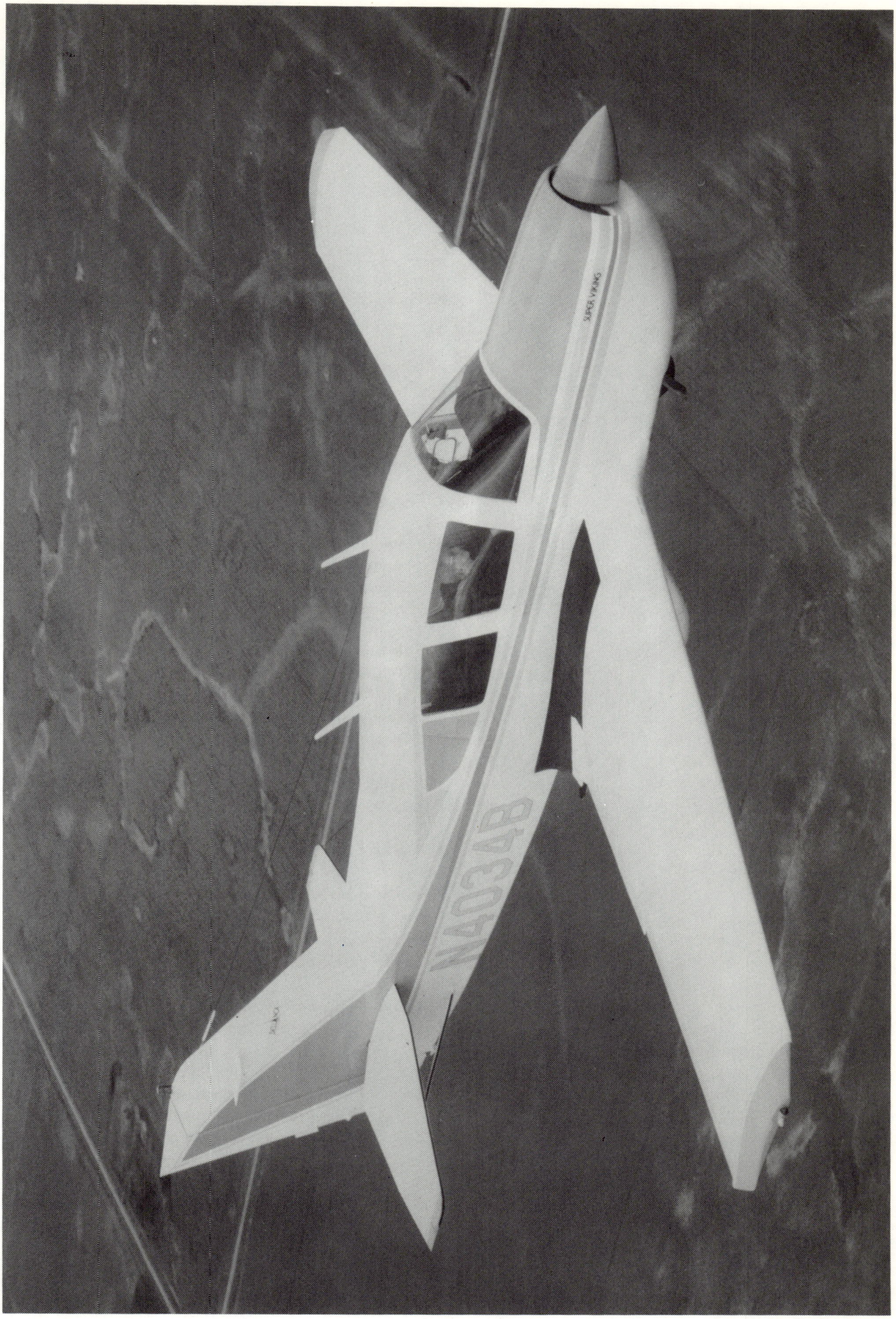
N4034B

Britten Norman

BN – 2B – 26 Islander

TECHNISCHE DATEN

Triebwerk	2 x Lycoming 0 - 540
Triebwerkart	Vergasermotore
Treibstoffart	Flugbenzin
Triebwerkleistung (PS)	260
Triebwerkleistung (kW)	191
Flächenanordnung	Hochdecker
Fahrwerk	Fest
Propeller	Dreiblatt, verstellbar
Sitzplätze (mit Besatzung)	8
Länge (m)	10,86
Höhe (m)	4,18
Spannweite (m)	14,94
Flügelfläche (qm)	30,19
Leergewicht (kg)	1.638
Zuladung ohne Treibstoff (kg)	988
Zuladung mit Treibstoff (kg)	1.355
Zuladung ohne Treibstoff (%)*01	33,00
Zuladung mit Treibstoff (%)*02	45,27
Treibstoff (Liter)	510
Treibstoff (kg)	367
Maximales Startgewicht (kg)	2.993
Flächenbelastung (kg/qm)	99,14
Leistungsbelastung (kg/PS)	5,76
Leistungsbelastung (kg/kW)	7,82
Höchstgeschwindigkeit (km/h)*03	327
Reisegeschwindigkeit (km/h)*04	274
Abreissgeschwindigkeit (km/h)*05	74
Steigleistung einmotorig (m/sek)	0,97
Steigleistung zweimotorig (m/sek)	4,93
Dienstgipfelhöhe einmotorig (m)	1.770
Dienstgipfelhöhe zweimotorig (m)	4.025
Reichweite (km)*06	1.148
Startrollstrecke (m)	169
Startstrecke über 15-m-Hindernis (m)	287
Landerollstrecke (m)	137
Landestrecke über 15-m-Hindernis (m)	301

KOSTENWERTE

Anschaffungspreis (DM)	654.150
Fixe Kosten (DM/p.a.)*07	119.405
Variable Kosten (DM/h)*08	331,00
Treibstoffverbrauch (Liter/h)*09	114,4
Treibstoffverbrauchsindex*10	4,18

KOSTEN JE FLUGSTUNDE UND JAHR BEI:

050 Stunden pro Jahr (DM)	920/2.719
100 Stunden pro Jahr (DM)	626/1.525
150 Stunden pro Jahr (DM)	528/1.127
200 Stunden pro Jahr (DM)	479/928
250 Stunden pro Jahr (DM)	449/809
300 Stunden pro Jahr (DM)	429/729
350 Stunden pro Jahr (DM)	415/672
400 Stunden pro Jahr (DM)	405/630
450 Stunden pro Jahr (DM)	397/597
500 Stunden pro Jahr (DM)	390/570

Flugkilometer (DM/km)*11	1,57/2,66
Sitzplatzkilometer (DM/km)*12	0,20/0,33

*ERLÄUTERUNGEN

Alle Kostenwerte verstehen sich ohne Mehrwertsteuer. Bei den Flugstundenkosten enthält der 1. Wert keine Abschreibung und keine Kapitalzinsen (sogenannte „Bürgerliche Kalkulation").

*01	Bezogen auf das maximale Startgewicht
*02	Bezogen auf das maximale Startgewicht
*03	In Meereshöhe (MSL)
*04	65 % Leistung in typischer Reiseflughöhe
*05	Volle Klappen in Landekonfiguration
*06	Wie Wert *04, mit maximaler Tankfüllung
*07	Abschreibung, Zinsen, Sonstige Fixkosten
*08	Treibstoff, Öl, Landegeb., Wartung, Rücklagen
*09	65 % Leistung in typischer Reiseflughöhe
*10	(Liter x 80) : (km/h x Sitze), km/h-Wert *04
*11	Bei 300 Stunden pro Jahr
*12	Bei 300 Stunden pro Jahr

Ausführliche Definitionen im alphabetischen Teil.

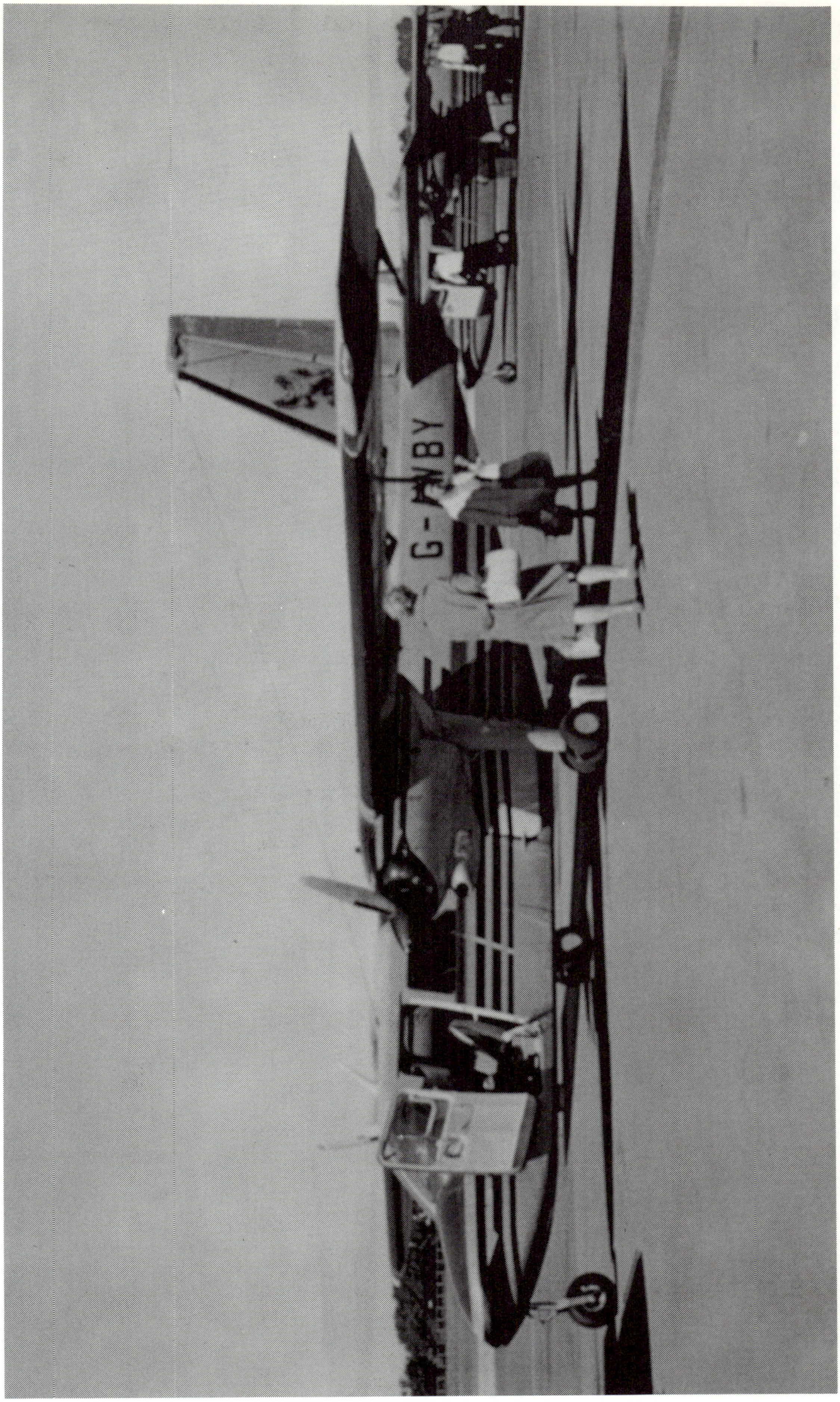

PANEL EINER CESSNA SKYWAGON 180

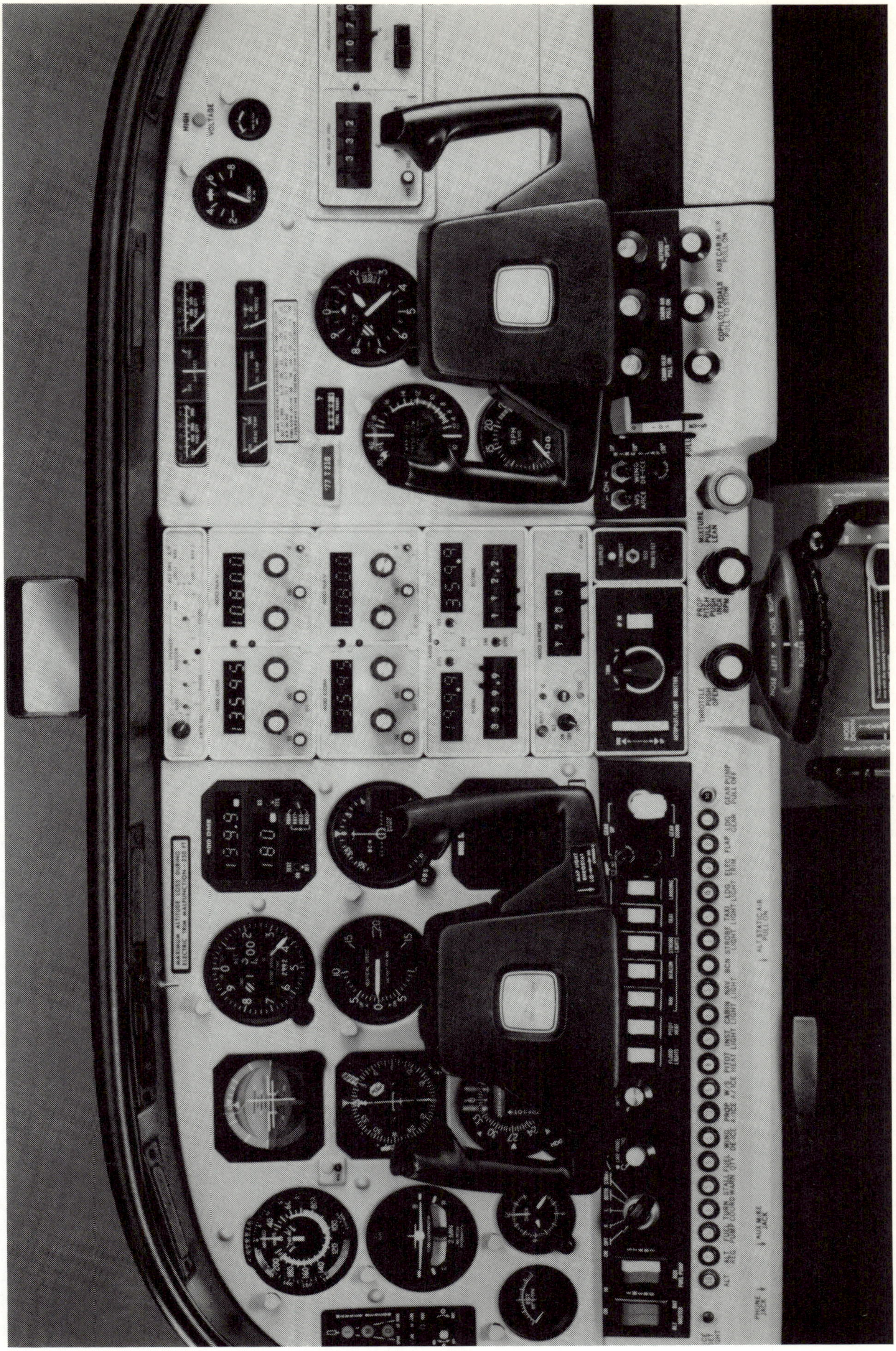

PANEL EINER CESSNA CENTURION

Cessna 152

TECHNISCHE DATEN

Triebwerk	Lycoming 0 - 235
Triebwerkart	Vergasermotor
Treibstoffart	Flugbenzin
Triebwerkleistung (PS)	110
Triebwerkleistung (kW)	81
Flächenanordnung	Hochdecker
Fahrwerk	Fest
Propeller	Zweiblatt, starr
Sitzplätze (mit Besatzung)	2
Länge (m)	7,34
Höhe (m)	2,59
Spannweite (m)	10,11
Flügelfläche (qm)	14,80
Leergewicht (kg)	502
Zuladung ohne Treibstoff (kg)	184
Zuladung mit Treibstoff (kg)	255
Zuladung ohne Treibstoff (%)*01	24,36
Zuladung mit Treibstoff (%)*02	33,69
Treibstoff (Liter)	98
Treibstoff (kg)	71
Maximales Startgewicht (kg)	757
Flächenbelastung (kg/qm)	51,15
Leistungsbelastung (kg/PS)	6,88
Leistungsbelastung (kg/kW)	9,35
Höchstgeschwindigkeit (km/h)*03	210
Reisegeschwindigkeit (km/h)*04	195
Abreissgeschwindigkeit (km/h)*05	80
Steigleistung einmotorig (m/sek)	3,63
Steigleistung zweimotorig (m/sek)	
Dienstgipfelhöhe einmotorig (m)	4.480
Dienstgipfelhöhe zweimotorig (m)	
Reichweite (km)*06	731
Startrollstrecke (m)	221
Startstrecke über 15-m-Hindernis (m)	376
Landerollstrecke (m)	145
Landestrecke über 15-m-Hindernis (m)	319

KOSTENWERTE

Anschaffungspreis (DM)	58.181
Fixe Kosten (DM/p.a.)*07	12.398
Variable Kosten (DM/h)*08	64,00
Treibstoffverbrauch (Liter/h)*09	24,2
Treibstoffverbrauchsindex*10	4,96

KOSTEN JE FLUGSTUNDE UND JAHR BEI:

050 Stunden pro Jahr (DM)	152/312
100 Stunden pro Jahr (DM)	108/188
150 Stunden pro Jahr (DM)	93/146
200 Stunden pro Jahr (DM)	86/126
250 Stunden pro Jahr (DM)	81/113
300 Stunden pro Jahr (DM)	78/105
350 Stunden pro Jahr (DM)	76/99
400 Stunden pro Jahr (DM)	75/95
450 Stunden pro Jahr (DM)	74/91
500 Stunden pro Jahr (DM)	73/89

Flugkilometer (DM/km)*11	0,40/0,54
Sitzplatzkilometer (DM/km)*12	0,20/0,27

*ERLÄUTERUNGEN

Alle Kostenwerte verstehen sich ohne Mehrwertsteuer. Bei den Flugstundenkosten enthält der 1. Wert keine Abschreibung und keine Kapitalzinsen (sogenannte „Bürgerliche Kalkulation").

*01	Bezogen auf das maximale Startgewicht
*02	Bezogen auf das maximale Startgewicht
*03	In Meereshöhe (MSL)
*04	65 % Leistung in typischer Reiseflughöhe
*05	Volle Klappen in Landekonfiguration
*06	Wie Wert *04, mit maximaler Tankfüllung
*07	Abschreibung, Zinsen, Sonstige Fixkosten
*08	Treibstoff, Öl, Landegeb., Wartung, Rücklagen
*09	65 % Leistung in typischer Reiseflughöhe
*10	(Liter x 80) : (km/h x Sitze), km/h-Wert *04
*11	Bei 300 Stunden pro Jahr
*12	Bei 300 Stunden pro Jahr

Ausführliche Definitionen im alphabetischen Teil.

Cessna Skyhawk

TECHNISCHE DATEN

Triebwerk	Lycoming 0 - 320
Triebwerkart	Vergasermotor
Treibstoffart	Flugbenzin
Triebwerkleistung (PS)	160
Triebwerkleistung (kW)	118
Flächenanordnung	Hochdecker
Fahrwerk	Fest
Propeller	Zweiblatt, starr
Sitzplätze (mit Besatzung)	4
Länge (m)	8,21
Höhe (m)	2,68
Spannweite (m)	10,92
Flügelfläche (qm)	16,16
Leergewicht (kg)	636
Zuladung ohne Treibstoff (kg)	290
Zuladung mit Treibstoff (kg)	407
Zuladung ohne Treibstoff (%)*01	27,77
Zuladung mit Treibstoff (%)*02	39,02
Treibstoff (Liter)	163
Treibstoff (kg)	117
Maximales Startgewicht (kg)	1.043
Flächenbelastung (kg/qm)	64,54
Leistungsbelastung (kg/PS)	6,52
Leistungsbelastung (kg/kW)	8,86
Höchstgeschwindigkeit (km/h)*03	231
Reisegeschwindigkeit (km/h)*04	205
Abreissgeschwindigkeit (km/h)*05	81
Steigleistung einmotorig (m/sek)	3,92
Steigleistung zweimotorig (m/sek)	
Dienstgipfelhöhe einmotorig (m)	4.328
Dienstgipfelhöhe zweimotorig (m)	
Reichweite (km)*06	901
Startrollstrecke (m)	250
Startstrecke über 15-m-Hindernis (m)	425
Landerollstrecke (m)	160
Landestrecke über 15-m-Hindernis (m)	352

KOSTENWERTE

Anschaffungspreis (DM)	77.648
Fixe Kosten (DM/p.a.)*07	16.294
Variable Kosten (DM/h)*08	84,00
Treibstoffverbrauch (Liter/h)*09	35,2
Treibstoffverbrauchsindex*10	3,42

KOSTEN JE FLUGSTUNDE UND JAHR BEI:

050 Stunden pro Jahr (DM)	196/410
100 Stunden pro Jahr (DM)	140/247
150 Stunden pro Jahr (DM)	121/193
200 Stunden pro Jahr (DM)	112/166
250 Stunden pro Jahr (DM)	107/149
300 Stunden pro Jahr (DM)	103/138
350 Stunden pro Jahr (DM)	100/131
400 Stunden pro Jahr (DM)	98/125
450 Stunden pro Jahr (DM)	97/120
500 Stunden pro Jahr (DM)	95/117
Flugkilometer (DM/km)*11	0,50/0,67
Sitzplatzkilometer (DM/km)*12	0,13/0,17

*ERLÄUTERUNGEN

Alle Kostenwerte verstehen sich ohne Mehrwertsteuer. Bei den Flugstundenkosten enthält der 1. Wert keine Abschreibung und keine Kapitalzinsen (sogenannte „Bürgerliche Kalkulation").

*01	Bezogen auf das maximale Startgewicht
*02	Bezogen auf das maximale Startgewicht
*03	In Meereshöhe (MSL)
*04	65 % Leistung in typischer Reiseflughöhe
*05	Volle Klappen in Landekonfiguration
*06	Wie Wert *04, mit maximaler Tankfüllung
*07	Abschreibung, Zinsen, Sonstige Fixkosten
*08	Treibstoff, Öl, Landegeb., Wartung, Rücklagen
*09	65 % Leistung in typischer Reiseflughöhe
*10	(Liter x 80) : (km/h x Sitze), km/h-Wert *04
*11	Bei 300 Stunden pro Jahr
*12	Bei 300 Stunden pro Jahr

Ausführliche Definitionen im alphabetischen Teil.

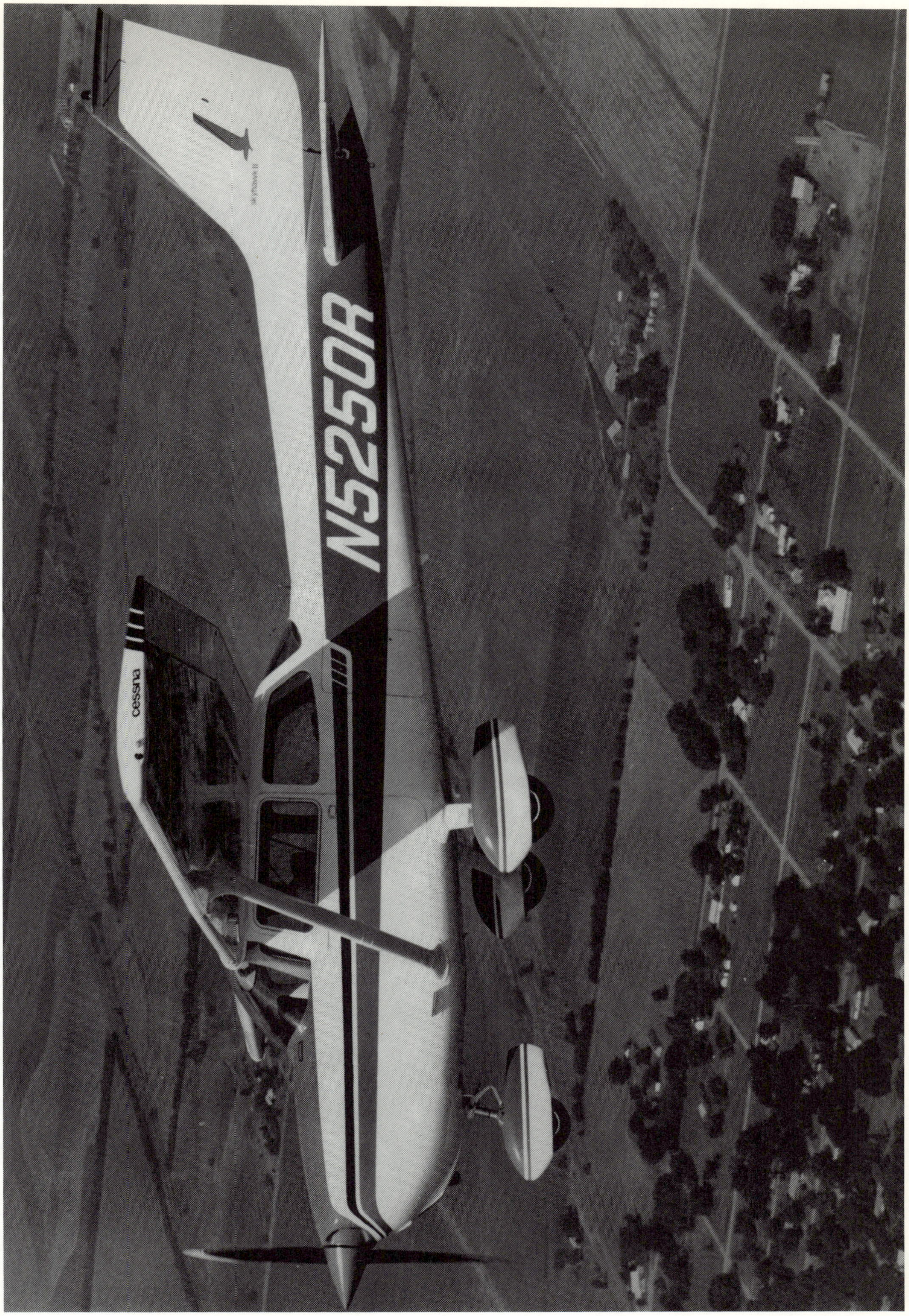
N5250R
cessna

Cessna   Cutlass RG

TECHNISCHE DATEN

Triebwerk	Lycoming 0 -360
Triebwerkart	Vergasermotor
Treibstoffart	Flugbenzin
Triebwerkleistung (PS)	180
Triebwerkleistung (kW)	132
Flächenanordnung	Hochdecker
Fahrwerk	Einziehbar
Propeller	Zweiblatt, verstellbar
Sitzplätze (mit Besatzung)	4
Länge (m)	8,36
Höhe (m)	2,68
Spannweite (m)	10,92
Flügelfläche (qm)	16,20
Leergewicht (kg)	701
Zuladung ohne Treibstoff (kg)	327
Zuladung mit Treibstoff (kg)	495
Zuladung ohne Treibstoff (%)*01	27,30
Zuladung mit Treibstoff (%)*02	41,39
Treibstoff (Liter)	234
Treibstoff (kg)	168
Maximales Startgewicht (kg)	1.196
Flächenbelastung (kg/qm)	73,83
Leistungsbelastung (kg/PS)	6,64
Leistungsbelastung (kg/kW)	9,03
Höchstgeschwindigkeit (km/h)*03	270
Reisegeschwindigkeit (km/h)*04	255
Abreissgeschwindigkeit (km/h)*05	93
Steigleistung einmotorig (m/sek)	4,06
Steigleistung zweimotorig (m/sek)	
Dienstgipfelhöhe einmotorig (m)	5.120
Dienstgipfelhöhe zweimotorig (m)	
Reichweite (km)*06	1.483
Startrollstrecke (m)	335
Startstrecke über 15-m-Hindernis (m)	541
Landerollstrecke (m)	195
Landestrecke über 15-m-Hindernis (m)	408

KOSTENWERTE

Anschaffungspreis (DM)	118.662
Fixe Kosten (DM/p.a.)*07	23.668
Variable Kosten (DM/h)*08	101,00
Treibstoffverbrauch (Liter/h)*09	39,6
Treibstoffverbrauchsindex*10	3,11

KOSTEN JE FLUGSTUNDE UND JAHR BEI:

050 Stunden pro Jahr (DM)	248/574
100 Stunden pro Jahr (DM)	174/338
150 Stunden pro Jahr (DM)	150/259
200 Stunden pro Jahr (DM)	138/219
250 Stunden pro Jahr (DM)	130/196
300 Stunden pro Jahr (DM)	125/180
350 Stunden pro Jahr (DM)	122/168
400 Stunden pro Jahr (DM)	119/160
450 Stunden pro Jahr (DM)	117/153
500 Stunden pro Jahr (DM)	116/148

Flugkilometer (DM/km)*11	0,49/0,70
Sitzplatzkilometer (DM/km)*12	0,12/0,18

*ERLÄUTERUNGEN

Alle Kostenwerte verstehen sich ohne Mehrwertsteuer. Bei den Flugstundenkosten enthält der 1. Wert keine Abschreibung und keine Kapitalzinsen (sogenannte „Bürgerliche Kalkulation").

*01	Bezogen auf das maximale Startgewicht
*02	Bezogen auf das maximale Startgewicht
*03	In Meereshöhe (MSL)
*04	65 % Leistung in typischer Reiseflughöhe
*05	Volle Klappen in Landekonfiguration
*06	Wie Wert *04, mit maximaler Tankfüllung
*07	Abschreibung, Zinsen, Sonstige Fixkosten
*08	Treibstoff, Öl, Landegeb., Wartung, Rücklagen
*09	65 % Leistung in typischer Reiseflughöhe
*10	(Liter x 80) : (km/h x Sitze), km/h-Wert *04
*11	Bei 300 Stunden pro Jahr
*12	Bei 300 Stunden pro Jahr

Ausführliche Definitionen im alphabetischen Teil.

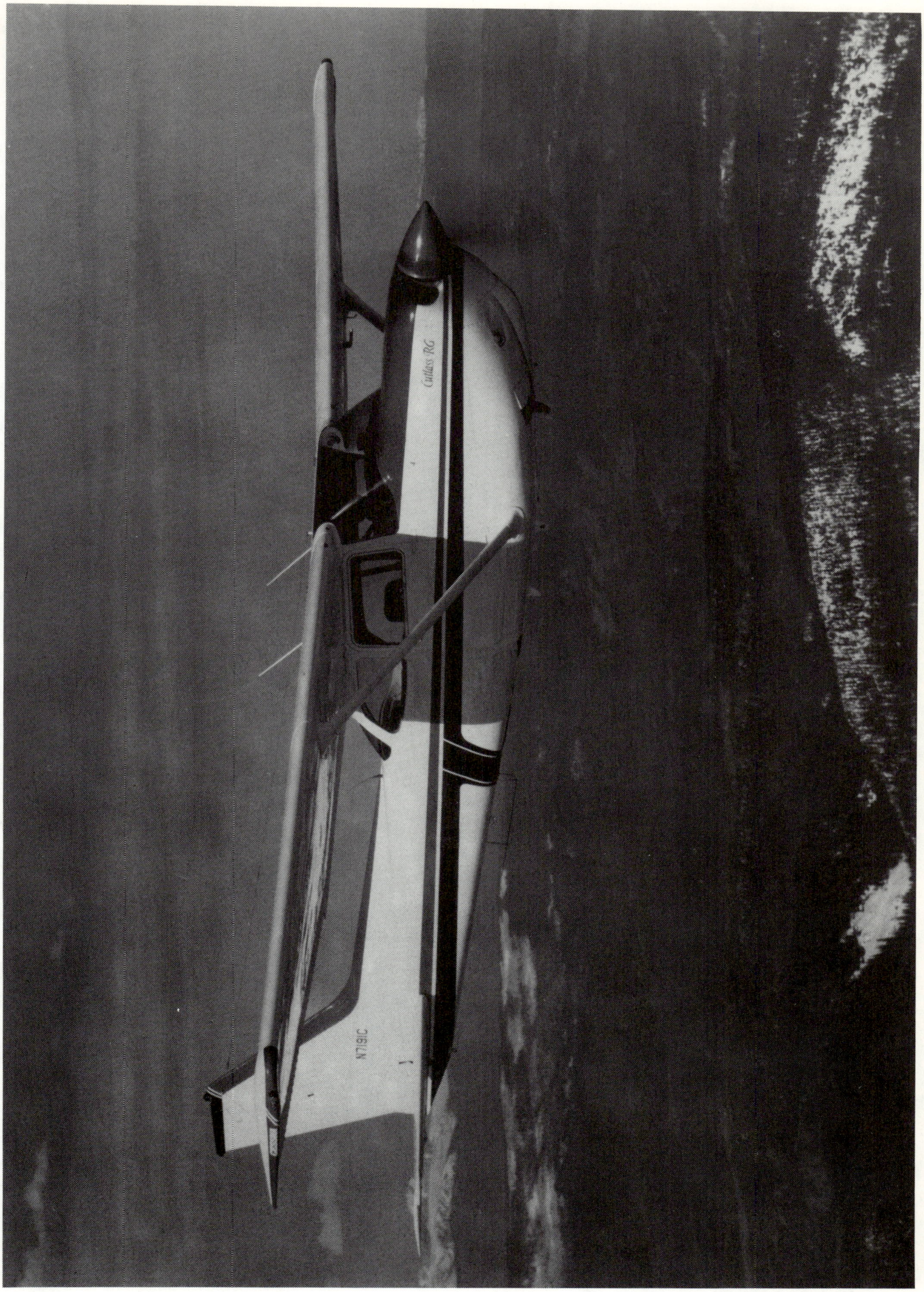
Cutlass RG

Cessna Hawk XP

TECHNISCHE DATEN

Triebwerk	Continental IO - 360
Triebwerkart	Einspritzer
Treibstoffart	Flugbenzin
Triebwerkleistung (PS)	195
Triebwerkleistung (kW)	144
Flächenanordnung	Hochdecker
Fahrwerk	Fest
Propeller	Zweiblatt, verstellbar
Sitzplätze (mit Besatzung)	4
Länge (m)	8,28
Höhe (m)	2,68
Spannweite (m)	10,92
Flügelfläche (qm)	16,16
Leergewicht (kg)	714
Zuladung ohne Treibstoff (kg)	301
Zuladung mit Treibstoff (kg)	443
Zuladung ohne Treibstoff (%)*01	26,03
Zuladung mit Treibstoff (%)*02	38,29
Treibstoff (Liter)	197
Treibstoff (kg)	142
Maximales Startgewicht (kg)	1.157
Flächenbelastung (kg/qm)	71,60
Leistungsbelastung (kg/PS)	5,93
Leistungsbelastung (kg/kW)	8,06
Höchstgeschwindigkeit (km/h)*03	248
Reisegeschwindigkeit (km/h)*04	235
Abreissgeschwindigkeit (km/h)*05	85
Steigleistung einmotorig (m/sek)	4,42
Steigleistung zweimotorig (m/sek)	
Dienstgipfelhöhe einmotorig (m)	5.182
Dienstgipfelhöhe zweimotorig (m)	
Reichweite (km)*06	1.023
Startrollstrecke (m)	259
Startstrecke über 15-m-Hindernis (m)	440
Landerollstrecke (m)	189
Landestrecke über 15-m-Hindernis (m)	416

KOSTENWERTE

Anschaffungspreis (DM)	104.591
Fixe Kosten (DM/p.a.)*07	21.156
Variable Kosten (DM/h)*08	101,00
Treibstoffverbrauch (Liter/h)*09	42,9
Treibstoffverbrauchsindex*10	3,65

KOSTEN JE FLUGSTUNDE UND JAHR BEI:

050 Stunden pro Jahr (DM)	237/524
100 Stunden pro Jahr (DM)	169/313
150 Stunden pro Jahr (DM)	146/242
200 Stunden pro Jahr (DM)	135/207
250 Stunden pro Jahr (DM)	128/186
300 Stunden pro Jahr (DM)	124/172
350 Stunden pro Jahr (DM)	121/162
400 Stunden pro Jahr (DM)	118/154
450 Stunden pro Jahr (DM)	116/148
500 Stunden pro Jahr (DM)	115/144

Flugkilometer (DM/km)*11	0,53/0,73
Sitzplatzkilometer (DM/km)*12	0,13/0,18

*ERLÄUTERUNGEN

Alle Kostenwerte verstehen sich ohne Mehrwertsteuer. Bei den Flugstundenkosten enthält der 1. Wert keine Abschreibung und keine Kapitalzinsen (sogenannte „Bürgerliche Kalkulation").

*01	Bezogen auf das maximale Startgewicht
*02	Bezogen auf das maximale Startgewicht
*03	In Meereshöhe (MSL)
*04	65 % Leistung in typischer Reiseflughöhe
*05	Volle Klappen in Landekonfiguration
*06	Wie Wert *04, mit maximaler Tankfüllung
*07	Abschreibung, Zinsen, Sonstige Fixkosten
*08	Treibstoff, Öl, Landegeb., Wartung, Rücklagen
*09	65 % Leistung in typischer Reiseflughöhe
*10	(Liter x 80) : (km/h x Sitze), km/h-Wert *04
*11	Bei 300 Stunden pro Jahr
*12	Bei 300 Stunden pro Jahr

Ausführliche Definitionen im alphabetischen Teil.

HAWK XP II
N758HA

Cessna 182 Skylane

TECHNISCHE DATEN

Triebwerk	Continental 0 - 470
Triebwerkart	Vergasermotor
Treibstoffart	Flugbenzin
Triebwerkleistung (PS)	230
Triebwerkleistung (kW)	169
Flächenanordnung	Hochdecker
Fahrwerk	Fest
Propeller	Zweiblatt, verstellbar
Sitzplätze (mit Besatzung)	4
Länge (m)	8,56
Höhe (m)	2,79
Spannweite (m)	10,92
Flügelfläche (qm)	16,20
Leergewicht (kg)	808
Zuladung ohne Treibstoff (kg)	364
Zuladung mit Treibstoff (kg)	530
Zuladung ohne Treibstoff (%)*01	27,18
Zuladung mit Treibstoff (%)*02	39,61
Treibstoff (Liter)	231
Treibstoff (kg)	166
Maximales Startgewicht (kg)	1.338
Flächenbelastung (kg/qm)	82,59
Leistungsbelastung (kg/PS)	5,82
Leistungsbelastung (kg/kW)	7,90
Höchstgeschwindigkeit (km/h)*03	274
Reisegeschwindigkeit (km/h)*04	265
Abreissgeschwindigkeit (km/h)*05	93
Steigleistung einmotorig (m/sek)	5,13
Steigleistung zweimotorig (m/sek)	
Dienstgipfelhöhe einmotorig (m)	5.029
Dienstgipfelhöhe zweimotorig (m)	
Reichweite (km)*06	1.145
Startrollstrecke (m)	215
Startstrecke über 15-m-Hindernis (m)	366
Landerollstrecke (m)	180
Landestrecke über 15-m-Hindernis (m)	396

KOSTENWERTE

Anschaffungspreis (DM)	136.595
Fixe Kosten (DM/p.a.)*07	27.017
Variable Kosten (DM/h)*08	118,00
Treibstoffverbrauch (Liter/h)*09	50,6
Treibstoffverbrauchsindex*10	3,82

KOSTEN JE FLUGSTUNDE UND JAHR BEI:

050 Stunden pro Jahr (DM)	283/658
100 Stunden pro Jahr (DM)	200/388
150 Stunden pro Jahr (DM)	173/298
200 Stunden pro Jahr (DM)	159/253
250 Stunden pro Jahr (DM)	151/226
300 Stunden pro Jahr (DM)	145/208
350 Stunden pro Jahr (DM)	141/195
400 Stunden pro Jahr (DM)	138/185
450 Stunden pro Jahr (DM)	136/178
500 Stunden pro Jahr (DM)	134/172

Flugkilometer (DM/km)*11	0,55/0,78
Sitzplatzkilometer (DM/km)*12	0,14/0,20

*ERLÄUTERUNGEN

Alle Kostenwerte verstehen sich ohne Mehrwertsteuer. Bei den Flugstundenkosten enthält der 1. Wert keine Abschreibung und keine Kapitalzinsen (sogenannte „Bürgerliche Kalkulation").

*01	Bezogen auf das maximale Startgewicht
*02	Bezogen auf das maximale Startgewicht
*03	In Meereshöhe (MSL)
*04	65 % Leistung in typischer Reiseflughöhe
*05	Volle Klappen in Landekonfiguration
*06	Wie Wert *04, mit maximaler Tankfüllung
*07	Abschreibung, Zinsen, Sonstige Fixkosten
*08	Treibstoff, Öl, Landegeb., Wartung, Rücklagen
*09	65 % Leistung in typischer Reiseflughöhe
*10	(Liter x 80) : (km/h x Sitze), km/h-Wert *04
*11	Bei 300 Stunden pro Jahr
*12	Bei 300 Stunden pro Jahr

Ausführliche Definitionen im alphabetischen Teil.

Cessna 180 Skywagon

TECHNISCHE DATEN

Triebwerk	Continental 0 - 470
Triebwerkart	Vergasermotor
Treibstoffart	Flugbenzin
Triebwerkleistung (PS)	230
Triebwerkleistung (kW)	169
Flächenanordnung	Hochdecker
Fahrwerk	Fest
Propeller	Zweiblatt, verstellbar
Sitzplätze (mit Besatzung)	4
Länge (m)	7,81
Höhe (m)	2,36
Spannweite (m)	10,92
Flügelfläche (qm)	16,20
Leergewicht (kg)	748
Zuladung ohne Treibstoff (kg)	350
Zuladung mit Treibstoff (kg)	516
Zuladung ohne Treibstoff (%)*01	27,66
Zuladung mit Treibstoff (%)*02	40,82
Treibstoff (Liter)	231
Treibstoff (kg)	166
Maximales Startgewicht (kg)	1.264
Flächenbelastung (kg/qm)	78,02
Leistungsbelastung (kg/PS)	5,50
Leistungsbelastung (kg/kW)	7,47
Höchstgeschwindigkeit (km/h)*03	274
Reisegeschwindigkeit (km/h)*04	257
Abreissgeschwindigkeit (km/h)*05	89
Steigleistung einmotorig (m/sek)	5,58
Steigleistung zweimotorig (m/sek)	
Dienstgipfelhöhe einmotorig (m)	5.395
Dienstgipfelhöhe zweimotorig (m)	
Reichweite (km)*06	1.111
Startrollstrecke (m)	191
Startstrecke über 15-m-Hindernis (m)	325
Landerollstrecke (m)	146
Landestrecke über 15-m-Hindernis (m)	321

KOSTENWERTE

Anschaffungspreis (DM)	131.728
Fixe Kosten (DM/p.a.)*07	26.049
Variable Kosten (DM/h)*08	118,00
Treibstoffverbrauch (Liter/h)*09	50,6
Treibstoffverbrauchsindex*10	3,94

KOSTEN JE FLUGSTUNDE UND JAHR BEI:

050 Stunden pro Jahr (DM)	277/639
100 Stunden pro Jahr (DM)	198/379
150 Stunden pro Jahr (DM)	171/292
200 Stunden pro Jahr (DM)	158/249
250 Stunden pro Jahr (DM)	150/223
300 Stunden pro Jahr (DM)	145/205
350 Stunden pro Jahr (DM)	141/193
400 Stunden pro Jahr (DM)	138/184
450 Stunden pro Jahr (DM)	136/176
500 Stunden pro Jahr (DM)	134/170

Flugkilometer (DM/km)*11	0,56/0,80
Sitzplatzkilometer (DM/km)*12	0,14/0,20

*ERLÄUTERUNGEN

Alle Kostenwerte verstehen sich ohne Mehrwertsteuer. Bei den Flugstundenkosten enthält der 1. Wert keine Abschreibung und keine Kapitalzinsen (sogenannte „Bürgerliche Kalkulation").

*01	Bezogen auf das maximale Startgewicht
*02	Bezogen auf das maximale Startgewicht
*03	In Meereshöhe (MSL)
*04	65 % Leistung in typischer Reiseflughöhe
*05	Volle Klappen in Landekonfiguration
*06	Wie Wert *04, mit maximaler Tankfüllung
*07	Abschreibung, Zinsen, Sonstige Fixkosten
*08	Treibstoff, Öl, Landegeb., Wartung, Rücklagen
*09	65 % Leistung in typischer Reiseflughöhe
*10	(Liter x 80) : (km/h x Sitze), km/h-Wert *04
*11	Bei 300 Stunden pro Jahr
*12	Bei 300 Stunden pro Jahr

Ausführliche Definitionen im alphabetischen Teil.

Cessna Skylane RG

TECHNISCHE DATEN

Triebwerk	Continental 0 - 540
Triebwerkart	Vergasermotor
Treibstoffart	Flugbenzin
Triebwerkleistung (PS)	235
Triebwerkleistung (kW)	173
Flächenanordnung	Hochdecker
Fahrwerk	Einziehbar
Propeller	Zweiblatt, verstellbar
Sitzplätze (mit Besatzung)	4
Länge (m)	8,72
Höhe (m)	2,72
Spannweite (m)	10,97
Flügelfläche (qm)	16,20
Leergewicht (kg)	787
Zuladung ohne Treibstoff (kg)	459
Zuladung mit Treibstoff (kg)	625
Zuladung ohne Treibstoff (%)*01	32,54
Zuladung mit Treibstoff (%)*02	44,26
Treibstoff (Liter)	230
Treibstoff (kg)	166
Maximales Startgewicht (kg)	1.412
Flächenbelastung (kg/qm)	87,16
Leistungsbelastung (kg/PS)	6,01
Leistungsbelastung (kg/kW)	8,16
Höchstgeschwindigkeit (km/h)*03	296
Reisegeschwindigkeit (km/h)*04	285
Abreissgeschwindigkeit (km/h)*05	93
Steigleistung einmotorig (m/sek)	5,78
Steigleistung zweimotorig (m/sek)	
Dienstgipfelhöhe einmotorig (m)	4.359
Dienstgipfelhöhe zweimotorig (m)	
Reichweite (km)*06	1.195
Startrollstrecke (m)	250
Startstrecke über 15-m-Hindernis (m)	425
Landerollstrecke (m)	183
Landestrecke über 15-m-Hindernis (m)	403

KOSTENWERTE

Anschaffungspreis (DM)	163.438
Fixe Kosten (DM/p.a.)*07	31.774
Variable Kosten (DM/h)*08	135,00
Treibstoffverbrauch (Liter/h)*09	51,7
Treibstoffverbrauchsindex*10	3,63

KOSTEN JE FLUGSTUNDE UND JAHR BEI:

050 Stunden pro Jahr (DM)	321/770
100 Stunden pro Jahr (DM)	228/453
150 Stunden pro Jahr (DM)	197/347
200 Stunden pro Jahr (DM)	181/294
250 Stunden pro Jahr (DM)	172/262
300 Stunden pro Jahr (DM)	166/241
350 Stunden pro Jahr (DM)	161/226
400 Stunden pro Jahr (DM)	158/214
450 Stunden pro Jahr (DM)	156/205
500 Stunden pro Jahr (DM)	153/198
Flugkilometer (DM/km)*11	0,58/0,84
Sitzplatzkilometer (DM/km)*12	0,15/0,21

*ERLÄUTERUNGEN

Alle Kostenwerte verstehen sich ohne Mehrwertsteuer. Bei den Flugstundenkosten enthält der 1. Wert keine Abschreibung und keine Kapitalzinsen (sogenannte „Bürgerliche Kalkulation").

*01	Bezogen auf das maximale Startgewicht
*02	Bezogen auf das maximale Startgewicht
*03	In Meereshöhe (MSL)
*04	65 % Leistung in typischer Reiseflughöhe
*05	Volle Klappen in Landekonfiguration
*06	Wie Wert *04, mit maximaler Tankfüllung
*07	Abschreibung, Zinsen, Sonstige Fixkosten
*08	Treibstoff, Öl, Landegeb., Wartung, Rücklagen
*09	65 % Leistung in typischer Reiseflughöhe
*10	(Liter x 80) : (km/h x Sitze), km/h-Wert *04
*11	Bei 300 Stunden pro Jahr
*12	Bei 300 Stunden pro Jahr

Ausführliche Definitionen im alphabetischen Teil.

N738RK

Cessna — Turbo Skylane RG

TECHNISCHE DATEN

Triebwerk	Lycoming IO - 540
Triebwerkart	Einspritzer
Treibstoffart	Flugbenzin
Triebwerkleistung (PS)	235
Triebwerkleistung (kW)	173
Flächenanordnung	Hochdecker
Fahrwerk	Einziehbar
Propeller	Zweiblatt, verstellbar
Sitzplätze (mit Besatzung)	4
Länge (m)	8,72
Höhe (m)	2,72
Spannweite (m)	10,97
Flügelfläche (qm)	16,20
Leergewicht (kg)	805
Zuladung ohne Treibstoff (kg)	356
Zuladung mit Treibstoff (kg)	595
Zuladung ohne Treibstoff (%)*01	25,43
Zuladung mit Treibstoff (%)*02	42,50
Treibstoff (Liter)	332
Treibstoff (kg)	239
Maximales Startgewicht (kg)	1.400
Flächenbelastung (kg/qm)	86,42
Leistungsbelastung (kg/PS)	5,96
Leistungsbelastung (kg/kW)	8,09
Höchstgeschwindigkeit (km/h)*03	320
Reisegeschwindigkeit (km/h)*04	300
Abreissgeschwindigkeit (km/h)*05	93
Steigleistung einmotorig (m/sek)	5,28
Steigleistung zweimotorig (m/sek)	
Dienstgipfelhöhe einmotorig (m)	6.096
Dienstgipfelhöhe zweimotorig (m)	
Reichweite (km)*06	1.916
Startrollstrecke (m)	305
Startstrecke über 15-m-Hindernis (m)	478
Landerollstrecke (m)	210
Landestrecke über 15-m-Hindernis (m)	402

KOSTENWERTE

Anschaffungspreis (DM)	176.190
Fixe Kosten (DM/p.a.)*07	33.975
Variable Kosten (DM/h)*08	141,00
Treibstoffverbrauch (Liter/h)*09	51,7
Treibstoffverbrauchsindex*10	3,45

KOSTEN JE FLUGSTUNDE UND JAHR BEI:

050 Stunden pro Jahr (DM)	336/820
100 Stunden pro Jahr (DM)	238/481
150 Stunden pro Jahr (DM)	206/367
200 Stunden pro Jahr (DM)	190/311
250 Stunden pro Jahr (DM)	180/277
300 Stunden pro Jahr (DM)	173/254
350 Stunden pro Jahr (DM)	169/238
400 Stunden pro Jahr (DM)	165/226
450 Stunden pro Jahr (DM)	162/216
500 Stunden pro Jahr (DM)	160/209

Flugkilometer (DM/km)*11	0,58/0,85
Sitzplatzkilometer (DM/km)*12	0,14/0,21

*ERLÄUTERUNGEN

Alle Kostenwerte verstehen sich ohne Mehrwertsteuer. Bei den Flugstundenkosten enthält der 1. Wert keine Abschreibung und keine Kapitalzinsen (sogenannte „Bürgerliche Kalkulation").

*01	Bezogen auf das maximale Startgewicht
*02	Bezogen auf das maximale Startgewicht
*03	In Meereshöhe (MSL)
*04	65 % Leistung in typischer Reiseflughöhe
*05	Volle Klappen in Landekonfiguration
*06	Wie Wert *04, mit maximaler Tankfüllung
*07	Abschreibung, Zinsen, Sonstige Fixkosten
*08	Treibstoff, Öl, Landegeb., Wartung, Rücklagen
*09	65 % Leistung in typischer Reiseflughöhe
*10	(Liter x 80) : (km/h x Sitze), km/h-Wert *04
*11	Bei 300 Stunden pro Jahr
*12	Bei 300 Stunden pro Jahr

Ausführliche Definitionen im alphabetischen Teil.

Cessna 185 Skywagon

TECHNISCHE DATEN

Triebwerk	Continental I0 - 520
Triebwerkart	Einspritzer
Treibstoffart	Flugbenzin
Triebwerkleistung (PS)	285
Triebwerkleistung (kW)	210
Flächenanordnung	Hochdecker
Fahrwerk	Fest
Propeller	Zweiblatt, verstellbar
Sitzplätze (mit Besatzung)	4
Länge (m)	7,81
Höhe (m)	2,36
Spannweite (m)	10,92
Flügelfläche (qm)	16,20
Leergewicht (kg)	765
Zuladung ohne Treibstoff (kg)	588
Zuladung mit Treibstoff (kg)	754
Zuladung ohne Treibstoff (%)*01	38,69
Zuladung mit Treibstoff (%)*02	49,64
Treibstoff (Liter)	231
Treibstoff (kg)	166
Maximales Startgewicht (kg)	1.519
Flächenbelastung (kg/qm)	93,77
Leistungsbelastung (kg/PS)	5,33
Leistungsbelastung (kg/kW)	7,24
Höchstgeschwindigkeit (km/h)*03	287
Reisegeschwindigkeit (km/h)*04	265
Abreissgeschwindigkeit (km/h)*05	91
Steigleistung einmotorig (m/sek)	5,13
Steigleistung zweimotorig (m/sek)	
Dienstgipfelhöhe einmotorig (m)	5.227
Dienstgipfelhöhe zweimotorig (m)	
Reichweite (km)*06	886
Startrollstrecke (m)	235
Startstrecke über 15-m-Hindernis (m)	400
Landerollstrecke (m)	146
Landestrecke über 15-m-Hindernis (m)	321

KOSTENWERTE

Anschaffungspreis (DM)	170.305
Fixe Kosten (DM/p.a.)*07	33.172
Variable Kosten (DM/h)*08	147,00
Treibstoffverbrauch (Liter/h)*09	66,0
Treibstoffverbrauchsindex*10	4,98

KOSTEN JE FLUGSTUNDE UND JAHR BEI:

050 Stunden pro Jahr (DM)	342/811
100 Stunden pro Jahr (DM)	245/479
150 Stunden pro Jahr (DM)	212/368
200 Stunden pro Jahr (DM)	196/313
250 Stunden pro Jahr (DM)	186/280
300 Stunden pro Jahr (DM)	180/258
350 Stunden pro Jahr (DM)	175/242
400 Stunden pro Jahr (DM)	172/230
450 Stunden pro Jahr (DM)	169/221
500 Stunden pro Jahr (DM)	167/214

Flugkilometer (DM/km)*11	0,68/0,97
Sitzplatzkilometer (DM/km)*12	0,17/0,24

*ERLÄUTERUNGEN

Alle Kostenwerte verstehen sich ohne Mehrwertsteuer. Bei den Flugstundenkosten enthält der 1. Wert keine Abschreibung und keine Kapitalzinsen (sogenannte „Bürgerliche Kalkulation").

*01	Bezogen auf das maximale Startgewicht
*02	Bezogen auf das maximale Startgewicht
*03	In Meereshöhe (MSL)
*04	65 % Leistung in typischer Reiseflughöhe
*05	Volle Klappen in Landekonfiguration
*06	Wie Wert *04, mit maximaler Tankfüllung
*07	Abschreibung, Zinsen, Sonstige Fixkosten
*08	Treibstoff, Öl, Landegeb., Wartung, Rücklagen
*09	65 % Leistung in typischer Reiseflughöhe
*10	(Liter x 80) : (km/h x Sitze), km/h-Wert *04
*11	Bei 300 Stunden pro Jahr
*12	Bei 300 Stunden pro Jahr

Ausführliche Definitionen im alphabetischen Teil.

Cessna Stationair 6

TECHNISCHE DATEN

Triebwerk	Continental I0 - 520
Triebwerkart	Einspritzer
Treibstoffart	Flugbenzin
Triebwerkleistung (PS)	300
Triebwerkleistung (kW)	221
Flächenanordnung	Hochdecker
Fahrwerk	Fest
Propeller	Zweiblatt, verstellbar
Sitzplätze (mit Besatzung)	6
Länge (m)	8,61
Höhe (m)	2.83
Spannweite (m)	10,97
Flügelfläche (qm)	16,20
Leergewicht (kg)	867
Zuladung ohne Treibstoff (kg)	519
Zuladung mit Treibstoff (kg)	758
Zuladung ohne Treibstoff (%)*01	31,94
Zuladung mit Treibstoff (%)*02	46,65
Treibstoff (Liter)	332
Treibstoff (kg)	239
Maximales Startgewicht (kg)	1.625
Flächenbelastung (kg/qm)	100,31
Leistungsbelastung (kg/PS)	5,42
Leistungsbelastung (kg/kW)	7,36
Höchstgeschwindigkeit (km/h)*03	272
Reisegeschwindigkeit (km/h)*04	263
Abreissgeschwindigkeit (km/h)*05	100
Steigleistung einmotorig (m/sek)	4,67
Steigleistung zweimotorig (m/sek)	
Dienstgipfelhöhe einmotorig (m)	4.511
Dienstgipfelhöhe zweimotorig (m)	
Reichweite (km)*06	1.273
Startrollstrecke (m)	274
Startstrecke über 15-m-Hindernis (m)	493
Landerollstrecke (m)	224
Landestrecke über 15-m-Hindernis (m)	466

KOSTENWERTE

Anschaffungspreis (DM)	184.433
Fixe Kosten (DM/p.a.)*07	35.823
Variable Kosten (DM/h)*08	153,00
Treibstoffverbrauch (Liter/h)*09	66,0
Treibstoffverbrauchsindex*10	3,35

KOSTEN JE FLUGSTUNDE UND JAHR BEI:

050 Stunden pro Jahr (DM)	362/869
100 Stunden pro Jahr (DM)	257/511
150 Stunden pro Jahr (DM)	222/391
200 Stunden pro Jahr (DM)	205/332
250 Stunden pro Jahr (DM)	195/296
300 Stunden pro Jahr (DM)	188/272
350 Stunden pro Jahr (DM)	183/255
400 Stunden pro Jahr (DM)	179/242
450 Stunden pro Jahr (DM)	176/232
500 Stunden pro Jahr (DM)	174/224
Flugkilometer (DM/km)*11	0,71/1,03
Sitzplatzkilometer (DM/km)*12	0,12/0,17

*ERLÄUTERUNGEN

Alle Kostenwerte verstehen sich ohne Mehrwertsteuer. Bei den Flugstundenkosten enthält der 1. Wert keine Abschreibung und keine Kapitalzinsen (sogenannte „Bürgerliche Kalkulation").

*01	Bezogen auf das maximale Startgewicht
*02	Bezogen auf das maximale Startgewicht
*03	In Meereshöhe (MSL)
*04	65 % Leistung in typischer Reiseflughöhe
*05	Volle Klappen in Landekonfiguration
*06	Wie Wert *04, mit maximaler Tankfüllung
*07	Abschreibung, Zinsen, Sonstige Fixkosten
*08	Treibstoff, Öl, Landegeb., Wartung, Rücklagen
*09	65 % Leistung in typischer Reiseflughöhe
*10	(Liter x 80) : (km/h x Sitze), km/h-Wert *04
*11	Bei 300 Stunden pro Jahr
*12	Bei 300 Stunden pro Jahr

Ausführliche Definitionen im alphabetischen Teil.

Cessna Stationair 8

TECHNISCHE DATEN

Triebwerk	Continental I0 - 520
Triebwerkart	Einspritzer
Treibstoffart	Flugbenzin
Triebwerkleistung (PS)	300
Triebwerkleistung (kW)	221
Flächenanordnung	Hochdecker
Fahrwerk	Fest
Propeller	Dreiblatt, verstellbar
Sitzplätze (mit Besatzung)	8
Länge (m)	9,80
Höhe (m)	2,92
Spannweite (m)	10,97
Flügelfläche (qm)	16,20
Leergewicht (kg)	947
Zuladung ohne Treibstoff (kg)	569
Zuladung mit Treibstoff (kg)	768
Zuladung ohne Treibstoff (%)*01	33,19
Zuladung mit Treibstoff (%)*02	44,78
Treibstoff (Liter)	276
Treibstoff (kg)	199
Maximales Startgewicht (kg)	1.715
Flächenbelastung (kg/qm)	105,86
Leistungsbelastung (kg/PS)	5,72
Leistungsbelastung (kg/kW)	7,77
Höchstgeschwindigkeit (km/h)*03	270
Reisegeschwindigkeit (km/h)*04	255
Abreissgeschwindigkeit (km/h)*05	107
Steigleistung einmotorig (m/sek)	4,11
Steigleistung zweimotorig (m/sek)	
Dienstgipfelhöhe einmotorig (m)	4.053
Dienstgipfelhöhe zweimotorig (m)	
Reichweite (km)*06	994
Startrollstrecke (m)	353
Startstrecke über 15-m-Hindernis (m)	600
Landerollstrecke (m)	295
Landestrecke über 15-m-Hindernis (m)	649

KOSTENWERTE

Anschaffungspreis (DM)	202.766
Fixe Kosten (DM/p.a.)*07	39.156
Variable Kosten (DM/h)*08	156,00
Treibstoffverbrauch (Liter/h)*09	66,0
Treibstoffverbrauchsindex*10	3,45

KOSTEN JE FLUGSTUNDE UND JAHR BEI:

050 Stunden pro Jahr (DM)	382/939
100 Stunden pro Jahr (DM)	269/548
150 Stunden pro Jahr (DM)	232/417
200 Stunden pro Jahr (DM)	213/352
250 Stunden pro Jahr (DM)	202/313
300 Stunden pro Jahr (DM)	194/287
350 Stunden pro Jahr (DM)	189/268
400 Stunden pro Jahr (DM)	185/254
450 Stunden pro Jahr (DM)	181/243
500 Stunden pro Jahr (DM)	179/235

Flugkilometer (DM/km)*11	0,76/1,12
Sitzplatzkilometer (DM/km)*12	0,13/0,19

*ERLÄUTERUNGEN

Alle Kostenwerte verstehen sich ohne Mehrwertsteuer. Bei den Flugstundenkosten enthält der 1. Wert keine Abschreibung und keine Kapitalzinsen (sogenannte „Bürgerliche Kalkulation").

*01	Bezogen auf das maximale Startgewicht
*02	Bezogen auf das maximale Startgewicht
*03	In Meereshöhe (MSL)
*04	65 % Leistung in typischer Reiseflughöhe
*05	Volle Klappen in Landekonfiguration
*06	Wie Wert *04, mit maximaler Tankfüllung
*07	Abschreibung, Zinsen, Sonstige Fixkosten
*08	Treibstoff, Öl, Landegeb., Wartung, Rücklagen
*09	65 % Leistung in typischer Reiseflughöhe
*10	(Liter x 80) : (km/h x Sitze), km/h-Wert *04
*11	Bei 300 Stunden pro Jahr
*12	Bei 300 Stunden pro Jahr

Ausführliche Definitionen im alphabetischen Teil.

N6420H

Cessna 210 Centurion

TECHNISCHE DATEN

Triebwerk	Continental IO - 520
Triebwerkart	Einspritzer
Treibstoffart	Flugbenzin
Triebwerkleistung (PS)	300
Triebwerkleistung (kW)	221
Flächenanordnung	Hochdecker
Fahrwerk	Einziehbar
Propeller	Dreiblatt, verstellbar
Sitzplätze (mit Besatzung)	6
Länge (m)	8,61
Höhe (m)	2,95
Spannweite (m)	11,20
Flügelfläche (qm)	16,25
Leergewicht (kg)	959
Zuladung ohne Treibstoff (kg)	514
Zuladung mit Treibstoff (kg)	756
Zuladung ohne Treibstoff (%)*01	29,98
Zuladung mit Treibstoff (%)*02	44,08
Treibstoff (Liter)	336
Treibstoff (kg)	242
Maximales Startgewicht (kg)	1.715
Flächenbelastung (kg/qm)	105,54
Leistungsbelastung (kg/PS)	5,72
Leistungsbelastung (kg/kW)	7,77
Höchstgeschwindigkeit (km/h)*03	317
Reisegeschwindigkeit (km/h)*04	310
Abreissgeschwindigkeit (km/h)*05	104
Steigleistung einmotorig (m/sek)	4,83
Steigleistung zweimotorig (m/sek)	
Dienstgipfelhöhe einmotorig (m)	5.273
Dienstgipfelhöhe zweimotorig (m)	
Reichweite (km)*06	1.521
Startrollstrecke (m)	364
Startstrecke über 15-m-Hindernis (m)	618
Landerollstrecke (m)	295
Landestrecke über 15-m-Hindernis (m)	649

KOSTENWERTE

Anschaffungspreis (DM)	217.508
Fixe Kosten (DM/p.a.)*07	41.698
Variable Kosten (DM/h)*08	159,00
Treibstoffverbrauch (Liter/h)*09	66,0
Treibstoffverbrauchsindex*10	2,84

KOSTEN JE FLUGSTUNDE UND JAHR BEI:

050 Stunden pro Jahr (DM)	395/993
100 Stunden pro Jahr (DM)	277/576
150 Stunden pro Jahr (DM)	238/437
200 Stunden pro Jahr (DM)	218/368
250 Stunden pro Jahr (DM)	206/326
300 Stunden pro Jahr (DM)	199/298
350 Stunden pro Jahr (DM)	193/278
400 Stunden pro Jahr (DM)	189/264
450 Stunden pro Jahr (DM)	185/252
500 Stunden pro Jahr (DM)	183/243
Flugkilometer (DM/km)*11	0,64/0,96
Sitzplatzkilometer (DM/km)*12	0,11/0,16

*ERLÄUTERUNGEN

Alle Kostenwerte verstehen sich ohne Mehrwertsteuer. Bei den Flugstundenkosten enthält der 1. Wert keine Abschreibung und keine Kapitalzinsen (sogenannte „Bürgerliche Kalkulation").

*01	Bezogen auf das maximale Startgewicht
*02	Bezogen auf das maximale Startgewicht
*03	In Meereshöhe (MSL)
*04	65 % Leistung in typischer Reiseflughöhe
*05	Volle Klappen in Landekonfiguration
*06	Wie Wert *04, mit maximaler Tankfüllung
*07	Abschreibung, Zinsen, Sonstige Fixkosten
*08	Treibstoff, Öl, Landegeb., Wartung, Rücklagen
*09	65 % Leistung in typischer Reiseflughöhe
*10	(Liter x 80) : (km/h x Sitze), km/h-Wert *04
*11	Bei 300 Stunden pro Jahr
*12	Bei 300 Stunden pro Jahr

Ausführliche Definitionen im alphabetischen Teil.

Cessna Turbo Stationair 6

TECHNISCHE DATEN

Triebwerk	Continental TSIO - 520
Triebwerkart	Turbocharged
Treibstoffart	Flugbenzin
Triebwerkleistung (PS)	310
Triebwerkleistung (kW)	228
Flächenanordnung	Hochdecker
Fahrwerk	Fest
Propeller	Dreiblatt, verstellbar
Sitzplätze (mit Besatzung)	6
Länge (m)	8,61
Höhe (m)	2,83
Spannweite (m)	10,97
Flügelfläche (qm)	16,20
Leergewicht (kg)	901
Zuladung ohne Treibstoff (kg)	487
Zuladung mit Treibstoff (kg)	726
Zuladung ohne Treibstoff (%)*01	29,93
Zuladung mit Treibstoff (%)*02	44,62
Treibstoff (Liter)	332
Treibstoff (kg)	239
Maximales Startgewicht (kg)	1.627
Flächenbelastung (kg/qm)	100,43
Leistungsbelastung (kg/PS)	5,25
Leistungsbelastung (kg/kW)	7,13
Höchstgeschwindigkeit (km/h)*03	305
Reisegeschwindigkeit (km/h)*04	281
Abreissgeschwindigkeit (km/h)*05	100
Steigleistung einmotorig (m/sek)	5,13
Steigleistung zweimotorig (m/sek)	
Dienstgipfelhöhe einmotorig (m)	8.229
Dienstgipfelhöhe zweimotorig (m)	
Reichweite (km)*06	1.309
Startrollstrecke (m)	294
Startstrecke über 15-m-Hindernis (m)	499
Landerollstrecke (m)	224
Landestrecke über 15-m-Hindernis (m)	466

KOSTENWERTE

Anschaffungspreis (DM)	198.466
Fixe Kosten (DM/p.a.)*07	38.244
Variable Kosten (DM/h)*08	158,00
Treibstoffverbrauch (Liter/h)*09	68,2
Treibstoffverbrauchsindex*10	3,24

KOSTEN JE FLUGSTUNDE UND JAHR BEI:

050 Stunden pro Jahr (DM)	377/923
100 Stunden pro Jahr (DM)	268/540
150 Stunden pro Jahr (DM)	231/413
200 Stunden pro Jahr (DM)	213/349
250 Stunden pro Jahr (DM)	202/311
300 Stunden pro Jahr (DM)	195/285
350 Stunden pro Jahr (DM)	189/267
400 Stunden pro Jahr (DM)	185/254
450 Stunden pro Jahr (DM)	182/243
500 Stunden pro Jahr (DM)	180/235
Flugkilometer (DM/km)*11	0,69/1,02
Sitzplatzkilometer (DM/km)*12	0,12/0,17

*ERLÄUTERUNGEN

Alle Kostenwerte verstehen sich ohne Mehrwertsteuer. Bei den Flugstundenkosten enthält der 1. Wert keine Abschreibung und keine Kapitalzinsen (sogenannte „Bürgerliche Kalkulation").

*01	Bezogen auf das maximale Startgewicht
*02	Bezogen auf das maximale Startgewicht
*03	In Meereshöhe (MSL)
*04	65 % Leistung in typischer Reiseflughöhe
*05	Volle Klappen in Landekonfiguration
*06	Wie Wert *04, mit maximaler Tankfüllung
*07	Abschreibung, Zinsen, Sonstige Fixkosten
*08	Treibstoff, Öl, Landegeb., Wartung, Rücklagen
*09	65 % Leistung in typischer Reiseflughöhe
*10	(Liter x 80) : (km/h x Sitze), km/h-Wert *04
*11	Bei 300 Stunden pro Jahr
*12	Bei 300 Stunden pro Jahr

Ausführliche Definitionen im alphabetischen Teil.

N1356V

Cessna — Turbo Stationair 8

TECHNISCHE DATEN

Triebwerk	Continental TSIO - 520
Triebwerkart	Turbocharged
Treibstoffart	Flugbenzin
Triebwerkleistung (PS)	310
Triebwerkleistung (kW)	228
Flächenanordnung	Hochdecker
Fahrwerk	Fest
Propeller	Dreiblatt, verstellbar
Sitzplätze (mit Besatzung)	8
Länge (m)	9,80
Höhe (m)	2,92
Spannweite (m)	10,97
Flügelfläche (qm)	16,20
Leergewicht (kg)	982
Zuladung ohne Treibstoff (kg)	536
Zuladung mit Treibstoff (kg)	735
Zuladung ohne Treibstoff (%)*01	31,23
Zuladung mit Treibstoff (%)*02	42,81
Treibstoff (Liter)	276
Treibstoff (kg)	199
Maximales Startgewicht (kg)	1.717
Flächenbelastung (kg/qm)	105,99
Leistungsbelastung (kg/PS)	5,54
Leistungsbelastung (kg/kW)	7,53
Höchstgeschwindigkeit (km/h)*03	291
Reisegeschwindigkeit (km/h)*04	268
Abreissgeschwindigkeit (km/h)*05	107
Steigleistung einmotorig (m/sek)	4,50
Steigleistung zweimotorig (m/sek)	
Dienstgipfelhöhe einmotorig (m)	7.925
Dienstgipfelhöhe zweimotorig (m)	
Reichweite (km)*06	1.004
Startrollstrecke (m)	334
Startstrecke über 15-m-Hindernis (m)	567
Landerollstrecke (m)	295
Landestrecke über 15-m-Hindernis (m)	649

KOSTENWERTE

Anschaffungspreis (DM)	217.413
Fixe Kosten (DM/p.a.)*07	41.683
Variable Kosten (DM/h)*08	162,00
Treibstoffverbrauch (Liter/h)*09	68,2
Treibstoffverbrauchsindex*10	3,39

KOSTEN JE FLUGSTUNDE UND JAHR BEI:

050 Stunden pro Jahr (DM)	398/995
100 Stunden pro Jahr (DM)	280/579
150 Stunden pro Jahr (DM)	240/440
200 Stunden pro Jahr (DM)	221/370
250 Stunden pro Jahr (DM)	209/329
300 Stunden pro Jahr (DM)	201/301
350 Stunden pro Jahr (DM)	195/281
400 Stunden pro Jahr (DM)	191/266
450 Stunden pro Jahr (DM)	188/254
500 Stunden pro Jahr (DM)	185/245

Flugkilometer (DM/km)*11	0,75/1,12
Sitzplatzkilometer (DM/km)*12	0,13/0,19

*ERLÄUTERUNGEN

Alle Kostenwerte verstehen sich ohne Mehrwertsteuer. Bei den Flugstundenkosten enthält der 1. Wert keine Abschreibung und keine Kapitalzinsen (sogenannte „Bürgerliche Kalkulation").

*01	Bezogen auf das maximale Startgewicht
*02	Bezogen auf das maximale Startgewicht
*03	In Meereshöhe (MSL)
*04	65 % Leistung in typischer Reiseflughöhe
*05	Volle Klappen in Landekonfiguration
*06	Wie Wert *04, mit maximaler Tankfüllung
*07	Abschreibung, Zinsen, Sonstige Fixkosten
*08	Treibstoff, Öl, Landegeb., Wartung, Rücklagen
*09	65 % Leistung in typischer Reiseflughöhe
*10	(Liter x 80) : (km/h x Sitze), km/h-Wert *04
*11	Bei 300 Stunden pro Jahr
*12	Bei 300 Stunden pro Jahr

Ausführliche Definitionen im alphabetischen Teil.

Cessna 210 Turbo Centurion

TECHNISCHE DATEN

Triebwerk	Continental TSIO - 520
Triebwerkart	Turbocharged
Treibstoffart	Flugbenzin
Triebwerkleistung (PS)	310
Triebwerkleistung (kW)	228
Flächenanordnung	Hochdecker
Fahrwerk	Einziehbar
Propeller	Dreiblatt, verstellbar
Sitzplätze (mit Besatzung)	6
Länge (m)	8,59
Höhe (m)	2,95
Spannweite (m)	11,20
Flügelfläche (qm)	16,25
Leergewicht (kg)	999
Zuladung ohne Treibstoff (kg)	566
Zuladung mit Treibstoff (kg)	808
Zuladung ohne Treibstoff (%)*01	31,33
Zuladung mit Treibstoff (%)*02	44,71
Treibstoff (Liter)	336
Treibstoff (kg)	242
Maximales Startgewicht (kg)	1.807
Flächenbelastung (kg/qm)	111,70
Leistungsbelastung (kg/PS)	5,83
Leistungsbelastung (kg/kW)	7,92
Höchstgeschwindigkeit (km/h)*03	377
Reisegeschwindigkeit (km/h)*04	315
Abreissgeschwindigkeit (km/h)*05	107
Steigleistung einmotorig (m/sek)	4,72
Steigleistung zweimotorig (m/sek)	
Dienstgipfelhöhe einmotorig (m)	8.229
Dienstgipfelhöhe zweimotorig (m)	
Reichweite (km)*06	1.488
Startrollstrecke (m)	396
Startstrecke über 15-m-Hindernis (m)	658
Landerollstrecke (m)	233
Landestrecke über 15-m-Hindernis (m)	457

KOSTENWERTE

Anschaffungspreis (DM)	232.344
Fixe Kosten (DM/p.a.)*07	44.257
Variable Kosten (DM/h)*08	162,00
Treibstoffverbrauch (Liter/h)*09	62,7
Treibstoffverbrauchsindex*10	2,79

KOSTEN JE FLUGSTUNDE UND JAHR BEI:

050 Stunden pro Jahr (DM)	408/1.047
100 Stunden pro Jahr (DM)	285/604
150 Stunden pro Jahr (DM)	244/457
200 Stunden pro Jahr (DM)	223/383
250 Stunden pro Jahr (DM)	211/339
300 Stunden pro Jahr (DM)	203/309
350 Stunden pro Jahr (DM)	197/288
400 Stunden pro Jahr (DM)	193/272
450 Stunden pro Jahr (DM)	189/260
500 Stunden pro Jahr (DM)	186/250

Flugkilometer (DM/km)*11	0,68/1,03
Sitzplatzkilometer (DM/km)*12	0,11/0,17

*ERLÄUTERUNGEN

Alle Kostenwerte verstehen sich ohne Mehrwertsteuer. Bei den Flugstundenkosten enthält der 1. Wert keine Abschreibung und keine Kapitalzinsen (sogenannte „Bürgerliche Kalkulation").

*01	Bezogen auf das maximale Startgewicht
*02	Bezogen auf das maximale Startgewicht
*03	In Meereshöhe (MSL)
*04	65 % Leistung in typischer Reiseflughöhe
*05	Volle Klappen in Landekonfiguration
*06	Wie Wert *04, mit maximaler Tankfüllung
*07	Abschreibung, Zinsen, Sonstige Fixkosten
*08	Treibstoff, Öl, Landegeb., Wartung, Rücklagen
*09	65 % Leistung in typischer Reiseflughöhe
*10	(Liter x 80) : (km/h x Sitze), km/h-Wert *04
*11	Bei 300 Stunden pro Jahr
*12	Bei 300 Stunden pro Jahr

Ausführliche Definitionen im alphabetischen Teil.

N2533S

Cessna 210 Centurion P

TECHNISCHE DATEN

Triebwerk	Continental TST0 - 520
Triebwerkart	Turbocharged
Treibstoffart	Flugbenzin
Triebwerkleistung (PS)	310
Triebwerkleistung (kW)	228
Flächenanordnung	Hochdecker
Fahrwerk	Einziehbar
Propeller	Dreiblatt, verstellbar
Sitzplätze (mit Besatzung)	6
Länge (m)	8,61
Höhe (m)	2,95
Spannweite (m)	11,23
Flügelfläche (qm)	16,25
Leergewicht (kg)	1.053
Zuladung ohne Treibstoff (kg)	512
Zuladung mit Treibstoff (kg)	754
Zuladung ohne Treibstoff (%)*01	28,34
Zuladung mit Treibstoff (%)*02	41,73
Treibstoff (Liter)	336
Treibstoff (kg)	242
Maximales Startgewicht (kg)	1.807
Flächenbelastung (kg/qm)	111,20
Leistungsbelastung (kg/PS)	5,83
Leistungsbelastung (kg/kW)	7,92
Höchstgeschwindigkeit (km/h)*03	357
Reisegeschwindigkeit (km/h)*04	335
Abreissgeschwindigkeit (km/h)*05	107
Steigleistung einmotorig (m/sek)	4,72
Steigleistung zweimotorig (m/sek)	
Dienstgipfelhöhe einmotorig (m)	7.010
Dienstgipfelhöhe zweimotorig (m)	
Reichweite (km)*06	1.583
Startrollstrecke (m)	387
Startstrecke über 15-m-Hindernis (m)	658
Landerollstrecke (m)	208
Landestrecke über 15-m-Hindernis (m)	457

KOSTENWERTE

Anschaffungspreis (DM)	295.092
Fixe Kosten (DM/p.a.)*07	55.265
Variable Kosten (DM/h)*08	193,00
Treibstoffverbrauch (Liter/h)*09	68,2
Treibstoffverbrauchsindex*10	2,71

KOSTEN JE FLUGSTUNDE UND JAHR BEI:

050 Stunden pro Jahr (DM)	487/1.298
100 Stunden pro Jahr (DM)	340/745
150 Stunden pro Jahr (DM)	291/561
200 Stunden pro Jahr (DM)	266/469
250 Stunden pro Jahr (DM)	251/414
300 Stunden pro Jahr (DM)	242/377
350 Stunden pro Jahr (DM)	235/351
400 Stunden pro Jahr (DM)	229/331
450 Stunden pro Jahr (DM)	225/316
500 Stunden pro Jahr (DM)	222/303

Flugkilometer (DM/km)*11	0,72/1,13
Sitzplatzkilometer (DM/km)*12	0,12/0,19

*ERLÄUTERUNGEN

Alle Kostenwerte verstehen sich ohne Mehrwertsteuer. Bei den Flugstundenkosten enthält der 1. Wert keine Abschreibung und keine Kapitalzinsen (sogenannte „Bürgerliche Kalkulation").

*01	Bezogen auf das maximale Startgewicht
*02	Bezogen auf das maximale Startgewicht
*03	In Meereshöhe (MSL)
*04	65 % Leistung in typischer Reiseflughöhe
*05	Volle Klappen in Landekonfiguration
*06	Wie Wert *04, mit maximaler Tankfüllung
*07	Abschreibung, Zinsen, Sonstige Fixkosten
*08	Treibstoff, Öl, Landegeb., Wartung, Rücklagen
*09	65 % Leistung in typischer Reiseflughöhe
*10	(Liter x 80) : (km/h x Sitze), km/h-Wert *04
*11	Bei 300 Stunden pro Jahr
*12	Bei 300 Stunden pro Jahr

Ausführliche Definitionen im alphabetischen Teil.

Cessna 337 Skymaster

TECHNISCHE DATEN

Triebwerk	2 x Continental IO - 360
Triebwerkart	Einspritzer
Treibstoffart	Flugbenzin
Triebwerkleistung (PS)	2 x 210
Triebwerkleistung (kW)	2 x 155
Flächenanordnung	Hochdecker
Fahrwerk	Einziehbar
Propeller	2 x Zweiblatt, verstellbar
Sitzplätze (mit Besatzung)	6
Länge (m)	9,07
Höhe (m)	2,79
Spannweite (m)	11,63
Flügelfläche (qm)	18,81
Leergewicht (kg)	1.254
Zuladung ohne Treibstoff (kg)	427
Zuladung mit Treibstoff (kg)	837
Zuladung ohne Treibstoff (%)*01	20,44
Zuladung mit Treibstoff (%)*02	40,03
Treibstoff (Liter)	569
Treibstoff (kg)	410
Maximales Startgewicht (kg)	2.091
Flächenbelastung (kg/qm)	111,16
Leistungsbelastung (kg/PS)	4,98
Leistungsbelastung (kg/kW)	6,76
Höchstgeschwindigkeit (km/h)*03	312
Reisegeschwindigkeit (km/h)*04	300
Abreissgeschwindigkeit (km/h)*05	113
Steigleistung einmotorig (m/sek)	1,52
Steigleistung zweimotorig (m/sek)	4,78
Dienstgipfelhöhe einmotorig (m)	1.860
Dienstgipfelhöhe zweimotorig (m)	5.490
Reichweite (km)*06	1.828
Startrollstrecke (m)	300
Startstrecke über 15-m-Hindernis (m)	510
Landerollstrecke (m)	229
Landestrecke über 15-m-Hindernis (m)	503

KOSTENWERTE

Anschaffungspreis (DM)	280.833
Fixe Kosten (DM/p.a.)*07	53.330
Variable Kosten (DM/h)*08	220,00
Treibstoffverbrauch (Liter/h)*09	92,4
Treibstoffverbrauchsindex*10	4,11

KOSTEN JE FLUGSTUNDE UND JAHR BEI:

050 Stunden pro Jahr (DM)	514/1.287
100 Stunden pro Jahr (DM)	367/753
150 Stunden pro Jahr (DM)	318/576
200 Stunden pro Jahr (DM)	294/487
250 Stunden pro Jahr (DM)	279/433
300 Stunden pro Jahr (DM)	269/398
350 Stunden pro Jahr (DM)	262/373
400 Stunden pro Jahr (DM)	257/353
450 Stunden pro Jahr (DM)	253/339
500 Stunden pro Jahr (DM)	250/327
Flugkilometer (DM/km)*11	0,90/1,33
Sitzplatzkilometer (DM/km)*12	0,15/0,22

*ERLÄUTERUNGEN

Alle Kostenwerte verstehen sich ohne Mehrwertsteuer. Bei den Flugstundenkosten enthält der 1. Wert keine Abschreibung und keine Kapitalzinsen (sogenannte „Bürgerliche Kalkulation").

*01	Bezogen auf das maximale Startgewicht
*02	Bezogen auf das maximale Startgewicht
*03	In Meereshöhe (MSL)
*04	65 % Leistung in typischer Reiseflughöhe
*05	Volle Klappen in Landekonfiguration
*06	Wie Wert *04, mit maximaler Tankfüllung
*07	Abschreibung, Zinsen, Sonstige Fixkosten
*08	Treibstoff, Öl, Landegeb., Wartung, Rücklagen
*09	65 % Leistung in typischer Reiseflughöhe
*10	(Liter x 80) : (km/h x Sitze), km/h-Wert *04
*11	Bei 300 Stunden pro Jahr
*12	Bei 300 Stunden pro Jahr

Ausführliche Definitionen im alphabetischen Teil.

N53513
Cessna

Cessna 337 Turbo Skymaster

TECHNISCHE DATEN

Triebwerk	2 x Continental TSI0 - 360
Triebwerkart	Turbocharged
Treibstoffart	Flugbenzin
Triebwerkleistung (PS)	2 x 210
Triebwerkleistung (kW)	2 x 155
Flächenanordnung	Hochdecker
Fahrwerk	Einziehbar
Propeller	2 x Zweiblatt, verstellbar
Sitzplätze (mit Besatzung)	6
Länge (m)	9,09
Höhe (m)	2,79
Spannweite (m)	11,63
Flügelfläche (qm)	18,81
Leergewicht (kg)	1.304
Zuladung ohne Treibstoff (kg)	379
Zuladung mit Treibstoff (kg)	789
Zuladung ohne Treibstoff (%)*01	18,12
Zuladung mit Treibstoff (%)*02	37,70
Treibstoff (Liter)	569
Treibstoff (kg)	410
Maximales Startgewicht (kg)	2.093
Flächenbelastung (kg/qm)	111,27
Leistungsbelastung (kg/PS)	4,98
Leistungsbelastung (kg/kW)	6,77
Höchstgeschwindigkeit (km/h)*03	361
Reisegeschwindigkeit (km/h)*04	340
Abreissgeschwindigkeit (km/h)*05	113
Steigleistung einmotorig (m/sek)	1,70
Steigleistung zweimotorig (m/sek)	5,89
Dienstgipfelhöhe einmotorig (m)	5.100
Dienstgipfelhöhe zweimotorig (m)	8.270
Reichweite (km)*06	2.071
Startrollstrecke (m)	300
Startstrecke über 15-m-Hindernis (m)	510
Landerollstrecke (m)	229
Landestrecke über 15-m-Hindernis (m)	503

KOSTENWERTE

Anschaffungspreis (DM)	312.585
Fixe Kosten (DM/p.a.)*07	58.807
Variable Kosten (DM/h)*08	226,00
Treibstoffverbrauch (Liter/h)*09	92,4
Treibstoffverbrauchsindex*10	3,62

KOSTEN JE FLUGSTUNDE UND JAHR BEI:

050 Stunden pro Jahr (DM)	543/1.403
100 Stunden pro Jahr (DM)	385/815
150 Stunden pro Jahr (DM)	332/619
200 Stunden pro Jahr (DM)	306/521
250 Stunden pro Jahr (DM)	290/462
300 Stunden pro Jahr (DM)	279/423
350 Stunden pro Jahr (DM)	272/395
400 Stunden pro Jahr (DM)	266/374
450 Stunden pro Jahr (DM)	262/357
500 Stunden pro Jahr (DM)	258/344
Flugkilometer (DM/km)*11	0,82/1,24
Sitzplatzkilometer (DM/km)*12	0,14/0,21

*ERLÄUTERUNGEN

Alle Kostenwerte verstehen sich ohne Mehrwertsteuer. Bei den Flugstundenkosten enthält der 1. Wert keine Abschreibung und keine Kapitalzinsen (sogenannte „Bürgerliche Kalkulation").

*01	Bezogen auf das maximale Startgewicht
*02	Bezogen auf das maximale Startgewicht
*03	In Meereshöhe (MSL)
*04	65 % Leistung in typischer Reiseflughöhe
*05	Volle Klappen in Landekonfiguration
*06	Wie Wert *04, mit maximaler Tankfüllung
*07	Abschreibung, Zinsen, Sonstige Fixkosten
*08	Treibstoff, Öl, Landegeb., Wartung, Rücklagen
*09	65 % Leistung in typischer Reiseflughöhe
*10	(Liter x 80) : (km/h x Sitze), km/h-Wert *04
*11	Bei 300 Stunden pro Jahr
*12	Bei 300 Stunden pro Jahr

Ausführliche Definitionen im alphabetischen Teil.

N64N

Cessna 337 Skymaster P

TECHNISCHE DATEN

Triebwerk	2 x Continental TSIO - 360
Triebwerkart	Turbocharged
Treibstoffart	Flugbenzin
Triebwerkleistung (PS)	2 x 225
Triebwerkleistung (kW)	2 x 166
Flächenanordnung	Hochdecker
Fahrwerk	Einziehbar
Propeller	2 x Zweiblatt, verstellbar
Sitzplätze (mit Besatzung)	5
Länge (m)	9,09
Höhe (m)	2,79
Spannweite (m)	11,63
Flügelfläche (qm)	18,81
Leergewicht (kg)	1.385
Zuladung ohne Treibstoff (kg)	330
Zuladung mit Treibstoff (kg)	740
Zuladung ohne Treibstoff (%)*01	15,54
Zuladung mit Treibstoff (%)*02	34,82
Treibstoff (Liter)	569
Treibstoff (kg)	410
Maximales Startgewicht (kg)	2.125
Flächenbelastung (kg/qm)	112,97
Leistungsbelastung (kg/PS)	4,72
Leistungsbelastung (kg/kW)	6,42
Höchstgeschwindigkeit (km/h)*03	379
Reisegeschwindigkeit (km/h)*04	355
Abreissgeschwindigkeit (km/h)*05	115
Steigleistung einmotorig (m/sek)	1,91
Steigleistung zweimotorig (m/sek)	5,94
Dienstgipfelhöhe einmotorig (m)	5.700
Dienstgipfelhöhe zweimotorig (m)	6.100
Reichweite (km)*06	2.000
Startrollstrecke (m)	269
Startstrecke über 15-m-Hindernis (m)	457
Landerollstrecke (m)	232
Landestrecke über 15-m-Hindernis (m)	510

KOSTENWERTE

Anschaffungspreis (DM)	384.405
Fixe Kosten (DM/p.a.)*07	71.254
Variable Kosten (DM/h)*08	262,00
Treibstoffverbrauch (Liter/h)*09	99,0
Treibstoffverbrauchsindex*10	3,72

KOSTEN JE FLUGSTUNDE UND JAHR BEI:

050 Stunden pro Jahr (DM)	630/1.688
100 Stunden pro Jahr (DM)	446/975
150 Stunden pro Jahr (DM)	385/738
200 Stunden pro Jahr (DM)	354/619
250 Stunden pro Jahr (DM)	336/547
300 Stunden pro Jahr (DM)	324/500
350 Stunden pro Jahr (DM)	315/466
400 Stunden pro Jahr (DM)	308/441
450 Stunden pro Jahr (DM)	303/421
500 Stunden pro Jahr (DM)	299/405

Flugkilometer (DM/km)*11	0,91/1,41
Sitzplatzkilometer (DM/km)*12	0,15/0,23

*ERLÄUTERUNGEN

Alle Kostenwerte verstehen sich ohne Mehrwertsteuer. Bei den Flugstundenkosten enthält der 1. Wert keine Abschreibung und keine Kapitalzinsen (sogenannte „Bürgerliche Kalkulation").

*01	Bezogen auf das maximale Startgewicht
*02	Bezogen auf das maximale Startgewicht
*03	In Meereshöhe (MSL)
*04	65 % Leistung in typischer Reiseflughöhe
*05	Volle Klappen in Landekonfiguration
*06	Wie Wert *04, mit maximaler Tankfüllung
*07	Abschreibung, Zinsen, Sonstige Fixkosten
*08	Treibstoff, Öl, Landegeb., Wartung, Rücklagen
*09	65 % Leistung in typischer Reiseflughöhe
*10	(Liter x 80) : (km/h x Sitze), km/h-Wert *04
*11	Bei 300 Stunden pro Jahr
*12	Bei 300 Stunden pro Jahr

Ausführliche Definitionen im alphabetischen Teil.

Cessna 310

TECHNISCHE DATEN

Triebwerk	2 x Continental I0 - 520
Triebwerkart	Einspritzer
Treibstoffart	Flugbenzin
Triebwerkleistung (PS)	2 x 285
Triebwerkleistung (kW)	2 x 210
Flächenanordnung	Tiefdecker
Fahrwerk	Einziehbar
Propeller	2 x Zweiblatt, verstellbar
Sitzplätze (mit Besatzung)	6
Länge (m)	9,74
Höhe (m)	3,25
Spannweite (m)	11,25
Flügelfläche (qm)	16,63
Leergewicht (kg)	1.508
Zuladung ohne Treibstoff (kg)	419
Zuladung mit Treibstoff (kg)	982
Zuladung ohne Treibstoff (%)*01	16,83
Zuladung mit Treibstoff (%)*02	39,44
Treibstoff (Liter)	782
Treibstoff (kg)	563
Maximales Startgewicht (kg)	2.490
Flächenbelastung (kg/qm)	149,73
Leistungsbelastung (kg/PS)	4,37
Leistungsbelastung (kg/kW)	5,94
Höchstgeschwindigkeit (km/h)*03	361
Reisegeschwindigkeit (km/h)*04	348
Abreissgeschwindigkeit (km/h)*05	129
Steigleistung einmotorig (m/sek)	1,88
Steigleistung zweimotorig (m/sek)	8,44
Dienstgipfelhöhe einmotorig (m)	2.255
Dienstgipfelhöhe zweimotorig (m)	6.019
Reichweite (km)*06	2.150
Startrollstrecke (m)	305
Startstrecke über 15-m-Hindernis (m)	518
Landerollstrecke (m)	248
Landestrecke über 15-m-Hindernis (m)	545

KOSTENWERTE

Anschaffungspreis (DM)	343.959
Fixe Kosten (DM/p.a.)*07	64.961
Variable Kosten (DM/h)*08	280,00
Treibstoffverbrauch (Liter/h)*09	125,4
Treibstoffverbrauchsindex*10	4,80

KOSTEN JE FLUGSTUNDE UND JAHR BEI:

050 Stunden pro Jahr (DM)	633/1.579
100 Stunden pro Jahr (DM)	457/929
150 Stunden pro Jahr (DM)	398/713
200 Stunden pro Jahr (DM)	368/605
250 Stunden pro Jahr (DM)	351/540
300 Stunden pro Jahr (DM)	339/496
350 Stunden pro Jahr (DM)	330/465
400 Stunden pro Jahr (DM)	324/442
450 Stunden pro Jahr (DM)	319/424
500 Stunden pro Jahr (DM)	315/410

Flugkilometer (DM/km)*11	0,97/1,43
Sitzplatzkilometer (DM/km)*12	0,16/0,24

*ERLÄUTERUNGEN

Alle Kostenwerte verstehen sich ohne Mehrwertsteuer. Bei den Flugstundenkosten enthält der 1. Wert keine Abschreibung und keine Kapitalzinsen (sogenannte „Bürgerliche Kalkulation").

*01	Bezogen auf das maximale Startgewicht
*02	Bezogen auf das maximale Startgewicht
*03	In Meereshöhe (MSL)
*04	65 % Leistung in typischer Reiseflughöhe
*05	Volle Klappen in Landekonfiguration
*06	Wie Wert *04, mit maximaler Tankfüllung
*07	Abschreibung, Zinsen, Sonstige Fixkosten
*08	Treibstoff, Öl, Landegeb., Wartung, Rücklagen
*09	65 % Leistung in typischer Reiseflughöhe
*10	(Liter x 80) : (km/h x Sitze), km/h-Wert *04
*11	Bei 300 Stunden pro Jahr
*12	Bei 300 Stunden pro Jahr

Ausführliche Definitionen im alphabetischen Teil.

N2634X

Cessna Turbo 310

TECHNISCHE DATEN

Triebwerk	2 x Continental TSIO - 520
Triebwerkart	Turbocharged
Treibstoffart	Flugbenzin
Triebwerkleistung (PS)	2 x 285
Triebwerkleistung (kW)	2 x 210
Flächenanordnung	Tiefdecker
Fahrwerk	Einziehbar
Propeller	2 x Zweiblatt, verstellbar
Sitzplätze (mit Besatzung)	6
Länge (m)	9,74
Höhe (m)	3,25
Spannweite (m)	11,25
Flügelfläche (qm)	16,63
Leergewicht (kg)	1.562
Zuladung ohne Treibstoff (kg)	365
Zuladung mit Treibstoff (kg)	928
Zuladung ohne Treibstoff (%)*01	14,66
Zuladung mit Treibstoff (%)*02	37,27
Treibstoff (Liter)	782
Treibstoff (kg)	563
Maximales Startgewicht (kg)	2.490
Flächenbelastung (kg/qm)	149,73
Leistungsbelastung (kg/PS)	4,37
Leistungsbelastung (kg/kW)	5,94
Höchstgeschwindigkeit (km/h)*03	409
Reisegeschwindigkeit (km/h)*04	382
Abreissgeschwindigkeit (km/h)*05	129
Steigleistung einmotorig (m/sek)	1,98
Steigleistung zweimotorig (m/sek)	8,64
Dienstgipfelhöhe einmotorig (m)	5.245
Dienstgipfelhöhe zweimotorig (m)	8.350
Reichweite (km)*06	2.410
Startrollstrecke (m)	298
Startstrecke über 15-m-Hindernis (m)	506
Landerollstrecke (m)	248
Landestrecke über 15-m-Hindernis (m)	545

KOSTENWERTE

Anschaffungspreis (DM)	387.524
Fixe Kosten (DM/p.a.)*07	72.476
Variable Kosten (DM/h)*08	289,00
Treibstoffverbrauch (Liter/h)*09	125,4
Treibstoffverbrauchsindex*10	4,38

KOSTEN JE FLUGSTUNDE UND JAHR BEI:

050 Stunden pro Jahr (DM)	672/1.738
100 Stunden pro Jahr (DM)	481/1.013
150 Stunden pro Jahr (DM)	417/772
200 Stunden pro Jahr (DM)	385/651
250 Stunden pro Jahr (DM)	365/578
300 Stunden pro Jahr (DM)	353/530
350 Stunden pro Jahr (DM)	343/496
400 Stunden pro Jahr (DM)	337/470
450 Stunden pro Jahr (DM)	331/450
500 Stunden pro Jahr (DM)	327/434

Flugkilometer (DM/km)*11	0,92/1,39
Sitzplatzkilometer (DM/km)*12	0,15/0,23

*ERLÄUTERUNGEN

Alle Kostenwerte verstehen sich ohne Mehrwertsteuer. Bei den Flugstundenkosten enthält der 1. Wert keine Abschreibung und keine Kapitalzinsen (sogenannte „Bürgerliche Kalkulation").

*01	Bezogen auf das maximale Startgewicht
*02	Bezogen auf das maximale Startgewicht
*03	In Meereshöhe (MSL)
*04	65 % Leistung in typischer Reiseflughöhe
*05	Volle Klappen in Landekonfiguration
*06	Wie Wert *04, mit maximaler Tankfüllung
*07	Abschreibung, Zinsen, Sonstige Fixkosten
*08	Treibstoff, Öl, Landegeb., Wartung, Rücklagen
*09	65 % Leistung in typischer Reiseflughöhe
*10	(Liter x 80) : (km/h x Sitze), km/h-Wert *04
*11	Bei 300 Stunden pro Jahr
*12	Bei 300 Stunden pro Jahr

Ausführliche Definitionen im alphabetischen Teil.

310 II
fuel injection

Cessna 335

TECHNISCHE DATEN

Triebwerk	2 x Continental TSIO - 520
Triebwerkart	Turbocharged
Treibstoffart	Flugbenzin
Triebwerkleistung (PS)	2 x 300
Triebwerkleistung (kW)	2 x 221
Flächenanordnung	Tiefdecker
Fahrwerk	Einziehbar
Propeller	2 x Dreiblatt, verstellbar
Sitzplätze (mit Besatzung)	6
Länge (m)	10,46
Höhe (m)	3,84
Spannweite (m)	11,62
Flügelfläche (qm)	17,10
Leergewicht (kg)	1.687
Zuladung ohne Treibstoff (kg)	461
Zuladung mit Treibstoff (kg)	1.024
Zuladung ohne Treibstoff (%)*01	17,00
Zuladung mit Treibstoff (%)*02	37,77
Treibstoff (Liter)	782
Treibstoff (kg)	563
Maximales Startgewicht (kg)	2.711
Flächenbelastung (kg/qm)	158,54
Leistungsbelastung (kg/PS)	4,52
Leistungsbelastung (kg/kW)	6,14
Höchstgeschwindigkeit (km/h)*03	390
Reisegeschwindigkeit (km/h)*04	370
Abreissgeschwindigkeit (km/h)*05	131
Steigleistung einmotorig (m/sek)	1,02
Steigleistung zweimotorig (m/sek)	7,11
Dienstgipfelhöhe einmotorig (m)	3.580
Dienstgipfelhöhe zweimotorig (m)	8.168
Reichweite (km)*06	2.158
Startrollstrecke (m)	424
Startstrecke über 15-m-Hindernis (m)	720
Landerollstrecke (m)	256
Landestrecke über 15-m-Hindernis (m)	564

KOSTENWERTE

Anschaffungspreis (DM)	480.701
Fixe Kosten (DM/p.a.)*07	88.966
Variable Kosten (DM/h)*08	320,00
Treibstoffverbrauch (Liter/h)*09	132,0
Treibstoffverbrauchsindex*10	4,76

KOSTEN JE FLUGSTUNDE UND JAHR BEI:

050 Stunden pro Jahr (DM)	777/2.099
100 Stunden pro Jahr (DM)	549/1.210
150 Stunden pro Jahr (DM)	472/913
200 Stunden pro Jahr (DM)	434/765
250 Stunden pro Jahr (DM)	411/676
300 Stunden pro Jahr (DM)	396/616
350 Stunden pro Jahr (DM)	385/574
400 Stunden pro Jahr (DM)	377/542
450 Stunden pro Jahr (DM)	371/518
500 Stunden pro Jahr (DM)	366/498

Flugkilometer (DM/km)*11	1,07/1,76
Sitzplatzkilometer (DM/km)*12	0,18/0,28

*ERLÄUTERUNGEN

Alle Kostenwerte verstehen sich ohne Mehrwertsteuer. Bei den Flugstundenkosten enthält der 1. Wert keine Abschreibung und keine Kapitalzinsen (sogenannte „Bürgerliche Kalkulation").

*01	Bezogen auf das maximale Startgewicht
*02	Bezogen auf das maximale Startgewicht
*03	In Meereshöhe (MSL)
*04	65 % Leistung in typischer Reiseflughöhe
*05	Volle Klappen in Landekonfiguration
*06	Wie Wert *04, mit maximaler Tankfüllung
*07	Abschreibung, Zinsen, Sonstige Fixkosten
*08	Treibstoff, Öl, Landegeb., Wartung, Rücklagen
*09	65 % Leistung in typischer Reiseflughöhe
*10	(Liter x 80) : (km/h x Sitze), km/h-Wert *04
*11	Bei 300 Stunden pro Jahr
*12	Bei 300 Stunden pro Jahr

Ausführliche Definitionen im alphabetischen Teil.

N888G

Cessna 340

TECHNISCHE DATEN

Triebwerk	2 x Continental TSIO - 520
Triebwerkart	Turbocharged
Treibstoffart	Flugbenzin
Triebwerkleistung (PS)	2 x 310
Triebwerkleistung (kW)	2 x 228
Flächenanordnung	Tiefdecker
Fahrwerk	Einziehbar
Propeller	2 x Dreiblatt, verstellbar
Sitzplätze (mit Besatzung)	6
Länge (m)	10,46
Höhe (m)	3,84
Spannweite (m)	11,62
Flügelfläche (qm)	17,10
Leergewicht (kg)	1.759
Zuladung ohne Treibstoff (kg)	389
Zuladung mit Treibstoff (kg)	952
Zuladung ohne Treibstoff (%)*01	14,35
Zuladung mit Treibstoff (%)*02	35,12
Treibstoff (Liter)	782
Treibstoff (kg)	563
Maximales Startgewicht (kg)	2.711
Flächenbelastung (kg/qm)	158,54
Leistungsbelastung (kg/PS)	4,37
Leistungsbelastung (kg/kW)	5,94
Höchstgeschwindigkeit (km/h)*03	424
Reisegeschwindigkeit (km/h)*04	394
Abreissgeschwindigkeit (km/h)*05	131
Steigleistung einmotorig (m/sek)	1,60
Steigleistung zweimotorig (m/sek)	8,38
Dienstgipfelhöhe einmotorig (m)	3.690
Dienstgipfelhöhe zweimotorig (m)	8.075
Reichweite (km)*06	2.214
Startrollstrecke (m)	390
Startstrecke über 15-m-Hindernis (m)	663
Landerollstrecke (m)	256
Landestrecke über 15-m-Hindernis (m)	564

KOSTENWERTE

Anschaffungspreis (DM)	529.841
Fixe Kosten (DM/p.a.)*07	97.443
Variable Kosten (DM/h)*08	335,00
Treibstoffverbrauch (Liter/h)*09	136,4
Treibstoffverbrauchsindex*10	4,62

KOSTEN JE FLUGSTUNDE UND JAHR BEI:

050 Stunden pro Jahr (DM)	827/2.284
100 Stunden pro Jahr (DM)	581/1.309
150 Stunden pro Jahr (DM)	499/984
200 Stunden pro Jahr (DM)	458/822
250 Stunden pro Jahr (DM)	433/725
300 Stunden pro Jahr (DM)	417/660
350 Stunden pro Jahr (DM)	405/613
400 Stunden pro Jahr (DM)	396/578
450 Stunden pro Jahr (DM)	389/551
500 Stunden pro Jahr (DM)	384/530

Flugkilometer (DM/km)*11	1,06/1,67
Sitzplatzkilometer (DM/km)*12	0,18/0,28

*ERLÄUTERUNGEN

Alle Kostenwerte verstehen sich ohne Mehrwertsteuer. Bei den Flugstundenkosten enthält der 1. Wert keine Abschreibung und keine Kapitalzinsen (sogenannte „Bürgerliche Kalkulation").

*01	Bezogen auf das maximale Startgewicht
*02	Bezogen auf das maximale Startgewicht
*03	In Meereshöhe (MSL)
*04	65 % Leistung in typischer Reiseflughöhe
*05	Volle Klappen in Landekonfiguration
*06	Wie Wert *04, mit maximaler Tankfüllung
*07	Abschreibung, Zinsen, Sonstige Fixkosten
*08	Treibstoff, Öl, Landegeb., Wartung, Rücklagen
*09	65 % Leistung in typischer Reiseflughöhe
*10	(Liter x 80) : (km/h x Sitze), km/h-Wert *04
*11	Bei 300 Stunden pro Jahr
*12	Bei 300 Stunden pro Jahr

Ausführliche Definitionen im alphabetischen Teil.

N8516G

TECHNISCHE DATEN

Triebwerk	2 x Continental TSIO - 520
Triebwerkart	Turbocharged
Treibstoffart	Flugbenzin
Triebwerkleistung (PS)	2 x 310
Triebwerkleistung (kW)	2 x 228
Flächenanordnung	Tiefdecker
Fahrwerk	Einziehbar
Propeller	2 x Dreiblatt, verstellbar
Sitzplätze (mit Besatzung)	8
Länge (m)	11,09
Höhe (m)	3,49
Spannweite (m)	13,44
Flügelfläche (qm)	20,98
Leergewicht (kg)	1.960
Zuladung ohne Treibstoff (kg)	533
Zuladung mit Treibstoff (kg)	1.093
Zuladung ohne Treibstoff (%)*01	17,45
Zuladung mit Treibstoff (%)*02	35,80
Treibstoff (Liter)	778
Treibstoff (kg)	560
Maximales Startgewicht (kg)	3.053
Flächenbelastung (kg/qm)	145,52
Leistungsbelastung (kg/PS)	4,92
Leistungsbelastung (kg/kW)	6,69
Höchstgeschwindigkeit (km/h)*03	415
Reisegeschwindigkeit (km/h)*04	385
Abreissgeschwindigkeit (km/h)*05	133
Steigleistung einmotorig (m/sek)	1,47
Steigleistung zweimotorig (m/sek)	8,03
Dienstgipfelhöhe einmotorig (m)	4.010
Dienstgipfelhöhe zweimotorig (m)	9.387
Reichweite (km)*06	2.151
Startrollstrecke (m)	465
Startstrecke über 15-m-Hindernis (m)	790
Landerollstrecke (m)	331
Landestrecke über 15-m-Hindernis (m)	729

KOSTENWERTE

Anschaffungspreis (DM)	665.013
Fixe Kosten (DM/p.a.)*07	121.409
Variable Kosten (DM/h)*08	373,00
Treibstoffverbrauch (Liter/h)*09	136,4
Treibstoffverbrauchsindex*10	3,54

KOSTEN JE FLUGSTUNDE UND JAHR BEI:

050 Stunden pro Jahr (DM)	972/2.801
100 Stunden pro Jahr (DM)	672/1.587
150 Stunden pro Jahr (DM)	572/1.182
200 Stunden pro Jahr (DM)	522/980
250 Stunden pro Jahr (DM)	492/858
300 Stunden pro Jahr (DM)	472/777
350 Stunden pro Jahr (DM)	458/719
400 Stunden pro Jahr (DM)	447/676
450 Stunden pro Jahr (DM)	439/642
500 Stunden pro Jahr (DM)	432/615

Flugkilometer (DM/km)*11	1,23/2,02
Sitzplatzkilometer (DM/km)*12	0,15/0,25

*ERLÄUTERUNGEN

Alle Kostenwerte verstehen sich ohne Mehrwertsteuer. Bei den Flugstundenkosten enthält der 1. Wert keine Abschreibung und keine Kapitalzinsen (sogenannte „Bürgerliche Kalkulation").

*01	Bezogen auf das maximale Startgewicht
*02	Bezogen auf das maximale Startgewicht
*03	In Meereshöhe (MSL)
*04	65 % Leistung in typischer Reiseflughöhe
*05	Volle Klappen in Landekonfiguration
*06	Wie Wert *04, mit maximaler Tankfüllung
*07	Abschreibung, Zinsen, Sonstige Fixkosten
*08	Treibstoff, Öl, Landegeb., Wartung, Rücklagen
*09	65 % Leistung in typischer Reiseflughöhe
*10	(Liter x 80) : (km/h x Sitze), km/h-Wert *04
*11	Bei 300 Stunden pro Jahr
*12	Bei 300 Stunden pro Jahr

Ausführliche Definitionen im alphabetischen Teil.

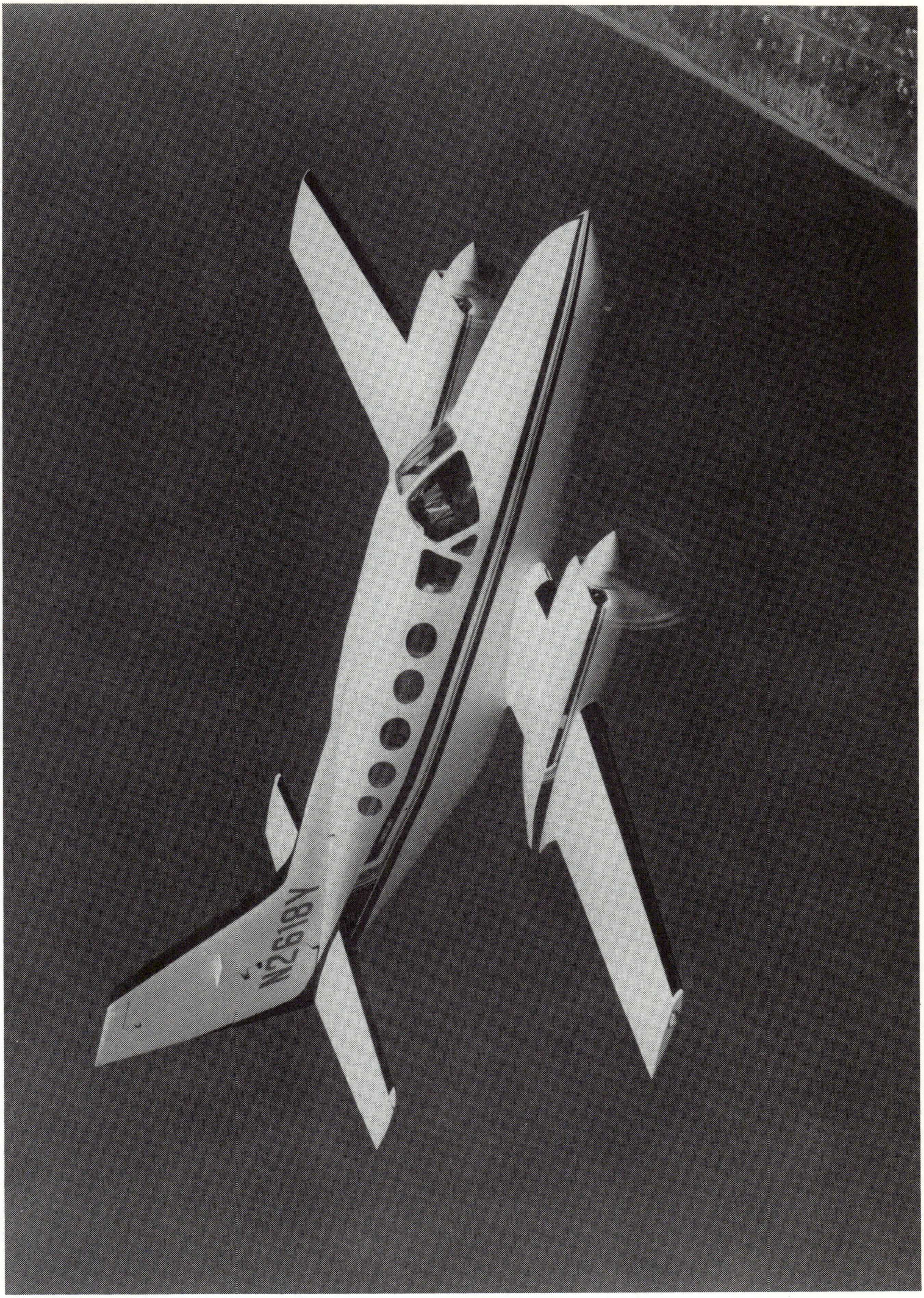
N2618Y

Cessna 402 C

TECHNISCHE DATEN

Triebwerk	2 x Continental TSIO - 520
Triebwerkart	Turbocharged
Treibstoffart	Flugbenzin
Triebwerkleistung (PS)	2 x 325
Triebwerkleistung (kW)	2 x 239
Flächenanordnung	Tiefdecker
Fahrwerk	Einziehbar
Propeller	2 x Dreiblatt, verstellbar
Sitzplätze (mit Besatzung)	10
Länge (m)	11,09
Höhe (m)	3,49
Spannweite (m)	13,45
Flügelfläche (qm)	20,98
Leergewicht (kg)	1.833
Zuladung ohne Treibstoff (kg)	705
Zuladung mit Treibstoff (kg)	1.265
Zuladung ohne Treibstoff (%)*01	22,75
Zuladung mit Treibstoff (%)*02	40,83
Treibstoff (Liter)	778
Treibstoff (kg)	560
Maximales Startgewicht (kg)	3.098
Flächenbelastung (kg/qm)	147,66
Leistungsbelastung (kg/PS)	4,77
Leistungsbelastung (kg/kW)	6,48
Höchstgeschwindigkeit (km/h)*03	388
Reisegeschwindigkeit (km/h)*04	372
Abreissgeschwindigkeit (km/h)*05	125
Steigleistung einmotorig (m/sek)	1,53
Steigleistung zweimotorig (m/sek)	7,37
Dienstgipfelhöhe einmotorig (m)	3.450
Dienstgipfelhöhe zweimotorig (m)	7.980
Reichweite (km)*06	1.970
Startrollstrecke (m)	394
Startstrecke über 15-m-Hindernis (m)	670
Landerollstrecke (m)	345
Landestrecke über 15-m-Hindernis (m)	760

KOSTENWERTE

Anschaffungspreis (DM)	531.731
Fixe Kosten (DM/p.a.)*07	98.502
Variable Kosten (DM/h)*08	352,00
Treibstoffverbrauch (Liter/h)*09	143,00
Treibstoffverbrauchsindex*10	3,08

KOSTEN JE FLUGSTUNDE UND JAHR BEI:

050 Stunden pro Jahr (DM)	859/2.322
100 Stunden pro Jahr (DM)	605/1.337
150 Stunden pro Jahr (DM)	521/1.008
200 Stunden pro Jahr (DM)	478/844
250 Stunden pro Jahr (DM)	453/746
300 Stunden pro Jahr (DM)	436/680
350 Stunden pro Jahr (DM)	424/633
400 Stunden pro Jahr (DM)	415/598
450 Stunden pro Jahr (DM)	408/570
500 Stunden pro Jahr (DM)	402/549

Flugkilometer (DM/km)*11	1,17/1,83
Sitzplatzkilometer (DM/km)*12	0,12/0,18

*ERLÄUTERUNGEN

Alle Kostenwerte verstehen sich ohne Mehrwertsteuer. Bei den Flugstundenkosten enthält der 1. Wert keine Abschreibung und keine Kapitalzinsen (sogenannte „Bürgerliche Kalkulation").

*01	Bezogen auf das maximale Startgewicht
*02	Bezogen auf das maximale Startgewicht
*03	In Meereshöhe (MSL)
*04	65 % Leistung in typischer Reiseflughöhe
*05	Volle Klappen in Landekonfiguration
*06	Wie Wert *04, mit maximaler Tankfüllung
*07	Abschreibung, Zinsen, Sonstige Fixkosten
*08	Treibstoff, Öl, Landegeb., Wartung, Rücklagen
*09	65 % Leistung in typischer Reiseflughöhe
*10	(Liter x 80) : (km/h x Sitze), km/h-Wert *04
*11	Bei 300 Stunden pro Jahr
*12	Bei 300 Stunden pro Jahr

Ausführliche Definitionen im alphabetischen Teil.

N2613Y

CESSNA CHANCELLOR

ZUKUNFTSPROJEKT FÜR DIE 80'er JAHRE: CESSNA CORSAIR

Cessna 421 Golden Eagle

TECHNISCHE DATEN

Triebwerk	2 x Continental TSIO - 520
Triebwerkart	Turbocharged
Treibstoffart	Flugbenzin
Triebwerkleistung (PS)	2 x 375
Triebwerkleistung (kW)	2 x 276
Flächenanordnung	Tiefdecker
Fahrwerk	Einziehbar
Propeller	2 x Dreiblatt, verstellbar
Sitzplätze (mit Besatzung)	8
Länge (m)	11,09
Höhe (m)	3,94
Spannweite (m)	12,53
Flügelfläche (qm)	19,97
Leergewicht (kg)	2.080
Zuladung ohne Treibstoff (kg)	582
Zuladung mit Treibstoff (kg)	1.295
Zuladung ohne Treibstoff (%)*01	17,25
Zuladung mit Treibstoff (%)*02	38,37
Treibstoff (Liter)	990
Treibstoff (kg)	713
Maximales Startgewicht (kg)	3.375
Flächenbelastung (kg/qm)	169,00
Leistungsbelastung (kg/PS)	4,50
Leistungsbelastung (kg/kW)	6,11
Höchstgeschwindigkeit (km/h)*03	446
Reisegeschwindigkeit (km/h)*04	420
Abreissgeschwindigkeit (km/h)*05	137
Steigleistung einmotorig (m/sek)	1,78
Steigleistung zweimotorig (m/sek)	9,86
Dienstgipfelhöhe einmotorig (m)	3.960
Dienstgipfelhöhe zweimotorig (m)	9.480
Reichweite (km)*06	2.485
Startrollstrecke (m)	416
Startstrecke über 15-m-Hindernis (m)	708
Landerollstrecke (m)	318
Landestrecke über 15-m-Hindernis (m)	700

KOSTENWERTE

Anschaffungspreis (DM)	791.013
Fixe Kosten (DM/p.a.)*07	143.739
Variable Kosten (DM/h)*08	438,00
Treibstoffverbrauch (Liter/h)*09	165,0
Treibstoffverbrauchsindex*10	3,93

KOSTEN JE FLUGSTUNDE UND JAHR BEI:

050 Stunden pro Jahr (DM)	1.137/3.313
100 Stunden pro Jahr (DM)	788/1.875
150 Stunden pro Jahr (DM)	671/1.396
200 Stunden pro Jahr (DM)	613/1.156
250 Stunden pro Jahr (DM)	578/1.013
300 Stunden pro Jahr (DM)	554/917
350 Stunden pro Jahr (DM)	538/848
400 Stunden pro Jahr (DM)	525/797
450 Stunden pro Jahr (DM)	515/757
500 Stunden pro Jahr (DM)	508/725
Flugkilometer (DM/km)*11	1,32/2,18
Sitzplatzkilometer (DM/km)*12	0,16/0,27

*ERLÄUTERUNGEN

Alle Kostenwerte verstehen sich ohne Mehrwertsteuer. Bei den Flugstundenkosten enthält der 1. Wert keine Abschreibung und keine Kapitalzinsen (sogenannte „Bürgerliche Kalkulation").

*01	Bezogen auf das maximale Startgewicht
*02	Bezogen auf das maximale Startgewicht
*03	In Meereshöhe (MSL)
*04	65 % Leistung in typischer Reiseflughöhe
*05	Volle Klappen in Landekonfiguration
*06	Wie Wert *04, mit maximaler Tankfüllung
*07	Abschreibung, Zinsen, Sonstige Fixkosten
*08	Treibstoff, Öl, Landegeb., Wartung, Rücklagen
*09	65 % Leistung in typischer Reiseflughöhe
*10	(Liter x 80) : (km/h x Sitze), km/h-Wert *04
*11	Bei 300 Stunden pro Jahr
*12	Bei 300 Stunden pro Jahr

Ausführliche Definitionen im alphabetischen Teil.

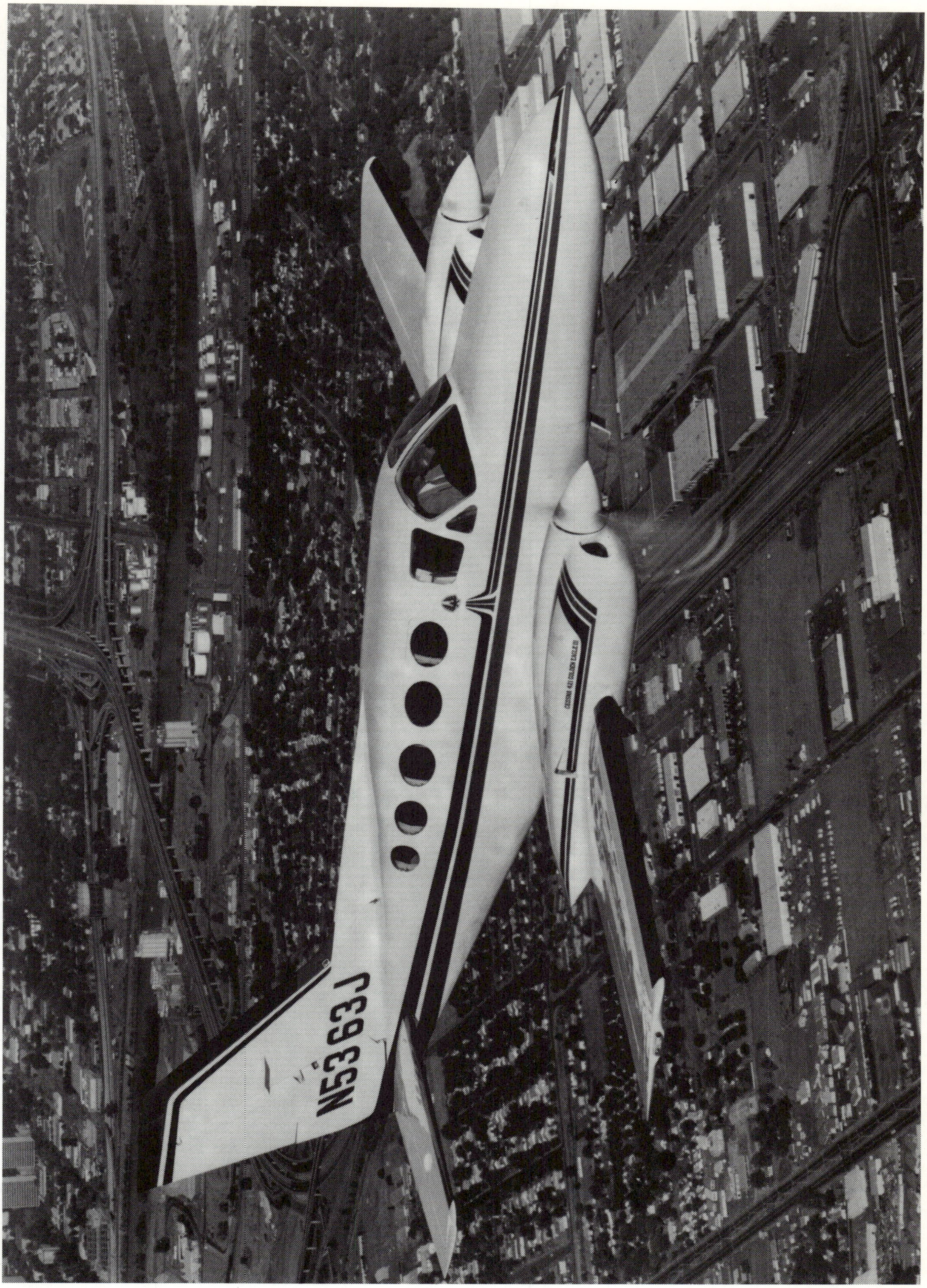
N5363J

Cessna Titan

TECHNISCHE DATEN

Triebwerk	2 x Continental GTSI0 - 520
Triebwerkart	Turbocharged
Treibstoffart	Flugbenzin
Triebwerkleistung (PS)	2 x 375
Triebwerkleistung (kW)	2 x 276
Flächenanordnung	Tiefdecker
Fahrwerk	Einziehbar
Propeller	2 x Dreiblatt, verstellbar
Sitzplätze (mit Besatzung)	11
Länge (m)	12,05
Höhe (m)	4,04
Spannweite (m)	14,12
Flügelfläche (qm)	22,48
Leergewicht (kg)	2.179
Zuladung ohne Treibstoff (kg)	687
Zuladung mit Treibstoff (kg)	1.623
Zuladung ohne Treibstoff (%)*01	18,07
Zuladung mit Treibstoff (%)*02	42,69
Treibstoff (Liter)	1.300
Treibstoff (kg)	936
Maximales Startgewicht (kg)	3.802
Flächenbelastung (kg/qm)	169,13
Leistungsbelastung (kg/PS)	5,07
Leistungsbelastung (kg/kW)	6,89
Höchstgeschwindigkeit (km/h)*03	402
Reisegeschwindigkeit (km/h)*04	370
Abreissgeschwindigkeit (km/h)*05	130
Steigleistung einmotorig (m/sek)	1,17
Steigleistung zweimotorig (m/sek)	8,00
Dienstgipfelhöhe einmotorig (m)	3.730
Dienstgipfelhöhe zweimotorig (m)	7.924
Reichweite (km)*06	2.962
Startrollstrecke (m)	424
Startstrecke über 15-m-Hindernis (m)	721
Landerollstrecke (m)	295
Landestrecke über 15-m-Hindernis (m)	649

KOSTENWERTE

Anschaffungspreis (DM)	824.145
Fixe Kosten (DM/p.a.)*07	150.264
Variable Kosten (DM/h)*08	442,00
Treibstoffverbrauch (Liter/h)*09	165,0
Treibstoffverbrauchsindex*10	3,57

KOSTEN JE FLUGSTUNDE UND JAHR BEI:

050 Stunden pro Jahr (DM)	1.181/3.448
100 Stunden pro Jahr (DM)	812/1.945
150 Stunden pro Jahr (DM)	689/1.444
200 Stunden pro Jahr (DM)	627/1.194
250 Stunden pro Jahr (DM)	590/1.043
300 Stunden pro Jahr (DM)	566/943
350 Stunden pro Jahr (DM)	548/872
400 Stunden pro Jahr (DM)	535/818
450 Stunden pro Jahr (DM)	525/776
500 Stunden pro Jahr (DM)	516/743

Flugkilometer (DM/km)*11	1,53/2,55
Sitzplatzkilometer (DM/km)*12	0,15/0,25

*ERLÄUTERUNGEN

Alle Kostenwerte verstehen sich ohne Mehrwertsteuer. Bei den Flugstundenkosten enthält der 1. Wert keine Abschreibung und keine Kapitalzinsen (sogenannte „Bürgerliche Kalkulation").

*01	Bezogen auf das maximale Startgewicht
*02	Bezogen auf das maximale Startgewicht
*03	In Meereshöhe (MSL)
*04	65 % Leistung in typischer Reiseflughöhe
*05	Volle Klappen in Landekonfiguration
*06	Wie Wert *04, mit maximaler Tankfüllung
*07	Abschreibung, Zinsen, Sonstige Fixkosten
*08	Treibstoff, Öl, Landegeb., Wartung, Rücklagen
*09	65 % Leistung in typischer Reiseflughöhe
*10	(Liter x 80) : (km/h x Sitze), km/h-Wert *04
*11	Bei 300 Stunden pro Jahr
*12	Bei 300 Stunden pro Jahr

Ausführliche Definitionen im alphabetischen Teil.

Cessna Conquest

TECHNISCHE DATEN

Triebwerk	2 x Garrett TPE 331
Triebwerkart	Propellerturbinen
Treibstoffart	Kerosin
Triebwerkleistung (PS)	2 x 625
Triebwerkleistung (kW)	2 x 460
Flächenanordnung	Tiefdecker
Fahrwerk	Einziehbar
Propeller	2 x Dreiblatt, verstellbar, Reverse
Sitzplätze (mit Besatzung)	11
Länge (m)	11,91
Höhe (m)	4,00
Spannweite (m)	15,06
Flügelfläche (qm)	23,56
Leergewicht (kg)	2.559
Zuladung ohne Treibstoff (kg)	471
Zuladung mit Treibstoff (kg)	1.907
Zuladung ohne Treibstoff (%)*01	10,55
Zuladung mit Treibstoff (%)*02	42,70
Treibstoff (Liter)	1.795
Treibstoff (kg)	1.436
Maximales Startgewicht (kg)	4.466
Flächenbelastung (kg/qm)	189,56
Leistungsbelastung (kg/PS)	3,57
Leistungsbelastung (kg/kW)	4,85
Höchstgeschwindigkeit (km/h)*03	546
Reisegeschwindigkeit (km/h)*04	498
Abreissgeschwindigkeit (km/h)*05	141
Steigleistung einmotorig (m/sek)	3,63
Steigleistung zweimotorig (m/sek)	12,37
Dienstgipfelhöhe einmotorig (m)	3.960
Dienstgipfelhöhe zweimotorig (m)	11.277
Reichweite (km)*06	3.524
Startrollstrecke (m)	422
Startstrecke über 15-m-Hindernis (m)	751
Landerollstrecke (m)	260
Landestrecke über 15-m-Hindernis (m)	571

KOSTENWERTE

Anschaffungspreis (DM)	2.121.945
Fixe Kosten (DM/p.a.)*07	375.371
Variable Kosten (DM/h)*08	714,00
Treibstoffverbrauch (Liter/h)*09	279,4
Treibstoffverbrauchsindex*10	4,08

KOSTEN JE FLUGSTUNDE UND JAHR BEI:

050 Stunden pro Jahr (DM)	2.386/8.222
100 Stunden pro Jahr (DM)	1.550/4.468
150 Stunden pro Jahr (DM)	1.271/3.217
200 Stunden pro Jahr (DM)	1.132/2.591
250 Stunden pro Jahr (DM)	1.049/2.216
300 Stunden pro Jahr (DM)	993/1.965
350 Stunden pro Jahr (DM)	953/1.787
400 Stunden pro Jahr (DM)	923/1.653
450 Stunden pro Jahr (DM)	900/1.548
500 Stunden pro Jahr (DM)	881/1.465

Flugkilometer (DM/km)*11	1,99/3,95
Sitzplatzkilometer (DM/km)*12	0,18/0,36

*ERLÄUTERUNGEN

Alle Kostenwerte verstehen sich ohne Mehrwertsteuer. Bei den Flugstundenkosten enthält der 1. Wert keine Abschreibung und keine Kapitalzinsen (sogenannte „Bürgerliche Kalkulation").

*01	Bezogen auf das maximale Startgewicht
*02	Bezogen auf das maximale Startgewicht
*03	In Meereshöhe (MSL)
*04	65 % Leistung in typischer Reiseflughöhe
*05	Volle Klappen in Landekonfiguration
*06	Wie Wert *04, mit maximaler Tankfüllung
*07	Abschreibung, Zinsen, Sonstige Fixkosten
*08	Treibstoff, Öl, Landegeb., Wartung, Rücklagen
*09	65 % Leistung in typischer Reiseflughöhe
*10	(Liter x 80) : (km/h x Sitze), km/h-Wert *04
*11	Bei 300 Stunden pro Jahr
*12	Bei 300 Stunden pro Jahr

Ausführliche Definitionen im alphabetischen Teil.

De Havilland

DHC – 6 Twin Otter

TECHNISCHE DATEN

Triebwerk	2 x Pratt & Whitney PT 6A 27
Triebwerkart	Propellerturbinen
Treibstoffart	Kerosin
Triebwerkleistung (PS)	2 x 620
Triebwerkleistung (kW)	2 x 456
Flächenanordnung	Hochdecker
Fahrwerk	Fest
Propeller	2 x Dreiblatt, verstellbar, Reverse
Sitzplätze (mit Besatzung)	22
Länge (m)	15,77
Höhe (m)	5,94
Spannweite (m)	19,81
Flügelfläche (qm)	39,02
Leergewicht (kg)	3.336
Zuladung ohne Treibstoff (kg)	862
Zuladung mit Treibstoff (kg)	2.289
Zuladung ohne Treibstoff (%)*01	15,32
Zuladung mit Treibstoff (%)*02	40,69
Treibstoff (Liter)	1.784
Treibstoff (kg)	1.427
Maximales Startgewicht (kg)	5.625
Flächenbelastung (kg/qm)	144,16
Leistungsbelastung (kg/PS)	4,54
Leistungsbelastung (kg/kW)	6,16
Höchstgeschwindigkeit (km/h)*03	300
Reisegeschwindigkeit (km/h)*04	277
Abreissgeschwindigkeit (km/h)*05	107
Steigleistung einmotorig (m/sek)	1,73
Steigleistung zweimotorig (m/sek)	8,13
Dienstgipfelhöhe einmotorig (m)	3.530
Dienstgipfelhöhe zweimotorig (m)	8.140
Reichweite (km)*06	1.805
Startrollstrecke (m)	269
Startstrecke über 15-m-Hindernis (m)	457
Landerollstrecke (m)	269
Landestrecke über 15-m-Hindernis (m)	591

KOSTENWERTE

Anschaffungspreis (DM)	2.073.750
Fixe Kosten (DM/p.a.)*07	369.317
Variable Kosten (DM/h)*08	705,00
Treibstoffverbrauch (Liter/h)*09	272,8
Treibstoffverbrauchsindex*10	4,15

KOSTEN JE FLUGSTUNDE UND JAHR BEI:

050 Stunden pro Jahr (DM)	2.388/8.091
100 Stunden pro Jahr (DM)	1.547/4.398
150 Stunden pro Jahr (DM)	1.266/3.167
200 Stunden pro Jahr (DM)	1.126/2.552
250 Stunden pro Jahr (DM)	1.042/2.182
300 Stunden pro Jahr (DM)	986/1.936
350 Stunden pro Jahr (DM)	945/1.760
400 Stunden pro Jahr (DM)	915/1.628
450 Stunden pro Jahr (DM)	892/1.526
500 Stunden pro Jahr (DM)	873/1.444

Flugkilometer (DM/km)*11	3,56/6,99
Sitzplatzkilometer (DM/km)*12	0,19/0,37

*ERLÄUTERUNGEN

Alle Kostenwerte verstehen sich ohne Mehrwertsteuer. Bei den Flugstundenkosten enthält der 1. Wert keine Abschreibung und keine Kapitalzinsen (sogenannte „Bürgerliche Kalkulation“).

*01	Bezogen auf das maximale Startgewicht
*02	Bezogen auf das maximale Startgewicht
*03	In Meereshöhe (MSL)
*04	65 % Leistung in typischer Reiseflughöhe
*05	Volle Klappen in Landekonfiguration
*06	Wie Wert *04, mit maximaler Tankfüllung
*07	Abschreibung, Zinsen, Sonstige Fixkosten
*08	Treibstoff, Öl, Landegeb., Wartung, Rücklagen
*09	65 % Leistung in typischer Reiseflughöhe
*10	(Liter x 80) : (km/h x Sitze), km/h-Wert *04
*11	Bei 300 Stunden pro Jahr
*12	Bei 300 Stunden pro Jahr

Ausführliche Definitionen im alphabetischen Teil.

DE HAVILLAND CANADA TWIN OTTER

TECHNISCHE DATEN

Triebwerk	2 x Lycoming IGSO - 540
Triebwerkart	Einspritzer
Treibstoffart	Flugbenzin
Triebwerkleistung (PS)	2 x 380
Triebwerkleistung (kW)	2 x 280
Flächenanordnung	Hochdecker
Fahrwerk	Fest
Propeller	2 x Dreiblatt, verstellbar
Sitzplätze (mit Besatzung)	10
Länge (m)	11,41
Höhe (m)	3,90
Spannweite (m)	15,55
Flügelfläche (qm)	29,00
Leergewicht (kg)	2.298
Zuladung ohne Treibstoff (kg)	901
Zuladung mit Treibstoff (kg)	1.544
Zuladung ohne Treibstoff (%)*01	23,45
Zuladung mit Treibstoff (%)*02	40,19
Treibstoff (Liter)	893
Treibstoff (kg)	643
Maximales Startgewicht (kg)	3.842
Flächenbelastung (kg/qm)	132,48
Leistungsbelastung (kg/PS)	5,06
Leistungsbelastung (kg/kW)	6,87
Höchstgeschwindigkeit (km/h)*03	325
Reisegeschwindigkeit (km/h)*04	273
Abreissgeschwindigkeit (km/h)*05	104
Steigleistung einmotorig (m/sek)	1,05
Steigleistung zweimotorig (m/sek)	5,33
Dienstgipfelhöhe einmotorig (m)	2.620
Dienstgipfelhöhe zweimotorig (m)	7.680
Reichweite (km)*06	1.415
Startrollstrecke (m)	280
Startstrecke über 15-m-Hindernis (m)	476
Landerollstrecke (m)	228
Landestrecke über 15-m-Hindernis (m)	502

KOSTENWERTE

Anschaffungspreis (DM)	1.407.000
Fixe Kosten (DM/p.a.)*07	251.192
Variable Kosten (DM/h)*08	569,00
Treibstoffverbrauch (Liter/h)*09	167,2
Treibstoffverbrauchsindex*10	4,08

KOSTEN JE FLUGSTUNDE UND JAHR BEI:

050 Stunden pro Jahr (DM)	1.723/5.593
100 Stunden pro Jahr (DM)	1.146/3.081
150 Stunden pro Jahr (DM)	954/2.243
200 Stunden pro Jahr (DM)	858/1.825
250 Stunden pro Jahr (DM)	800/1.574
300 Stunden pro Jahr (DM)	761/1.406
350 Stunden pro Jahr (DM)	734/1.287
400 Stunden pro Jahr (DM)	713/1.197
450 Stunden pro Jahr (DM)	697/1.127
500 Stunden pro Jahr (DM)	684/1.071
Flugkilometer (DM/km)*11	2,79/5,15
Sitzplatzkilometer (DM/km)*12	0,23/0,43

*ERLÄUTERUNGEN

Alle Kostenwerte verstehen sich ohne Mehrwertsteuer. Bei den Flugstundenkosten enthält der 1. Wert keine Abschreibung und keine Kapitalzinsen (sogenannte „Bürgerliche Kalkulation").

*01	Bezogen auf das maximale Startgewicht
*02	Bezogen auf das maximale Startgewicht
*03	In Meereshöhe (MSL)
*04	65 % Leistung in typischer Reiseflughöhe
*05	Volle Klappen in Landekonfiguration
*06	Wie Wert *04, mit maximaler Tankfüllung
*07	Abschreibung, Zinsen, Sonstige Fixkosten
*08	Treibstoff, Öl, Landegeb., Wartung, Rücklagen
*09	65 % Leistung in typischer Reiseflughöhe
*10	(Liter x 80) : (km/h x Sitze), km/h-Wert *04
*11	Bei 300 Stunden pro Jahr
*12	Bei 300 Stunden pro Jahr

Ausführliche Definitionen im alphabetischen Teil.

D-IBUN

FFA AS 202/15 Bravo

TECHNISCHE DATEN

Triebwerk	Lycoming 0 - 320
Triebwerkart	Vergasermotor
Treibstoffart	Flugbenzin
Triebwerkleistung (PS)	150
Triebwerkleistung (kW)	110
Flächenanordnung	Tiefdecker
Fahrwerk	Fest
Propeller	Zweiblatt, starr
Sitzplätze (mit Besatzung)	3
Länge (m)	7,50
Höhe (m)	2,81
Spannweite (m)	9,75
Flügelfläche (qm)	13,86
Leergewicht (kg)	630
Zuladung ohne Treibstoff (kg)	268
Zuladung mit Treibstoff (kg)	368
Zuladung ohne Treibstoff (%)*01	26,85
Zuladung mit Treibstoff (%)*02	36,84
Treibstoff (Liter)	140
Treibstoff (kg)	100
Maximales Startgewicht (kg)	999
Flächenbelastung (kg/qm)	72,08
Leistungsbelastung (kg/PS)	6,66
Leistungsbelastung (kg/kW)	9,05
Höchstgeschwindigkeit (km/h)*03	211
Reisegeschwindigkeit (km/h)*04	205
Abreissgeschwindigkeit (km/h)*05	89
Steigleistung einmotorig (m/sek)	3,05
Steigleistung zweimotorig (m/sek)	
Dienstgipfelhöhe einmotorig (m)	4.267
Dienstgipfelhöhe zweimotorig (m)	
Reichweite (km)*06	813
Startrollstrecke (m)	180
Startstrecke über 15-m-Hindernis (m)	306
Landerollstrecke (m)	130
Landestrecke über 15-m-Hindernis (m)	286

KOSTENWERTE

Anschaffungspreis (DM)	166.950
Fixe Kosten (DM/p.a.)*07	31.616
Variable Kosten (DM/h)*08	98,00
Treibstoffverbrauch (Liter/h)*09	33,0
Treibstoffverbrauchsindex*10	3,22

KOSTEN JE FLUGSTUNDE UND JAHR BEI:

050 Stunden pro Jahr (DM)	271/730
100 Stunden pro Jahr (DM)	185/414
150 Stunden pro Jahr (DM)	156/309
200 Stunden pro Jahr (DM)	141/256
250 Stunden pro Jahr (DM)	133/225
300 Stunden pro Jahr (DM)	127/204
350 Stunden pro Jahr (DM)	123/188
400 Stunden pro Jahr (DM)	120/177
450 Stunden pro Jahr (DM)	117/168
500 Stunden pro Jahr (DM)	115/161

Flugkilometer (DM/km)*11	0,62/0,99
Sitzplatzkilometer (DM/km)*12	0,15/0,25

*ERLÄUTERUNGEN

Alle Kostenwerte verstehen sich ohne Mehrwertsteuer. Bei den Flugstundenkosten enthält der 1. Wert keine Abschreibung und keine Kapitalzinsen (sogenannte „Bürgerliche Kalkulation").

*01	Bezogen auf das maximale Startgewicht
*02	Bezogen auf das maximale Startgewicht
*03	In Meereshöhe (MSL)
*04	65 % Leistung in typischer Reiseflughöhe
*05	Volle Klappen in Landekonfiguration
*06	Wie Wert *04, mit maximaler Tankfüllung
*07	Abschreibung, Zinsen, Sonstige Fixkosten
*08	Treibstoff, Öl, Landegeb., Wartung, Rücklagen
*09	65 % Leistung in typischer Reiseflughöhe
*10	(Liter x 80) : (km/h x Sitze), km/h-Wert *04
*11	Bei 300 Stunden pro Jahr
*12	Bei 300 Stunden pro Jahr

Ausführliche Definitionen im alphabetischen Teil.

HB-HEY
BRAVO

FFA AS 202/18 A

TECHNISCHE DATEN

Triebwerk	Lycoming AEIO - 360
Triebwerkart	Einspritzer
Treibstoffart	Flugbenzin
Triebwerkleistung (PS)	180
Triebwerkleistung (kW)	132
Flächenanordnung	Tiefdecker
Fahrwerk	Fest
Propeller	Zweiblatt, verstellbar
Sitzplätze (mit Besatzung)	4
Länge (m)	7,50
Höhe (m)	2,81
Spannweite (m)	9,75
Flügelfläche (qm)	13,86
Leergewicht (kg)	700
Zuladung ohne Treibstoff (kg)	235
Zuladung mit Treibstoff (kg)	350
Zuladung ohne Treibstoff (%)*01	22,36
Zuladung mit Treibstoff (%)*02	33,33
Treibstoff (Liter)	160
Treibstoff (kg)	115
Maximales Startgewicht (kg)	1.050
Flächenbelastung (kg/qm)	75,76
Leistungsbelastung (kg/PS)	5,83
Leistungsbelastung (kg/kW)	7,93
Höchstgeschwindigkeit (km/h)*03	241
Reisegeschwindigkeit (km/h)*04	225
Abreissgeschwindigkeit (km/h)*05	87
Steigleistung einmotorig (m/sek)	4,75
Steigleistung zweimotorig (m/sek)	
Dienstgipfelhöhe einmotorig (m)	5.500
Dienstgipfelhöhe zweimotorig (m)	
Reichweite (km)*06	841
Startrollstrecke (m)	160
Startstrecke über 15-m-Hindernis (m)	272
Landerollstrecke (m)	135
Landestrecke über 15-m-Hindernis (m)	297

KOSTENWERTE

Anschaffungspreis (DM)	179.550
Fixe Kosten (DM/p.a.)*07	33.885
Variable Kosten (DM/h)*08	110,00
Treibstoffverbrauch (Liter/h)*09	39,6
Treibstoffverbrauchsindex*10	3,52

KOSTEN JE FLUGSTUNDE UND JAHR BEI:

050 Stunden pro Jahr (DM)	294/788
100 Stunden pro Jahr (DM)	202/449
150 Stunden pro Jahr (DM)	171/336
200 Stunden pro Jahr (DM)	156/280
250 Stunden pro Jahr (DM)	147/246
300 Stunden pro Jahr (DM)	141/223
350 Stunden pro Jahr (DM)	136/207
400 Stunden pro Jahr (DM)	133/195
450 Stunden pro Jahr (DM)	131/185
500 Stunden pro Jahr (DM)	128/178

Flugkilometer (DM/km)*11	0,63/0,99
Sitzplatzkilometer (DM/km)*12	0,16/0,25

*ERLÄUTERUNGEN

Alle Kostenwerte verstehen sich ohne Mehrwertsteuer. Bei den Flugstundenkosten enthält der 1. Wert keine Abschreibung und keine Kapitalzinsen (sogenannte „Bürgerliche Kalkulation").

*01	Bezogen auf das maximale Startgewicht
*02	Bezogen auf das maximale Startgewicht
*03	In Meereshöhe (MSL)
*04	65 % Leistung in typischer Reiseflughöhe
*05	Volle Klappen in Landekonfiguration
*06	Wie Wert *04, mit maximaler Tankfüllung
*07	Abschreibung, Zinsen, Sonstige Fixkosten
*08	Treibstoff, Öl, Landegeb., Wartung, Rücklagen
*09	65 % Leistung in typischer Reiseflughöhe
*10	(Liter x 80) : (km/h x Sitze), km/h-Wert *04
*11	Bei 300 Stunden pro Jahr
*12	Bei 300 Stunden pro Jahr

Ausführliche Definitionen im alphabetischen Teil.

FFA

AS 202/26 A

TECHNISCHE DATEN

Triebwerk	Lycoming AEI0 - 540
Triebwerkart	Einspritzer
Treibstoffart	Flugbenzin
Triebwerkleistung (PS)	260
Triebwerkleistung (kW)	191
Flächenanordnung	Tiefdecker
Fahrwerk	Fest
Propeller	Zweiblatt, verstellbar
Sitzplätze (mit Besatzung)	4
Länge (m)	7,51
Höhe (m)	2,85
Spannweite (m)	9,75
Flügelfläche (qm)	13,86
Leergewicht (kg)	793
Zuladung ohne Treibstoff (kg)	292
Zuladung mit Treibstoff (kg)	407
Zuladung ohne Treibstoff (%)*01	24,33
Zuladung mit Treibstoff (%)*02	33,92
Treibstoff (Liter)	160
Treibstoff (kg)	115
Maximales Startgewicht (kg)	1.200
Flächenbelastung (kg/qm)	86,83
Leistungsbelastung (kg/PS)	4,62
Leistungsbelastung (kg/kW)	6,28
Höchstgeschwindigkeit (km/h)*03	267
Reisegeschwindigkeit (km/h)*04	245
Abreissgeschwindigkeit (km/h)*05	98
Steigleistung einmotorig (m/sek)	6,00
Steigleistung zweimotorig (m/sek)	
Dienstgipfelhöhe einmotorig (m)	5.700
Dienstgipfelhöhe zweimotorig (m)	
Reichweite (km)*06	980
Startrollstrecke (m)	185
Startstrecke über 15-m-Hindernis (m)	340
Landerollstrecke (m)	210
Landestrecke über 15-m-Hindernis (m)	465

KOSTENWERTE

Anschaffungspreis (DM)	294.000
Fixe Kosten (DM/p.a.)*07	53.910
Variable Kosten (DM/h)*08	160,00
Treibstoffverbrauch (Liter/h)*09	57,2
Treibstoffverbrauchsindex*10	4,67

KOSTEN JE FLUGSTUNDE UND JAHR BEI:

050 Stunden pro Jahr (DM)	430/1.238
100 Stunden pro Jahr (DM)	295/699
150 Stunden pro Jahr (DM)	250/520
200 Stunden pro Jahr (DM)	228/430
250 Stunden pro Jahr (DM)	214/376
300 Stunden pro Jahr (DM)	205/340
350 Stunden pro Jahr (DM)	199/314
400 Stunden pro Jahr (DM)	194/295
450 Stunden pro Jahr (DM)	190/280
500 Stunden pro Jahr (DM)	187/268

Flugkilometer (DM/km)*11	0,84/1,39
Sitzplatzkilometer (DM/km)*12	0,21/0,35

*ERLÄUTERUNGEN

Alle Kostenwerte verstehen sich ohne Mehrwertsteuer. Bei den Flugstundenkosten enthält der 1. Wert keine Abschreibung und keine Kapitalzinsen (sogenannte „Bürgerliche Kalkulation").

*01	Bezogen auf das maximale Startgewicht
*02	Bezogen auf das maximale Startgewicht
*03	In Meereshöhe (MSL)
*04	65 % Leistung in typischer Reiseflughöhe
*05	Volle Klappen in Landekonfiguration
*06	Wie Wert *04, mit maximaler Tankfüllung
*07	Abschreibung, Zinsen, Sonstige Fixkosten
*08	Treibstoff, Öl, Landegeb., Wartung, Rücklagen
*09	65 % Leistung in typischer Reiseflughöhe
*10	(Liter x 80) : (km/h x Sitze), km/h-Wert *04
*11	Bei 300 Stunden pro Jahr
*12	Bei 300 Stunden pro Jahr

Ausführliche Definitionen im alphabetischen Teil.

HB-HEY
MKR

Mitsubishi Solitaire

TECHNISCHE DATEN

Triebwerk	2 x Garrett TPE 331
Triebwerkart	Propellerturbinen
Treibstoffart	Kerosin
Triebwerkleistung (PS)	2 x 727
Triebwerkleistung (kW)	2 x 535
Flächenanordnung	Hochdecker
Fahrwerk	Einziehbar
Propeller	2 x Vierblatt, verstellbar, Reverse
Sitzplätze (mit Besatzung)	9
Länge (m)	10,13
Höhe (m)	3,94
Spannweite (m)	11,95
Flügelfläche (qm)	16,55
Leergewicht (kg)	3.180
Zuladung ohne Treibstoff (kg)	345
Zuladung mit Treibstoff (kg)	1.570
Zuladung ohne Treibstoff (%)*01	7,27
Zuladung mit Treibstoff (%)*02	33,05
Treibstoff (Liter)	1.523
Treibstoff (kg)	1.225
Maximales Startgewicht (kg)	4.750
Flächenbelastung (kg/qm)	287,01
Leistungsbelastung (kg/PS)	3,27
Leistungsbelastung (kg/kW)	4,44
Höchstgeschwindigkeit (km/h)*03	594
Reisegeschwindigkeit (km/h)*04	559
Abreissgeschwindigkeit (km/h)*05	135
Steigleistung einmotorig (m/sek)	2,41
Steigleistung zweimotorig (m/sek)	11,94
Dienstgipfelhöhe einmotorig (m)	5.152
Dienstgipfelhöhe zweimotorig (m)	10.215
Reichweite (km)*06	2.645
Startrollstrecke (m)	324
Startstrecke über 15-m-Hindernis (m)	550
Landerollstrecke (m)	270
Landestrecke über 15-m-Hindernis (m)	595

KOSTENWERTE

Anschaffungspreis (DM)	2.069.550
Fixe Kosten (DM/p.a.)*07	366.863
Variable Kosten (DM/h)*08	714,00
Treibstoffverbrauch (Liter/h)*09	292,6
Treibstoffverbrauchsindex*10	5,98

KOSTEN JE FLUGSTUNDE UND JAHR BEI:

050 Stunden pro Jahr (DM)	2.360/8.051
100 Stunden pro Jahr (DM)	1.537/4.383
150 Stunden pro Jahr (DM)	1.263/3.160
200 Stunden pro Jahr (DM)	1.126/2.548
250 Stunden pro Jahr (DM)	1.043/2.182
300 Stunden pro Jahr (DM)	988/1.937
350 Stunden pro Jahr (DM)	949/1.762
400 Stunden pro Jahr (DM)	920/1.631
450 Stunden pro Jahr (DM)	897/1.529
500 Stunden pro Jahr (DM)	879/1.448
Flugkilometer (DM/km)*11	1,77/3,47
Sitzplatzkilometer (DM/km)*12	0,25/0,50

*ERLÄUTERUNGEN

Alle Kostenwerte verstehen sich ohne Mehrwertsteuer. Bei den Flugstundenkosten enthält der 1. Wert keine Abschreibung und keine Kapitalzinsen (sogenannte „Bürgerliche Kalkulation").

*01	Bezogen auf das maximale Startgewicht
*02	Bezogen auf das maximale Startgewicht
*03	In Meereshöhe (MSL)
*04	65 % Leistung in typischer Reiseflughöhe
*05	Volle Klappen in Landekonfiguration
*06	Wie Wert *04, mit maximaler Tankfüllung
*07	Abschreibung, Zinsen, Sonstige Fixkosten
*08	Treibstoff, Öl, Landegeb., Wartung, Rücklagen
*09	65 % Leistung in typischer Reiseflughöhe
*10	(Liter x 80) : (km/h x Sitze), km/h-Wert *04
*11	Bei 300 Stunden pro Jahr
*12	Bei 300 Stunden pro Jahr

Ausführliche Definitionen im alphabetischen Teil.

Mitsubishi Marquise

TECHNISCHE DATEN

Triebwerk	2 x Garrett TPE 331
Triebwerkart	Propellerturbinen
Treibstoffart	Kerosin
Triebwerkleistung (PS)	2 x 778
Triebwerkleistung (kW)	2 x 573
Flächenanordnung	Hochdecker
Fahrwerk	Einziehbar
Propeller	2 x Vierblatt, verstellbar, Reverse
Sitzplätze (mit Besatzung)	11
Länge (m)	12,03
Höhe (m)	4,17
Spannweite (m)	11,95
Flügelfläche (qm)	16,55
Leergewicht (kg)	3.470
Zuladung ohne Treibstoff (kg)	562
Zuladung mit Treibstoff (kg)	1.780
Zuladung ohne Treibstoff (%)*01	10,70
Zuladung mit Treibstoff (%)*02	33,90
Treibstoff (Liter)	1.523
Treibstoff (kg)	1.218
Maximales Startgewicht (kg)	5.250
Flächenbelastung (kg/qm)	317,22
Leistungsbelastung (kg/PS)	3,37
Leistungsbelastung (kg/kW)	4,58
Höchstgeschwindigkeit (km/h)*03	570
Reisegeschwindigkeit (km/h)*04	523
Abreissgeschwindigkeit (km/h)*05	140
Steigleistung einmotorig (m/sek)	2,08
Steigleistung zweimotorig (m/sek)	11,18
Dienstgipfelhöhe einmotorig (m)	4.510
Dienstgipfelhöhe zweimotorig (m)	8.963
Reichweite (km)*06	2.290
Startrollstrecke (m)	389
Startstrecke über 15-m-Hindernis (m)	662
Landerollstrecke (m)	304
Landestrecke über 15-m-Hindernis (m)	670

KOSTENWERTE

Anschaffungspreis (DM)	2.447.550
Fixe Kosten (DM/p.a.)*07	433.008
Variable Kosten (DM/h)*08	813,00
Treibstoffverbrauch (Liter/h)*09	314,6
Treibstoffverbrauchsindex*10	5,35

KOSTEN JE FLUGSTUNDE UND JAHR BEI:

050 Stunden pro Jahr (DM)	2.742/9.473
100 Stunden pro Jahr (DM)	1.778/5.143
150 Stunden pro Jahr (DM)	1.456/3.700
200 Stunden pro Jahr (DM)	1.295/2.978
250 Stunden pro Jahr (DM)	1.199/2.545
300 Stunden pro Jahr (DM)	1.135/2.256
350 Stunden pro Jahr (DM)	1.089/2.050
400 Stunden pro Jahr (DM)	1.054/1.896
450 Stunden pro Jahr (DM)	1.027/1.775
500 Stunden pro Jahr (DM)	1.006/1.679

Flugkilometer (DM/km)*11	2,17/4,31
Sitzplatzkilometer (DM/km)*12	0,24/0,48

*ERLÄUTERUNGEN

Alle Kostenwerte verstehen sich ohne Mehrwertsteuer. Bei den Flugstundenkosten enthält der 1. Wert keine Abschreibung und keine Kapitalzinsen (sogenannte „Bürgerliche Kalkulation“).

*01	Bezogen auf das maximale Startgewicht
*02	Bezogen auf das maximale Startgewicht
*03	In Meereshöhe (MSL)
*04	65 % Leistung in typischer Reiseflughöhe
*05	Volle Klappen in Landekonfiguration
*06	Wie Wert *04, mit maximaler Tankfüllung
*07	Abschreibung, Zinsen, Sonstige Fixkosten
*08	Treibstoff, Öl, Landegeb., Wartung, Rücklagen
*09	65 % Leistung in typischer Reiseflughöhe
*10	(Liter x 80) : (km/h x Sitze), km/h-Wert *04
*11	Bei 300 Stunden pro Jahr
*12	Bei 300 Stunden pro Jahr

Ausführliche Definitionen im alphabetischen Teil.

N871MA

Mooney M 20 J 201

TECHNISCHE DATEN

Triebwerk	Lycoming IO - 360
Triebwerkart	Einspritzer
Treibstoffart	Flugbenzin
Triebwerkleistung (PS)	200
Triebwerkleistung (kW)	147
Flächenanordnung	Tiefdecker
Fahrwerk	Einziehbar
Propeller	Dreiblatt, verstellbar
Sitzplätze (mit Besatzung)	4
Länge (m)	7,52
Höhe (m)	2,54
Spannweite (m)	10,67
Flügelfläche (qm)	15,51
Leergewicht (kg)	738
Zuladung ohne Treibstoff (kg)	321
Zuladung mit Treibstoff (kg)	495
Zuladung ohne Treibstoff (%)*01	26,01
Zuladung mit Treibstoff (%)*02	40,15
Treibstoff (Liter)	242
Treibstoff (kg)	174
Maximales Startgewicht (kg)	1.233
Flächenbelastung (kg/qm)	79,50
Leistungsbelastung (kg/PS)	6,17
Leistungsbelastung (kg/kW)	8,38
Höchstgeschwindigkeit (km/h)*03	313
Reisegeschwindigkeit (km/h)*04	296
Abreissgeschwindigkeit (km/h)*05	98
Steigleistung einmotorig (m/sek)	5,23
Steigleistung zweimotorig (m/sek)	
Dienstgipfelhöhe einmotorig (m)	5.730
Dienstgipfelhöhe zweimotorig (m)	
Reichweite (km)*06	1.587
Startrollstrecke (m)	272
Startstrecke über 15-m-Hindernis (m)	462
Landerollstrecke (m)	223
Landestrecke über 15-m-Hindernis (m)	490

KOSTENWERTE

Anschaffungspreis (DM)	170.100
Fixe Kosten (DM/p.a.)*07	32.618
Variable Kosten (DM/h)*08	123,00
Treibstoffverbrauch (Liter/h)*09	44,0
Treibstoffverbrauchsindex*10	2,97

KOSTEN JE FLUGSTUNDE UND JAHR BEI:

050 Stunden pro Jahr (DM)	307/775
100 Stunden pro Jahr (DM)	215/449
150 Stunden pro Jahr (DM)	184/340
200 Stunden pro Jahr (DM)	169/286
250 Stunden pro Jahr (DM)	160/252
300 Stunden pro Jahr (DM)	154/231
350 Stunden pro Jahr (DM)	149/216
400 Stunden pro Jahr (DM)	146/204
450 Stunden pro Jahr (DM)	143/195
500 Stunden pro Jahr (DM)	141/188
Flugkilometer (DM/km)*11	0,52/0,78
Sitzplatzkilometer (DM/km)*12	0,13/0,20

*ERLÄUTERUNGEN

Alle Kostenwerte verstehen sich ohne Mehrwertsteuer. Bei den Flugstundenkosten enthält der 1. Wert keine Abschreibung und keine Kapitalzinsen (sogenannte „Bürgerliche Kalkulation").

*01	Bezogen auf das maximale Startgewicht
*02	Bezogen auf das maximale Startgewicht
*03	In Meereshöhe (MSL)
*04	65 % Leistung in typischer Reiseflughöhe
*05	Volle Klappen in Landekonfiguration
*06	Wie Wert *04, mit maximaler Tankfüllung
*07	Abschreibung, Zinsen, Sonstige Fixkosten
*08	Treibstoff, Öl, Landegeb., Wartung, Rücklagen
*09	65 % Leistung in typischer Reiseflughöhe
*10	(Liter x 80) : (km/h x Sitze), km/h-Wert *04
*11	Bei 300 Stunden pro Jahr
*12	Bei 300 Stunden pro Jahr

Ausführliche Definitionen im alphabetischen Teil.

MOONEY 201

PANEL EINER MOONEY 201

Mooney M 20 K 231

TECHNISCHE DATEN

Triebwerk	Continental TSIO - 360
Triebwerkart	Turbocharged
Treibstoffart	Flugbenzin
Triebwerkleistung (PS)	210
Triebwerkleistung (kW)	155
Flächenanordnung	Tiefdecker
Fahrwerk	Einziehbar
Propeller	Dreiblatt, verstellbar
Sitzplätze (mit Besatzung)	4
Länge (m)	7,75
Höhe (m)	2,51
Spannweite (m)	11,00
Flügelfläche (qm)	16,24
Leergewicht (kg)	810
Zuladung ohne Treibstoff (kg)	299
Zuladung mit Treibstoff (kg)	495
Zuladung ohne Treibstoff (%)*01	22,92
Zuladung mit Treibstoff (%)*02	37,93
Treibstoff (Liter)	272
Treibstoff (kg)	196
Maximales Startgewicht (kg)	1.305
Flächenbelastung (kg/qm)	80,36
Leistungsbelastung (kg/PS)	6,21
Leistungsbelastung (kg/kW)	8,44
Höchstgeschwindigkeit (km/h)*03	337
Reisegeschwindigkeit (km/h)*04	331
Abreissgeschwindigkeit (km/h)*05	105
Steigleistung einmotorig (m/sek)	5,49
Steigleistung zweimotorig (m/sek)	
Dienstgipfelhöhe einmotorig (m)	7.315
Dienstgipfelhöhe zweimotorig (m)	
Reichweite (km)*06	1.917
Startrollstrecke (m)	395
Startstrecke über 15-m-Hindernis (m)	672
Landerollstrecke (m)	315
Landestrecke über 15-m-Hindernis (m)	694

KOSTENWERTE

Anschaffungspreis (DM)	179.550
Fixe Kosten (DM/p.a.)*07	34.383
Variable Kosten (DM/h)*08	131,00
Treibstoffverbrauch (Liter/h)*09	46,2
Treibstoffverbrauchsindex*10	2,79

KOSTEN JE FLUGSTUNDE UND JAHR BEI:

050 Stunden pro Jahr (DM)	325/818
100 Stunden pro Jahr (DM)	228/475
150 Stunden pro Jahr (DM)	195/360
200 Stunden pro Jahr (DM)	179/303
250 Stunden pro Jahr (DM)	169/268
300 Stunden pro Jahr (DM)	163/245
350 Stunden pro Jahr (DM)	158/229
400 Stunden pro Jahr (DM)	155/217
450 Stunden pro Jahr (DM)	152/207
500 Stunden pro Jahr (DM)	150/199

Flugkilometer (DM/km)*11	0,49/0,74
Sitzplatzkilometer (DM/km)*12	0,12/0,19

*ERLÄUTERUNGEN

Alle Kostenwerte verstehen sich ohne Mehrwertsteuer. Bei den Flugstundenkosten enthält der 1. Wert keine Abschreibung und keine Kapitalzinsen (sogenannte „Bürgerliche Kalkulation").

*01	Bezogen auf das maximale Startgewicht
*02	Bezogen auf das maximale Startgewicht
*03	In Meereshöhe (MSL)
*04	65 % Leistung in typischer Reiseflughöhe
*05	Volle Klappen in Landekonfiguration
*06	Wie Wert *04, mit maximaler Tankfüllung
*07	Abschreibung, Zinsen, Sonstige Fixkosten
*08	Treibstoff, Öl, Landegeb., Wartung, Rücklagen
*09	65 % Leistung in typischer Reiseflughöhe
*10	(Liter x 80) : (km/h x Sitze), km/h-Wert *04
*11	Bei 300 Stunden pro Jahr
*12	Bei 300 Stunden pro Jahr

Ausführliche Definitionen im alphabetischen Teil.

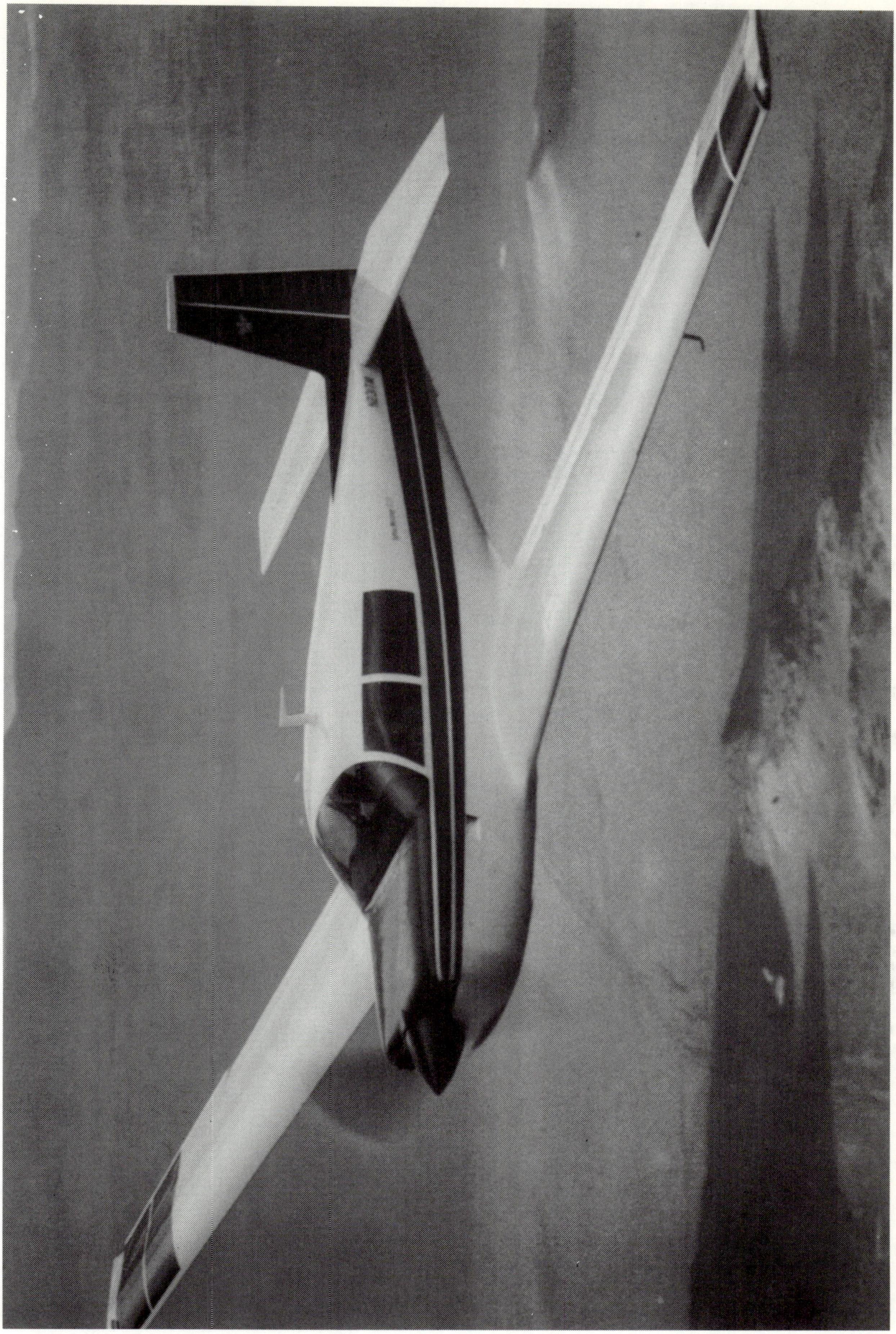

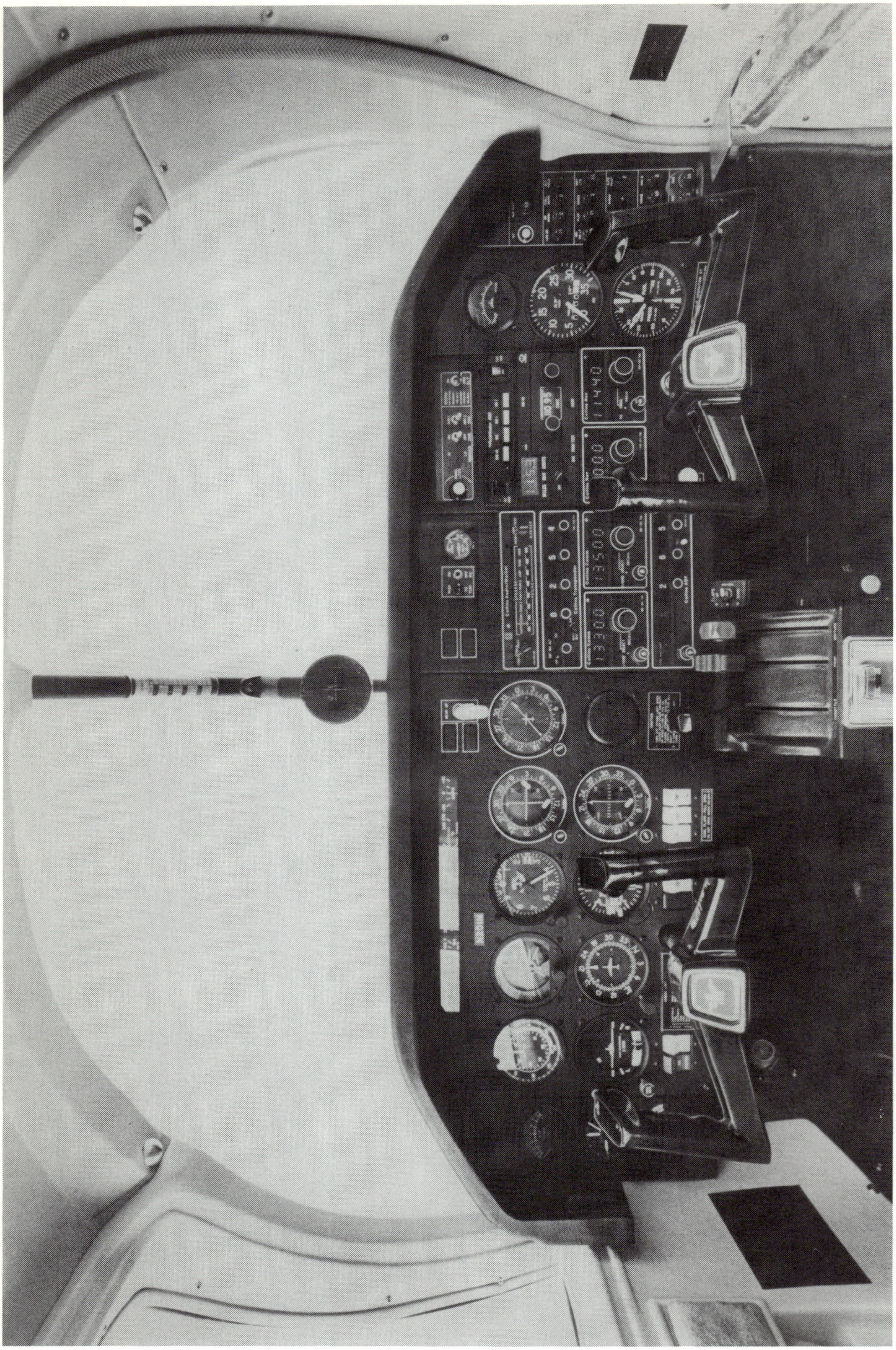

PANEL EINER MOONEY 231

PARTENAVIA OBSERVER IM EINSATZ ALS POLIZEIFLUGZEUG

Partenavia P.68 C

TECHNISCHE DATEN

Triebwerk	2 x Lycoming I0 - 360
Triebwerkart	Einspritzer
Treibstoffart	Flugbenzin
Triebwerkleistung (PS)	2 x 200
Triebwerkleistung (kW)	2 x 147
Flächenanordnung	Hochdecker
Fahrwerk	Fest
Propeller	2 x Zweiblatt, verstellbar
Sitzplätze (mit Besatzung)	6
Länge (m)	9,55
Höhe (m)	3,40
Spannweite (m)	12,00
Flügelfläche (qm)	18,60
Leergewicht (kg)	1.230
Zuladung ohne Treibstoff (kg)	386
Zuladung mit Treibstoff (kg)	760
Zuladung ohne Treibstoff (%)*01	19,38
Zuladung mit Treibstoff (%)*02	38,19
Treibstoff (Liter)	520
Treibstoff (kg)	374
Maximales Startgewicht (kg)	1.990
Flächenbelastung (kg/qm)	106,99
Leistungsbelastung (kg/PS)	4,98
Leistungsbelastung (kg/kW)	8,76
Höchstgeschwindigkeit (km/h)*03	322
Reisegeschwindigkeit (km/h)*04	298
Abreissgeschwindigkeit (km/h)*05	106
Steigleistung einmotorig (m/sek)	1,37
Steigleistung zweimotorig (m/sek)	7,60
Dienstgipfelhöhe einmotorig (m)	2.100
Dienstgipfelhöhe zweimotorig (m)	5.850
Reichweite (km)*06	1.733
Startrollstrecke (m)	230
Startstrecke über 15-m-Hindernis (m)	396
Landerollstrecke (m)	215
Landestrecke über 15-m-Hindernis (m)	487

KOSTENWERTE

Anschaffungspreis (DM)	358.050
Fixe Kosten (DM/p.a.)*07	66.386
Variable Kosten (DM/h)*08	221,00
Treibstoffverbrauch (Liter/h)*09	88,0
Treibstoffverbrauchsindex*10	3,94

KOSTEN JE FLUGSTUNDE UND JAHR BEI:

050 Stunden pro Jahr (DM)	564/1.548
100 Stunden pro Jahr (DM)	392/884
150 Stunden pro Jahr (DM)	335/663
200 Stunden pro Jahr (DM)	306/553
250 Stunden pro Jahr (DM)	289/486
300 Stunden pro Jahr (DM)	278/442
350 Stunden pro Jahr (DM)	270/410
400 Stunden pro Jahr (DM)	263/387
450 Stunden pro Jahr (DM)	259/368
500 Stunden pro Jahr (DM)	255/353

Flugkilometer (DM/km)*11	0,93/1,48
Sitzplatzkilometer (DM/km)*12	0,16/0,25

*ERLÄUTERUNGEN

Alle Kostenwerte verstehen sich ohne Mehrwertsteuer. Bei den Flugstundenkosten enthält der 1. Wert keine Abschreibung und keine Kapitalzinsen (sogenannte „Bürgerliche Kalkulation").

*01	Bezogen auf das maximale Startgewicht
*02	Bezogen auf das maximale Startgewicht
*03	In Meereshöhe (MSL)
*04	65 % Leistung in typischer Reiseflughöhe
*05	Volle Klappen in Landekonfiguration
*06	Wie Wert *04, mit maximaler Tankfüllung
*07	Abschreibung, Zinsen, Sonstige Fixkosten
*08	Treibstoff, Öl, Landegeb., Wartung, Rücklagen
*09	65 % Leistung in typischer Reiseflughöhe
*10	(Liter x 80) : (km/h x Sitze), km/h-Wert *04
*11	Bei 300 Stunden pro Jahr
*12	Bei 300 Stunden pro Jahr

Ausführliche Definitionen im alphabetischen Teil.

Partenavia P. 68 Observer

TECHNISCHE DATEN

Triebwerk	2 x Lycoming IO - 360
Triebwerkart	Einspritzer
Treibstoffart	Flugbenzin
Triebwerkleistung (PS)	2 x 200
Triebwerkleistung (kW)	2 x 147
Flächenanordnung	Hochdecker
Fahrwerk	Fest
Propeller	2 x Zweiblatt, verstellbar
Sitzplätze (mit Besatzung)	6
Länge (m)	9,55
Höhe (m)	3,40
Spannweite (m)	12,00
Flügelfläche (qm)	18,60
Leergewicht (kg)	1.230
Zuladung ohne Treibstoff (kg)	386
Zuladung mit Treibstoff (kg)	760
Zuladung ohne Treibstoff (%)*01	19,38
Zuladung mit Treibstoff (%)*02	38,19
Treibstoff (Liter)	520
Treibstoff (kg)	374
Maximales Startgewicht (kg)	1.990
Flächenbelastung (kg/qm)	106,99
Leistungsbelastung (kg/PS)	4,98
Leistungsbelastung (kg/kW)	8,76
Höchstgeschwindigkeit (km/h)*03	322
Reisegeschwindigkeit (km/h)*04	298
Abreissgeschwindigkeit (km/h)*05	106
Steigleistung einmotorig (m/sek)	1,37
Steigleistung zweimotorig (m/sek)	7,60
Dienstgipfelhöhe einmotorig (m)	2.100
Dienstgipfelhöhe zweimotorig (m)	5.850
Reichweite (km)*06	1.733
Startrollstrecke (m)	230
Startstrecke über 15-m-Hindernis (m)	396
Landerollstrecke (m)	215
Landestrecke über 15-m-Hindernis (m)	487

KOSTENWERTE

Anschaffungspreis (DM)	441.000
Fixe Kosten (DM/p.a.)*07	80.695
Variable Kosten (DM/h)*08	237,00
Treibstoffverbrauch (Liter/h)*09	88,0
Treibstoffverbrauchsindex*10	3,94

KOSTEN JE FLUGSTUNDE UND JAHR BEI:

050 Stunden pro Jahr (DM)	638/1.851
100 Stunden pro Jahr (DM)	438/1.044
150 Stunden pro Jahr (DM)	371/775
200 Stunden pro Jahr (DM)	337/641
250 Stunden pro Jahr (DM)	317/560
300 Stunden pro Jahr (DM)	304/506
350 Stunden pro Jahr (DM)	294/468
400 Stunden pro Jahr (DM)	287/439
450 Stunden pro Jahr (DM)	282/417
500 Stunden pro Jahr (DM)	277/399

Flugkilometer (DM/km)*11	1,02/1,70
Sitzplatzkilometer (DM/km)*12	0,17/0,28

*ERLÄUTERUNGEN

Alle Kostenwerte verstehen sich ohne Mehrwertsteuer. Bei den Flugstundenkosten enthält der 1. Wert keine Abschreibung und keine Kapitalzinsen (sogenannte „Bürgerliche Kalkulation").

*01	Bezogen auf das maximale Startgewicht
*02	Bezogen auf das maximale Startgewicht
*03	In Meereshöhe (MSL)
*04	65 % Leistung in typischer Reiseflughöhe
*05	Volle Klappen in Landekonfiguration
*06	Wie Wert *04, mit maximaler Tankfüllung
*07	Abschreibung, Zinsen, Sonstige Fixkosten
*08	Treibstoff, Öl, Landegeb., Wartung, Rücklagen
*09	65 % Leistung in typischer Reiseflughöhe
*10	(Liter x 80) : (km/h x Sitze), km/h-Wert *04
*11	Bei 300 Stunden pro Jahr
*12	Bei 300 Stunden pro Jahr

Ausführliche Definitionen im alphabetischen Teil.

D-GERO

Pezetel PZL – 35 A Wilga

TECHNISCHE DATEN

Triebwerk	A 1 - 14 RA
Triebwerkart	Vergasermotor
Treibstoffart	Flugbenzin
Triebwerkleistung (PS)	260
Triebwerkleistung (kW)	191
Flächenanordnung	Hochdecker
Fahrwerk	Fest
Propeller	Zweiblatt, verstellbar
Sitzplätze (mit Besatzung)	4
Länge (m)	7,92
Höhe (m)	2,74
Spannweite (m)	10,97
Flügelfläche (qm)	15,50
Leergewicht (kg)	765
Zuladung ohne Treibstoff (kg)	345
Zuladung mit Treibstoff (kg)	495
Zuladung ohne Treibstoff (%)*01	27,40
Zuladung mit Treibstoff (%)*02	39,29
Treibstoff (Liter)	208
Treibstoff (kg)	150
Maximales Startgewicht (kg)	1.260
Flächenbelastung (kg/qm)	81,29
Leistungsbelastung (kg/PS)	4,85
Leistungsbelastung (kg/kW)	6,58
Höchstgeschwindigkeit (km/h)*03	203
Reisegeschwindigkeit (km/h)*04	185
Abreissgeschwindigkeit (km/h)*05	83
Steigleistung einmotorig (m/sek)	6,10
Steigleistung zweimotorig (m/sek)	6,10
Dienstgipfelhöhe einmotorig (m)	4.876
Dienstgipfelhöhe zweimotorig (m)	
Reichweite (km)*06	609
Startrollstrecke (m)	46
Startstrecke über 15-m-Hindernis (m)	79
Landerollstrecke (m)	43
Landestrecke über 15-m-Hindernis (m)	95

KOSTENWERTE

Anschaffungspreis (DM)	137.897
Fixe Kosten (DM/p.a.)*07	27.170
Variable Kosten (DM/h)*08	132,00
Treibstoffverbrauch (Liter/h)*09	57,2
Treibstoffverbrauchsindex*10	6,18

KOSTEN JE FLUGSTUNDE UND JAHR BEI:

050 Stunden pro Jahr (DM)	287/676
100 Stunden pro Jahr (DM)	214/404
150 Stunden pro Jahr (DM)	187/313
200 Stunden pro Jahr (DM)	173/268
250 Stunden pro Jahr (DM)	165/241
300 Stunden pro Jahr (DM)	160/223
350 Stunden pro Jahr (DM)	156/210
400 Stunden pro Jahr (DM)	153/200
450 Stunden pro Jahr (DM)	151/193
500 Stunden pro Jahr (DM)	149/187

Flugkilometer (DM/km)*11	0,86/1,20
Sitzplatzkilometer (DM/km)*12	0,22/0,30

*ERLÄUTERUNGEN

Alle Kostenwerte verstehen sich ohne Mehrwertsteuer. Bei den Flugstundenkosten enthält der 1. Wert keine Abschreibung und keine Kapitalzinsen (sogenannte „Bürgerliche Kalkulation").

*01	Bezogen auf das maximale Startgewicht
*02	Bezogen auf das maximale Startgewicht
*03	In Meereshöhe (MSL)
*04	65 % Leistung in typischer Reiseflughöhe
*05	Volle Klappen in Landekonfiguration
*06	Wie Wert *04, mit maximaler Tankfüllung
*07	Abschreibung, Zinsen, Sonstige Fixkosten
*08	Treibstoff, Öl, Landegeb., Wartung, Rücklagen
*09	65 % Leistung in typischer Reiseflughöhe
*10	(Liter x 80) : (km/h x Sitze), km/h-Wert *04
*11	Bei 300 Stunden pro Jahr
*12	Bei 300 Stunden pro Jahr

Ausführliche Definitionen im alphabetischen Teil.

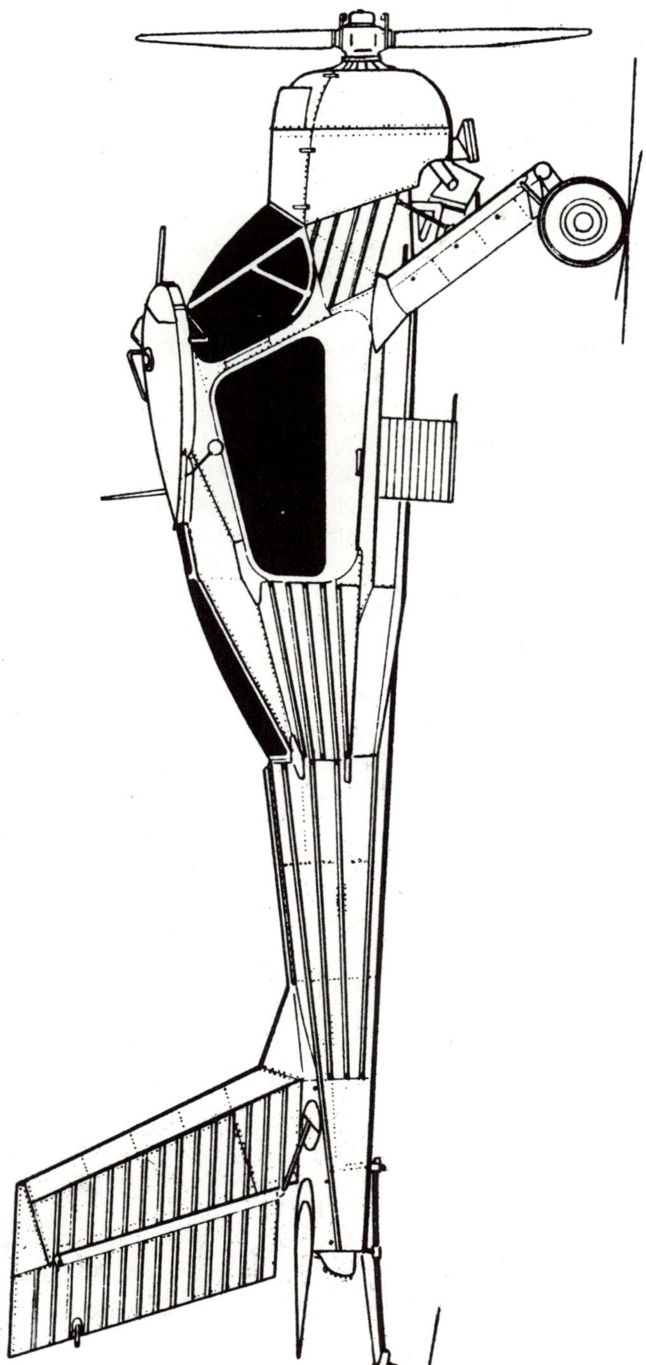

Pilatus PC – 6 Turbo – Porter

TECHNISCHE DATEN

Triebwerk	Pratt & Whitney PT 6A 27
Triebwerkart	Propellerturbine
Treibstoffart	Kerosin
Triebwerkleistung (PS)	550
Triebwerkleistung (kW)	405
Flächenanordnung	Hochdecker
Fahrwerk	Fest
Propeller	Dreiblatt, verstellbar, Reverse
Sitzplätze (mit Besatzung)	11
Länge (m)	10,90
Höhe (m)	3,20
Spannweite (m)	15,20
Flügelfläche (qm)	28,80
Leergewicht (kg)	1.214
Zuladung ohne Treibstoff (kg)	471
Zuladung mit Treibstoff (kg)	986
Zuladung ohne Treibstoff (%)*01	21,40
Zuladung mit Treibstoff (%)*02	44,82
Treibstoff (Liter)	644
Treibstoff (kg)	515
Maximales Startgewicht (kg)	2.200
Flächenbelastung (kg/qm)	76,39
Leistungsbelastung (kg/PS)	4,00
Leistungsbelastung (kg/kW)	5,43
Höchstgeschwindigkeit (km/h)*03	218
Reisegeschwindigkeit (km/h)*04	196
Abreissgeschwindigkeit (km/h)*05	81
Steigleistung einmotorig (m/sek)	7,00
Steigleistung zweimotorig (m/sek)	
Dienstgipfelhöhe einmotorig (m)	9.240
Dienstgipfelhöhe zweimotorig (m)	
Reichweite (km)*06	1.012
Startrollstrecke (m)	110
Startstrecke über 15-m-Hindernis (m)	250
Landerollstrecke (m)	73
Landestrecke über 15-m-Hindernis (m)	220

KOSTENWERTE

Anschaffungspreis (DM)	915.600
Fixe Kosten (DM/p.a.)*07	163.015
Variable Kosten (DM/h)*08	342,00
Treibstoffverbrauch (Liter/h)*09	121,0
Treibstoffverbrauchsindex*10	4,94

KOSTEN JE FLUGSTUNDE UND JAHR BEI:

050 Stunden pro Jahr (DM)	1.085/3.602
100 Stunden pro Jahr (DM)	713/1.972
150 Stunden pro Jahr (DM)	590/1.429
200 Stunden pro Jahr (DM)	528/1.157
250 Stunden pro Jahr (DM)	491/994
300 Stunden pro Jahr (DM)	466/886
350 Stunden pro Jahr (DM)	448/808
400 Stunden pro Jahr (DM)	435/750
450 Stunden pro Jahr (DM)	425/704
500 Stunden pro Jahr (DM)	416/668

Flugkilometer (DM/km)*11	2,38/4,52
Sitzplatzkilometer (DM/km)*12	0,24/0,45

*ERLÄUTERUNGEN

Alle Kostenwerte verstehen sich ohne Mehrwertsteuer. Bei den Flugstundenkosten enthält der 1. Wert keine Abschreibung und keine Kapitalzinsen (sogenannte „Bürgerliche Kalkulation").

*01	Bezogen auf das maximale Startgewicht
*02	Bezogen auf das maximale Startgewicht
*03	In Meereshöhe (MSL)
*04	65 % Leistung in typischer Reiseflughöhe
*05	Volle Klappen in Landekonfiguration
*06	Wie Wert *04, mit maximaler Tankfüllung
*07	Abschreibung, Zinsen, Sonstige Fixkosten
*08	Treibstoff, Öl, Landegeb., Wartung, Rücklagen
*09	65 % Leistung in typischer Reiseflughöhe
*10	(Liter x 80) : (km/h x Sitze), km/h-Wert *04
*11	Bei 300 Stunden pro Jahr
*12	Bei 300 Stunden pro Jahr

Ausführliche Definitionen im alphabetischen Teil.

HB-FGE

Piper Tomahawk

TECHNISCHE DATEN

Triebwerk	Lycoming 0 - 235
Triebwerkart	Vergasermotor
Treibstoffart	Flugbenzin
Triebwerkleistung (PS)	112
Triebwerkleistung (kW)	82
Flächenanordnung	Tiefdecker
Fahrwerk	Fest
Propeller	Zweiblatt, starr
Sitzplätze (mit Besatzung)	2
Länge (m)	7,04
Höhe (m)	2,76
Spannweite (m)	10,36
Flügelfläche (qm)	11,61
Leergewicht (kg)	502
Zuladung ohne Treibstoff (kg)	174
Zuladung mit Treibstoff (kg)	255
Zuladung ohne Treibstoff (%)*01	22,94
Zuladung mit Treibstoff (%)*02	33,69
Treibstoff (Liter)	113
Treibstoff (kg)	81
Maximales Startgewicht (kg)	757
Flächenbelastung (kg/qm)	65,20
Leistungsbelastung (kg/PS)	6,76
Leistungsbelastung (kg/kW)	9,18
Höchstgeschwindigkeit (km/h)*03	202
Reisegeschwindigkeit (km/h)*04	185
Abreissgeschwindigkeit (km/h)*05	91
Steigleistung einmotorig (m/sek)	3,65
Steigleistung zweimotorig (m/sek)	
Dienstgipfelhöhe einmotorig (m)	3.658
Dienstgipfelhöhe zweimotorig (m)	
Reichweite (km)*06	804
Startrollstrecke (m)	250
Startstrecke über 15-m-Hindernis (m)	445
Landerollstrecke (m)	215
Landestrecke über 15-m-Hindernis (m)	471

KOSTENWERTE

Anschaffungspreis (DM)	64.134
Fixe Kosten (DM/p.a.)*07	13.425
Variable Kosten (DM/h)*08	65,00
Treibstoffverbrauch (Liter/h)*09	24,6
Treibstoffverbrauchsindex*10	5,33

KOSTEN JE FLUGSTUNDE UND JAHR BEI:

050 Stunden pro Jahr (DM)	157/334
100 Stunden pro Jahr (DM)	111/200
150 Stunden pro Jahr (DM)	96/155
200 Stunden pro Jahr (DM)	88/132
250 Stunden pro Jahr (DM)	84/119
300 Stunden pro Jahr (DM)	81/110
350 Stunden pro Jahr (DM)	78/104
400 Stunden pro Jahr (DM)	77/99
450 Stunden pro Jahr (DM)	76/95
500 Stunden pro Jahr (DM)	75/92
Flugkilometer (DM/km)*11	0,44/0,60
Sitzplatzkilometer (DM/km)*12	0,22/0,30

*ERLÄUTERUNGEN

Alle Kostenwerte verstehen sich ohne Mehrwertsteuer. Bei den Flugstundenkosten enthält der 1. Wert keine Abschreibung und keine Kapitalzinsen (sogenannte „Bürgerliche Kalkulation").

*01	Bezogen auf das maximale Startgewicht
*02	Bezogen auf das maximale Startgewicht
*03	In Meereshöhe (MSL)
*04	65 % Leistung in typischer Reiseflughöhe
*05	Volle Klappen in Landekonfiguration
*06	Wie Wert *04, mit maximaler Tankfüllung
*07	Abschreibung, Zinsen, Sonstige Fixkosten
*08	Treibstoff, Öl, Landegeb., Wartung, Rücklagen
*09	65 % Leistung in typischer Reiseflughöhe
*10	(Liter x 80) : (km/h x Sitze), km/h-Wert *04
*11	Bei 300 Stunden pro Jahr
*12	Bei 300 Stunden pro Jahr

Ausführliche Definitionen im alphabetischen Teil.

Piper Super Cub

TECHNISCHE DATEN

Triebwerk	Lycoming 0 - 320
Triebwerkart	Vergasermotor
Treibstoffart	Flugbenzin
Triebwerkleistung (PS)	150
Triebwerkleistung (kW)	110
Flächenanordnung	Hochdecker
Fahrwerk	Fest
Propeller	Zweiblatt, starr
Sitzplätze (mit Besatzung)	2
Länge (m)	6,86
Höhe (m)	2,03
Spannweite (m)	10,77
Flügelfläche (qm)	16,58
Leergewicht (kg)	442
Zuladung ohne Treibstoff (kg)	242
Zuladung mit Treibstoff (kg)	345
Zuladung ohne Treibstoff (%)*01	30,75
Zuladung mit Treibstoff (%)*02	43,84
Treibstoff (Liter)	143
Treibstoff (kg)	103
Maximales Startgewicht (kg)	787
Flächenbelastung (kg/qm)	47,47
Leistungsbelastung (kg/PS)	5,25
Leistungsbelastung (kg/kW)	7,13
Höchstgeschwindigkeit (km/h)*03	208
Reisegeschwindigkeit (km/h)*04	169
Abreissgeschwindigkeit (km/h)*05	69
Steigleistung einmotorig (m/sek)	4,88
Steigleistung zweimotorig (m/sek)	
Dienstgipfelhöhe einmotorig (m)	5.791
Dienstgipfelhöhe zweimotorig (m)	
Reichweite (km)*06	687
Startrollstrecke (m)	61
Startstrecke über 15-m-Hindernis (m)	153
Landerollstrecke (m)	107
Landestrecke über 15-m-Hindernis (m)	221

KOSTENWERTE

Anschaffungspreis (DM)	81.702
Fixe Kosten (DM/p.a.)*07	16.525
Variable Kosten (DM/h)*08	81,00
Treibstoffverbrauch (Liter/h)*09	33,00
Treibstoffverbrauchsindex*10	7,81

KOSTEN JE FLUGSTUNDE UND JAHR BEI:

050 Stunden pro Jahr (DM)	187/412
100 Stunden pro Jahr (DM)	134/246
150 Stunden pro Jahr (DM)	116/191
200 Stunden pro Jahr (DM)	108/164
250 Stunden pro Jahr (DM)	102/147
300 Stunden pro Jahr (DM)	99/136
350 Stunden pro Jahr (DM)	96/128
400 Stunden pro Jahr (DM)	94/123
450 Stunden pro Jahr (DM)	93/118
500 Stunden pro Jahr (DM)	92/114
Flugkilometer (DM/km)*11	0,58/0,81
Sitzplatzkilometer (DM/km)*12	0,29/0,40

*ERLÄUTERUNGEN

Alle Kostenwerte verstehen sich ohne Mehrwertsteuer. Bei den Flugstundenkosten enthält der 1. Wert keine Abschreibung und keine Kapitalzinsen (sogenannte „Bürgerliche Kalkulation").

*01	Bezogen auf das maximale Startgewicht
*02	Bezogen auf das maximale Startgewicht
*03	In Meereshöhe (MSL)
*04	65 % Leistung in typischer Reiseflughöhe
*05	Volle Klappen in Landekonfiguration
*06	Wie Wert *04, mit maximaler Tankfüllung
*07	Abschreibung, Zinsen, Sonstige Fixkosten
*08	Treibstoff, Öl, Landegeb., Wartung, Rücklagen
*09	65 % Leistung in typischer Reiseflughöhe
*10	(Liter x 80) : (km/h x Sitze), km/h-Wert *04
*11	Bei 300 Stunden pro Jahr
*12	Bei 300 Stunden pro Jahr

Ausführliche Definitionen im alphabetischen Teil.

Piper Warrior II

TECHNISCHE DATEN

Triebwerk	Lycoming 0 - 320
Triebwerkart	Vergasermotor
Treibstoffart	Flugbenzin
Triebwerkleistung (PS)	160
Triebwerkleistung (kW)	118
Flächenanordnung	Tiefdecker
Fahrwerk	Fest
Propeller	Zweiblatt, starr
Sitzplätze (mit Besatzung)	4
Länge (m)	7,26
Höhe (m)	2,22
Spannweite (m)	10,68
Flügelfläche (qm)	15,80
Leergewicht (kg)	608
Zuladung ohne Treibstoff (kg)	315
Zuladung mit Treibstoff (kg)	446
Zuladung ohne Treibstoff (%)*01	29,88
Zuladung mit Treibstoff (%)*02	42,31
Treibstoff (Liter)	182
Treibstoff (kg)	131
Maximales Startgewicht (kg)	1.054
Flächenbelastung (kg/qm)	66,71
Leistungsbelastung (kg/PS)	6,59
Leistungsbelastung (kg/kW)	8,95
Höchstgeschwindigkeit (km/h)*03	234
Reisegeschwindigkeit (km/h)*04	215
Abreissgeschwindigkeit (km/h)*05	80
Steigleistung einmotorig (m/sek)	3,61
Steigleistung zweimotorig (m/sek)	
Dienstgipfelhöhe einmotorig (m)	4.267
Dienstgipfelhöhe zweimotorig (m)	
Reichweite (km)*06	1.074
Startrollstrecke (m)	297
Startstrecke über 15-m-Hindernis (m)	453
Landerollstrecke (m)	181
Landestrecke über 15-m-Hindernis (m)	339

KOSTENWERTE

Anschaffungspreis (DM)	83.032
Fixe Kosten (DM/p.a.)*07	17.243
Variable Kosten (DM/h)*08	79,00
Treibstoffverbrauch (Liter/h)*09	33,0
Treibstoffverbrauchsindex*10	3,07
KOSTEN JE FLUGSTUNDE UND JAHR BEI:	
050 Stunden pro Jahr (DM)	196/424
100 Stunden pro Jahr (DM)	137/252
150 Stunden pro Jahr (DM)	118/194
200 Stunden pro Jahr (DM)	108/165
250 Stunden pro Jahr (DM)	102/148
300 Stunden pro Jahr (DM)	98/137
350 Stunden pro Jahr (DM)	96/128
400 Stunden pro Jahr (DM)	94/122
450 Stunden pro Jahr (DM)	92/117
500 Stunden pro Jahr (DM)	91/114
Flugkilometer (DM/km)*11	0,46/0,64
Sitzplatzkilometer (DM/km)*12	0,11/0,16

*ERLÄUTERUNGEN

Alle Kostenwerte verstehen sich ohne Mehrwertsteuer. Bei den Flugstundenkosten enthält der 1. Wert keine Abschreibung und keine Kapitalzinsen (sogenannte „Bürgerliche Kalkulation").

*01 . . . . Bezogen auf das maximale Startgewicht
*02 . . . . Bezogen auf das maximale Startgewicht
*03 . . . . In Meereshöhe (MSL)
*04 . . . . 65 % Leistung in typischer Reiseflughöhe
*05 . . . . Volle Klappen in Landekonfiguration
*06 . . . . . . Wie Wert *04, mit maximaler Tankfüllung
*07 . . . . . . Abschreibung, Zinsen, Sonstige Fixkosten
*08 . . . Treibstoff, Öl, Landegeb., Wartung, Rücklagen
*09 . . . . 65 % Leistung in typischer Reiseflughöhe
*10 . . . . (Liter x 80) : (km/h x Sitze), km/h-Wert *04
*11 . . . . Bei 300 Stunden pro Jahr
*12 . . . . Bei 300 Stunden pro Jahr

Ausführliche Definitionen im alphabetischen Teil.

Piper Archer

TECHNISCHE DATEN

Triebwerk	Lycoming 0 - 360
Triebwerkart	Vergasermotor
Treibstoffart	Flugbenzin
Triebwerkleistung (PS)	180
Triebwerkleistung (kW)	132
Flächenanordnung	Tiefdecker
Fahrwerk	Fest
Propeller	Zweiblatt, verstellbar
Sitzplätze (mit Besatzung)	4
Länge (m)	7,26
Höhe (m)	2,24
Spannweite (m)	10,67
Flügelfläche (qm)	15,80
Leergewicht (kg)	638
Zuladung ohne Treibstoff (kg)	238
Zuladung mit Treibstoff (kg)	374
Zuladung ohne Treibstoff (%)*01	23,51
Zuladung mit Treibstoff (%)*02	36,96
Treibstoff (Liter)	189
Treibstoff (kg)	136
Maximales Startgewicht (kg)	1.012
Flächenbelastung (kg/qm)	64,05
Leistungsbelastung (kg/PS)	5,62
Leistungsbelastung (kg/kW)	7,64
Höchstgeschwindigkeit (km/h)*03	239
Reisegeschwindigkeit (km/h)*04	231
Abreissgeschwindigkeit (km/h)*05	98
Steigleistung einmotorig (m/sek)	3,73
Steigleistung zweimotorig (m/sek)	
Dienstgipfelhöhe einmotorig (m)	4.572
Dienstgipfelhöhe zweimotorig (m)	
Reichweite (km)*06	1.052
Startrollstrecke (m)	291
Startstrecke über 15-m-Hindernis (m)	495
Landerollstrecke (m)	194
Landestrecke über 15-m-Hindernis (m)	426

KOSTENWERTE

Anschaffungspreis (DM)	107.107
Fixe Kosten (DM/p.a.)*07	21.592
Variable Kosten (DM/h)*08	94,00
Treibstoffverbrauch (Liter/h)*09	39,6
Treibstoffverbrauchsindex*10	3,43

KOSTEN JE FLUGSTUNDE UND JAHR BEI:

050 Stunden pro Jahr (DM)	231/526
100 Stunden pro Jahr (DM)	162/310
150 Stunden pro Jahr (DM)	139/238
200 Stunden pro Jahr (DM)	128/202
250 Stunden pro Jahr (DM)	121/180
300 Stunden pro Jahr (DM)	117/166
350 Stunden pro Jahr (DM)	113/155
400 Stunden pro Jahr (DM)	111/148
450 Stunden pro Jahr (DM)	109/142
500 Stunden pro Jahr (DM)	107/137

Flugkilometer (DM/km)*11	0,50/0,72
Sitzplatzkilometer (DM/km)*12	0,13/0,18

*ERLÄUTERUNGEN

Alle Kostenwerte verstehen sich ohne Mehrwertsteuer. Bei den Flugstundenkosten enthält der 1. Wert keine Abschreibung und keine Kapitalzinsen (sogenannte „Bürgerliche Kalkulation").

*01	Bezogen auf das maximale Startgewicht
*02	Bezogen auf das maximale Startgewicht
*03	In Meereshöhe (MSL)
*04	65 % Leistung in typischer Reiseflughöhe
*05	Volle Klappen in Landekonfiguration
*06	Wie Wert *04, mit maximaler Tankfüllung
*07	Abschreibung, Zinsen, Sonstige Fixkosten
*08	Treibstoff, Öl, Landegeb., Wartung, Rücklagen
*09	65 % Leistung in typischer Reiseflughöhe
*10	(Liter x 80) : (km/h x Sitze), km/h-Wert *04
*11	Bei 300 Stunden pro Jahr
*12	Bei 300 Stunden pro Jahr

Ausführliche Definitionen im alphabetischen Teil.

Piper Turbo Dakota

TECHNISCHE DATEN

Triebwerk . . . . Continental TSIO - 360
Triebwerkart . . . . Turbocharged
Treibstoffart . . . . Flugbenzin
Triebwerkleistung (PS) 200
Triebwerkleistung (kW) 147

Flächenanordnung . . . . Tiefdecker
Fahrwerk . . . . Fest
Propeller . . . . Zweiblatt, verstellbar
Sitzplätze (mit Besatzung) 4

Länge (m) 7,60
Höhe (m) 2,30
Spannweite (m) 10,70
Flügelfläche (qm) 15,79

Leergewicht (kg) 716
Zuladung ohne Treibstoff (kg) 402
Zuladung mit Treibstoff (kg) 599
Zuladung ohne Treibstoff (%)*01 30,60
Zuladung mit Treibstoff (%)*02 45,55
Treibstoff (Liter) 273
Treibstoff (kg) 197
Maximales Startgewicht (kg) 1.315

Flächenbelastung (kg/qm) 83,28
Leistungsbelastung (kg/PS) 6,58
Leistungsbelastung (kg/kW) 8,93

Höchstgeschwindigkeit (km/h)*03 300
Reisegeschwindigkeit (km/h)*04 274
Abreissgeschwindigkeit (km/h)*05 108

Steigleistung einmotorig (m/sek) 4,58
Steigleistung zweimotorig (m/sek) . . . .
Dienstgipfelhöhe einmotorig (m) 6.100
Dienstgipfelhöhe zweimotorig (m) . . . .
Reichweite (km)*06 . . . . 1.683

Startrollstrecke (m) 294
Startstrecke über 15-m-Hindernis (m) 427
Landerollstrecke (m) 262
Landestrecke über 15-m-Hindernis (m) 517

KOSTENWERTE

Anschaffungspreis (DM) 150.259
Fixe Kosten (DM/p.a.)*07 . . . . 29.312
Variable Kosten (DM/h)*08 113,00
Treibstoffverbrauch (Liter/h)*09 44,0
Treibstoffverbrauchsindex*10 3,21

KOSTEN JE FLUGSTUNDE UND JAHR BEI:

050 Stunden pro Jahr (DM) 286/699
100 Stunden pro Jahr (DM) 199/406
150 Stunden pro Jahr (DM) 171/308
200 Stunden pro Jahr (DM) 156/260
250 Stunden pro Jahr (DM) 148/230
300 Stunden pro Jahr (DM) 142/211
350 Stunden pro Jahr (DM) 138/197
400 Stunden pro Jahr (DM) 135/186
450 Stunden pro Jahr (DM) 132/178
500 Stunden pro Jahr (DM) 130/172

Flugkilometer (DM/km)*11 . . . . 0,52/0,77
Sitzplatzkilometer (DM/km)*12 . . . . 0,13/0,19

*ERLÄUTERUNGEN

Alle Kostenwerte verstehen sich ohne Mehrwertsteuer. Bei den Flugstundenkosten enthält der 1. Wert keine Abschreibung und keine Kapitalzinsen (sogenannte „Bürgerliche Kalkulation").

*01 . . . . Bezogen auf das maximale Startgewicht
*02 . . . . Bezogen auf das maximale Startgewicht
*03 . . . . In Meereshöhe (MSL)
*04 . . . . 65 % Leistung in typischer Reiseflughöhe
*05 . . . . Volle Klappen in Landekonfiguration
*06 . . . . . . Wie Wert *04, mit maximaler Tankfüllung
*07 . . . . . . Abschreibung, Zinsen, Sonstige Fixkosten
*08 . . . Treibstoff, Öl, Landegeb., Wartung, Rücklagen
*09 . . . . 65 % Leistung in typischer Reiseflughöhe
*10 . . . . (Liter x 80) : (km/h x Sitze), km/h-Wert *04
*11 . . . . Bei 300 Stunden pro Jahr
*12 . . . . Bei 300 Stunden pro Jahr

Ausführliche Definitionen im alphabetischen Teil.

Piper Arrow IV

TECHNISCHE DATEN

Triebwerk	Lycoming IO - 360
Triebwerkart	Einspritzer
Treibstoffart	Flugbenzin
Triebwerkleistung (PS)	200
Triebwerkleistung (kW)	147
Flächenanordnung	Tiefdecker
Fahrwerk	Einziehbar
Propeller	Zweiblatt, verstellbar
Sitzplätze (mit Besatzung)	4
Länge (m)	8,20
Höhe (m)	2,50
Spannweite (m)	10,70
Flügelfläche (qm)	15,80
Leergewicht (kg)	744
Zuladung ohne Treibstoff (kg)	307
Zuladung mit Treibstoff (kg)	503
Zuladung ohne Treibstoff (%)*01	24,63
Zuladung mit Treibstoff (%)*02	40,34
Treibstoff (Liter)	272
Treibstoff (kg)	196
Maximales Startgewicht (kg)	1.247
Flächenbelastung (kg/qm)	78,92
Leistungsbelastung (kg/PS)	6,24
Leistungsbelastung (kg/kW)	8,47
Höchstgeschwindigkeit (km/h)*03	282
Reisegeschwindigkeit (km/h)*04	246
Abreissgeschwindigkeit (km/h)*05	102
Steigleistung einmotorig (m/sek)	4,22
Steigleistung zweimotorig (m/sek)	
Dienstgipfelhöhe einmotorig (m)	5.180
Dienstgipfelhöhe zweimotorig (m)	
Reichweite (km)*06	1.501
Startrollstrecke (m)	213
Startstrecke über 15-m-Hindernis (m)	487
Landerollstrecke (m)	187
Landestrecke über 15-m-Hindernis (m)	465

KOSTENWERTE

Anschaffungspreis (DM)	159.012
Fixe Kosten (DM/p.a.)*07	30.628
Variable Kosten (DM/h)*08	114,00
Treibstoffverbrauch (Liter/h)*09	44,0
Treibstoffverbrauchsindex*10	3,58

KOSTEN JE FLUGSTUNDE UND JAHR BEI:

050 Stunden pro Jahr (DM)	289/727
100 Stunden pro Jahr (DM)	202/421
150 Stunden pro Jahr (DM)	173/318
200 Stunden pro Jahr (DM)	158/267
250 Stunden pro Jahr (DM)	149/237
300 Stunden pro Jahr (DM)	143/216
350 Stunden pro Jahr (DM)	139/202
400 Stunden pro Jahr (DM)	136/191
450 Stunden pro Jahr (DM)	134/182
500 Stunden pro Jahr (DM)	132/175

Flugkilometer (DM/km)*11	0,58/0,88
Sitzplatzkilometer (DM/km)*12	0,15/0,22

*ERLÄUTERUNGEN

Alle Kostenwerte verstehen sich ohne Mehrwertsteuer. Bei den Flugstundenkosten enthält der 1. Wert keine Abschreibung und keine Kapitalzinsen (sogenannte „Bürgerliche Kalkulation").

*01	Bezogen auf das maximale Startgewicht
*02	Bezogen auf das maximale Startgewicht
*03	In Meereshöhe (MSL)
*04	65 % Leistung in typischer Reiseflughöhe
*05	Volle Klappen in Landekonfiguration
*06	Wie Wert *04, mit maximaler Tankfüllung
*07	Abschreibung, Zinsen, Sonstige Fixkosten
*08	Treibstoff, Öl, Landegeb., Wartung, Rücklagen
*09	65 % Leistung in typischer Reiseflughöhe
*10	(Liter x 80) : (km/h x Sitze), km/h-Wert *04
*11	Bei 300 Stunden pro Jahr
*12	Bei 300 Stunden pro Jahr

Ausführliche Definitionen im alphabetischen Teil.

Piper Turbo Arrow IV

TECHNISCHE DATEN

Triebwerk	Continental TSIO - 360
Triebwerkart	Turbocharged
Treibstoffart	Flugbenzin
Triebwerkleistung (PS)	200
Triebwerkleistung (kW)	147
Flächenanordnung	Tiefdecker
Fahrwerk	Einziehbar
Propeller	Zweiblatt, verstellbar
Sitzplätze (mit Besatzung)	4
Länge (m)	8,30
Höhe (m)	2,50
Spannweite (m)	10,70
Flügelfläche (qm)	15,79
Leergewicht (kg)	766
Zuladung ohne Treibstoff (kg)	353
Zuladung mit Treibstoff (kg)	549
Zuladung ohne Treibstoff (%)*01	26,86
Zuladung mit Treibstoff (%)*02	41,75
Treibstoff (Liter)	272
Treibstoff (kg)	196
Maximales Startgewicht (kg)	1.315
Flächenbelastung (kg/qm)	83,28
Leistungsbelastung (kg/PS)	6,58
Leistungsbelastung (kg/kW)	8,93
Höchstgeschwindigkeit (km/h)*03	328
Reisegeschwindigkeit (km/h)*04	302
Abreissgeschwindigkeit (km/h)*05	107
Steigleistung einmotorig (m/sek)	4,78
Steigleistung zweimotorig (m/sek)	
Dienstgipfelhöhe einmotorig (m)	6.100
Dienstgipfelhöhe zweimotorig (m)	
Reichweite (km)*06	1.848
Startrollstrecke (m)	337
Startstrecke über 15-m-Hindernis (m)	493
Landerollstrecke (m)	196
Landestrecke über 15-m-Hindernis (m)	473

KOSTENWERTE

Anschaffungspreis (DM)	170.218
Fixe Kosten (DM/p.a.)*07	32.773
Variable Kosten (DM/h)*08	120,00
Treibstoffverbrauch (Liter/h)*09	44,0
Treibstoffverbrauchsindex*10	2,91

KOSTEN JE FLUGSTUNDE UND JAHR BEI:

050 Stunden pro Jahr (DM)	307/775
100 Stunden pro Jahr (DM)	214/448
150 Stunden pro Jahr (DM)	182/338
200 Stunden pro Jahr (DM)	167/284
250 Stunden pro Jahr (DM)	157/251
300 Stunden pro Jahr (DM)	151/229
350 Stunden pro Jahr (DM)	147/214
400 Stunden pro Jahr (DM)	143/202
450 Stunden pro Jahr (DM)	141/193
500 Stunden pro Jahr (DM)	139/186

Flugkilometer (DM/km)*11	0,50/0,76
Sitzplatzkilometer (DM/km)*12	0,13/0,19

*ERLÄUTERUNGEN

Alle Kostenwerte verstehen sich ohne Mehrwertsteuer. Bei den Flugstundenkosten enthält der 1. Wert keine Abschreibung und keine Kapitalzinsen (sogenannte „Bürgerliche Kalkulation").

*01	Bezogen auf das maximale Startgewicht
*02	Bezogen auf das maximale Startgewicht
*03	In Meereshöhe (MSL)
*04	65 % Leistung in typischer Reiseflughöhe
*05	Volle Klappen in Landekonfiguration
*06	Wie Wert *04, mit maximaler Tankfüllung
*07	Abschreibung, Zinsen, Sonstige Fixkosten
*08	Treibstoff, Öl, Landegeb., Wartung, Rücklagen
*09	65 % Leistung in typischer Reiseflughöhe
*10	(Liter x 80) : (km/h x Sitze), km/h-Wert *04
*11	Bei 300 Stunden pro Jahr
*12	Bei 300 Stunden pro Jahr

Ausführliche Definitionen im alphabetischen Teil.

Piper Dakota

TECHNISCHE DATEN

Triebwerk	Lycoming 0 - 540
Triebwerkart	Vergasermotor
Treibstoffart	Flugbenzin
Triebwerkleistung (PS)	235
Triebwerkleistung (kW)	173
Flächenanordnung	Tiefdecker
Fahrwerk	Fest
Propeller	Zweiblatt, verstellbar
Sitzplätze (mit Besatzung)	4
Länge (m)	7,32
Höhe (m)	2,26
Spannweite (m)	10,68
Flügelfläche (qm)	15,79
Leergewicht (kg)	727
Zuladung ohne Treibstoff (kg)	437
Zuladung mit Treibstoff (kg)	634
Zuladung ohne Treibstoff (%)*01	32,14
Zuladung mit Treibstoff (%)*02	46,58
Treibstoff (Liter)	273
Treibstoff (kg)	197
Maximales Startgewicht (kg)	1.361
Flächenbelastung (kg/qm)	86,19
Leistungsbelastung (kg/PS)	5,79
Leistungsbelastung (kg/kW)	7,87
Höchstgeschwindigkeit (km/h)*03	274
Reisegeschwindigkeit (km/h)*04	253
Abreissgeschwindigkeit (km/h)*05	104
Steigleistung einmotorig (m/sek)	5,64
Steigleistung zweimotorig (m/sek)	
Dienstgipfelhöhe einmotorig (m)	5.334
Dienstgipfelhöhe zweimotorig (m)	
Reichweite (km)*06	1.295
Startrollstrecke (m)	270
Startstrecke über 15-m-Hindernis (m)	371
Landerollstrecke (m)	284
Landestrecke über 15-m-Hindernis (m)	430

KOSTENWERTE

Anschaffungspreis (DM)	148.117
Fixe Kosten (DM/p.a.)*07	29.047
Variable Kosten (DM/h)*08	121,00
Treibstoffverbrauch (Liter/h)*09	51,7
Treibstoffverbrauchsindex*10	4,09

KOSTEN JE FLUGSTUNDE UND JAHR BEI:

050 Stunden pro Jahr (DM)	295/702
100 Stunden pro Jahr (DM)	208/412
150 Stunden pro Jahr (DM)	179/315
200 Stunden pro Jahr (DM)	165/267
250 Stunden pro Jahr (DM)	156/238
300 Stunden pro Jahr (DM)	150/218
350 Stunden pro Jahr (DM)	146/204
400 Stunden pro Jahr (DM)	143/194
450 Stunden pro Jahr (DM)	141/186
500 Stunden pro Jahr (DM)	139/180
Flugkilometer (DM/km)*11	0,59/0,86
Sitzplatzkilometer (DM/km)*12	0,15/0,22

*ERLÄUTERUNGEN

Alle Kostenwerte verstehen sich ohne Mehrwertsteuer. Bei den Flugstundenkosten enthält der 1. Wert keine Abschreibung und keine Kapitalzinsen (sogenannte „Bürgerliche Kalkulation").

*01	Bezogen auf das maximale Startgewicht
*02	Bezogen auf das maximale Startgewicht
*03	In Meereshöhe (MSL)
*04	65 % Leistung in typischer Reiseflughöhe
*05	Volle Klappen in Landekonfiguration
*06	Wie Wert *04, mit maximaler Tankfüllung
*07	Abschreibung, Zinsen, Sonstige Fixkosten
*08	Treibstoff, Öl, Landegeb., Wartung, Rücklagen
*09	65 % Leistung in typischer Reiseflughöhe
*10	(Liter x 80) : (km/h x Sitze), km/h-Wert *04
*11	Bei 300 Stunden pro Jahr
*12	Bei 300 Stunden pro Jahr

Ausführliche Definitionen im alphabetischen Teil.

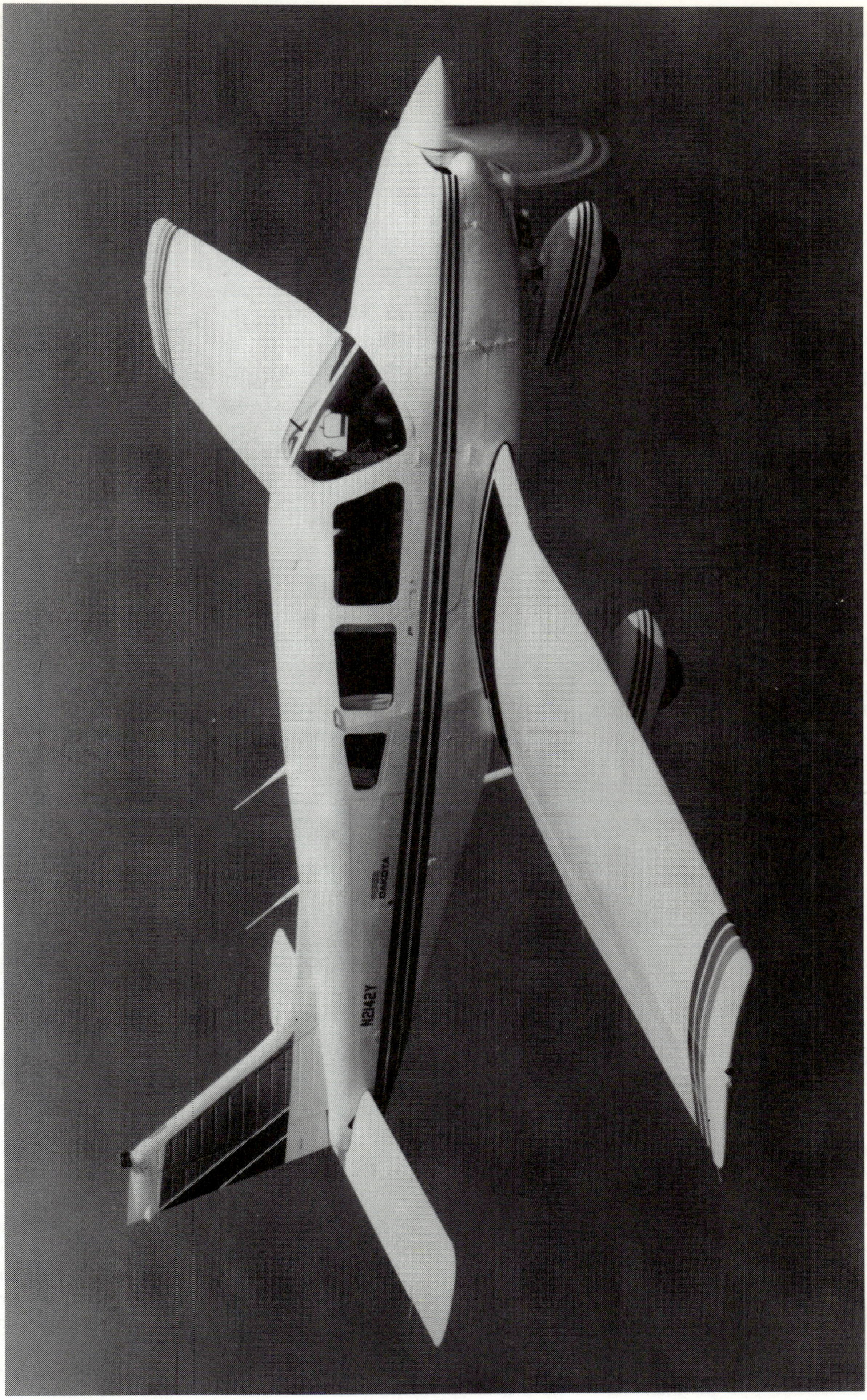
DAKOTA
N2142Y

Piper Saratoga

TECHNISCHE DATEN

Triebwerk	Lycoming IO - 540
Triebwerkart	Einspritzer
Treibstoffart	Flugbenzin
Triebwerkleistung (PS)	300
Triebwerkleistung (kW)	221
Flächenanordnung	Tiefdecker
Fahrwerk	Einziehbar
Propeller	Zweiblatt, verstellbar
Sitzplätze (mit Besatzung)	6
Länge (m)	8,45
Höhe (m)	2,45
Spannweite (m)	11,02
Flügelfläche (qm)	15,42
Leergewicht (kg)	871
Zuladung ohne Treibstoff (kg)	484
Zuladung mit Treibstoff (kg)	762
Zuladung ohne Treibstoff (%)*01	29,64
Zuladung mit Treibstoff (%)*02	46,66
Treibstoff (Liter)	386
Treibstoff (kg)	278
Maximales Startgewicht (kg)	1.633
Flächenbelastung (kg/qm)	105,90
Leistungsbelastung (kg/PS)	5,44
Leistungsbelastung (kg/kW)	7,40
Höchstgeschwindigkeit (km/h)*03	282
Reisegeschwindigkeit (km/h)*04	266
Abreissgeschwindigkeit (km/h)*05	107
Steigleistung einmotorig (m/sek)	5,03
Steigleistung zweimotorig (m/sek)	
Dienstgipfelhöhe einmotorig (m)	4.297
Dienstgipfelhöhe zweimotorig (m)	
Reichweite (km)*06	1.529
Startrollstrecke (m)	361
Startstrecke über 15-m-Hindernis (m)	536
Landerollstrecke (m)	223
Landestrecke über 15-m-Hindernis (m)	491

KOSTENWERTE

Anschaffungspreis (DM)	208.494
Fixe Kosten (DM/p.a.)*07	39.974
Variable Kosten (DM/h)*08	159,00
Treibstoffverbrauch (Liter/h)*09	66,0
Treibstoffverbrauchsindex*10	3,31

KOSTEN JE FLUGSTUNDE UND JAHR BEI:

Q50 Stunden pro Jahr (DM)	386/959
100 Stunden pro Jahr (DM)	273/559
150 Stunden pro Jahr (DM)	235/426
200 Stunden pro Jahr (DM)	216/359
250 Stunden pro Jahr (DM)	205/319
300 Stunden pro Jahr (DM)	197/293
350 Stunden pro Jahr (DM)	192/274
400 Stunden pro Jahr (DM)	188/259
450 Stunden pro Jahr (DM)	185/248
500 Stunden pro Jahr (DM)	182/239
Flugkilometer (DM/km)*11	0,74/1,10
Sitzplatzkilometer (DM/km)*12	0,12/0,18

*ERLÄUTERUNGEN

Alle Kostenwerte verstehen sich ohne Mehrwertsteuer. Bei den Flugstundenkosten enthält der 1. Wert keine Abschreibung und keine Kapitalzinsen (sogenannte „Bürgerliche Kalkulation").

*01	Bezogen auf das maximale Startgewicht
*02	Bezogen auf das maximale Startgewicht
*03	In Meereshöhe (MSL)
*04	65 % Leistung in typischer Reiseflughöhe
*05	Volle Klappen in Landekonfiguration
*06	Wie Wert *04, mit maximaler Tankfüllung
*07	Abschreibung, Zinsen, Sonstige Fixkosten
*08	Treibstoff, Öl, Landegeb., Wartung, Rücklagen
*09	65 % Leistung in typischer Reiseflughöhe
*10	(Liter x 80) : (km/h x Sitze), km/h-Wert *04
*11	Bei 300 Stunden pro Jahr
*12	Bei 300 Stunden pro Jahr

Ausführliche Definitionen im alphabetischen Teil.

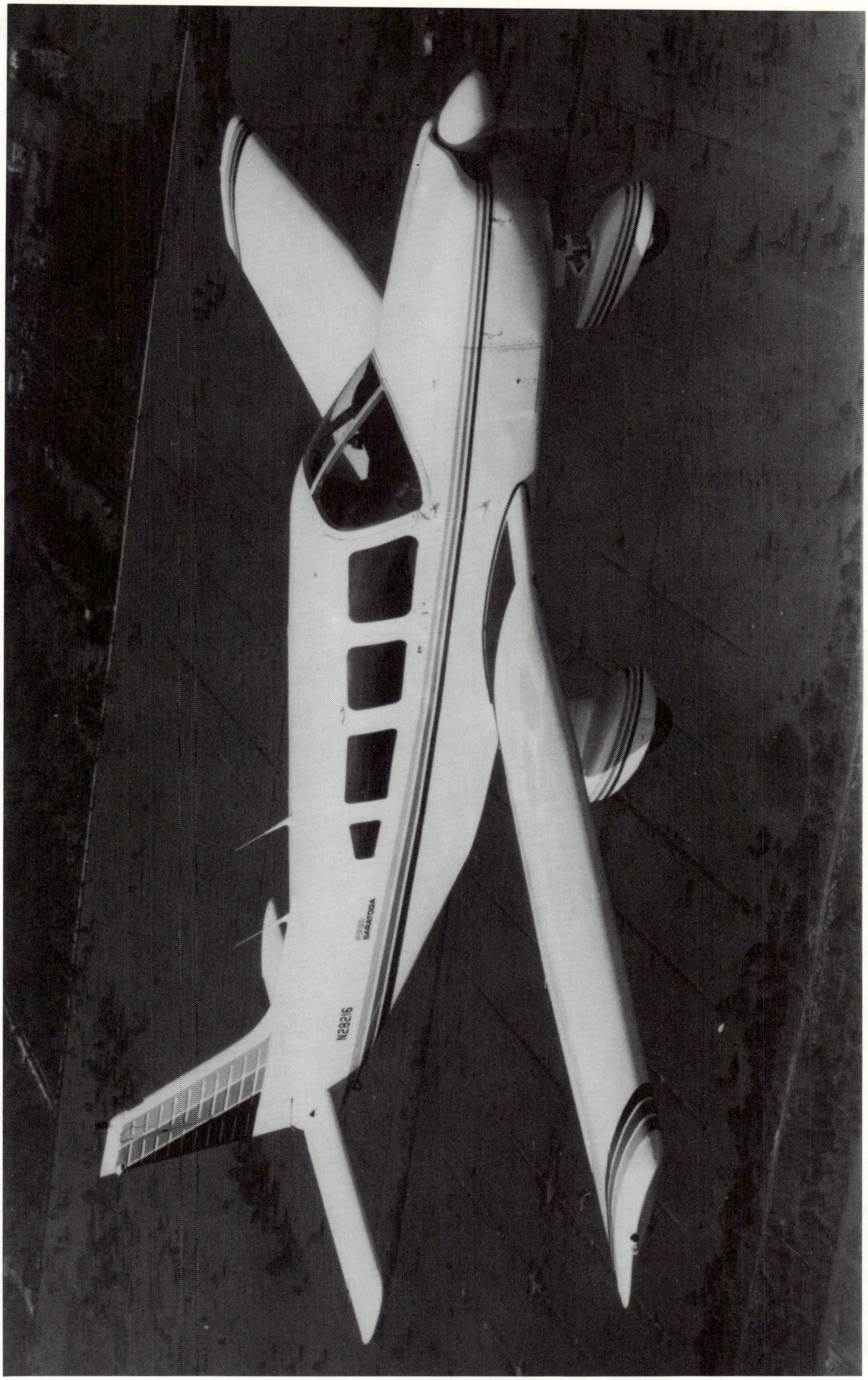
N28216
SARATOGA

Piper — Turbo Saratoga

TECHNISCHE DATEN

Triebwerk	Lycoming TIO - 540
Triebwerkart	Turbocharged
Treibstoffart	Flugbenzin
Triebwerkleistung (PS)	300
Triebwerkleistung (kW)	221
Flächenanordnung	Tiefdecker
Fahrwerk	Einziehbar
Propeller	Zweiblatt, verstellbar
Sitzplätze (mit Besatzung)	6
Länge (m)	8,64
Höhe (m)	2,50
Spannweite (m)	11,02
Flügelfläche (qm)	15,42
Leergewicht (kg)	907
Zuladung ohne Treibstoff (kg)	456
Zuladung mit Treibstoff (kg)	734
Zuladung ohne Treibstoff (%)*01	27,79
Zuladung mit Treibstoff (%)*02	44,73
Treibstoff (Liter)	386
Treibstoff (kg)	278
Maximales Startgewicht (kg)	1.641
Flächenbelastung (kg/qm)	106,42
Leistungsbelastung (kg/PS)	5,47
Leistungsbelastung (kg/kW)	7,43
Höchstgeschwindigkeit (km/h)*03	329
Reisegeschwindigkeit (km/h)*04	274
Abreissgeschwindigkeit (km/h)*05	107
Steigleistung einmotorig (m/sek)	5,46
Steigleistung zweimotorig (m/sek)	
Dienstgipfelhöhe einmotorig (m)	6.096
Dienstgipfelhöhe zweimotorig (m)	
Reichweite (km)*06	1.575
Startrollstrecke (m)	338
Startstrecke über 15-m-Hindernis (m)	485
Landerollstrecke (m)	274
Landestrecke über 15-m-Hindernis (m)	518

KOSTENWERTE

Anschaffungspreis (DM)	225.524
Fixe Kosten (DM/p.a.)*07	42.914
Variable Kosten (DM/h)*08	163,00
Treibstoffverbrauch (Liter/h)*09	66,0
Treibstoffverbrauchsindex*10	3,21

KOSTEN JE FLUGSTUNDE UND JAHR BEI:

050 Stunden pro Jahr (DM)	401/1.021
100 Stunden pro Jahr (DM)	282/592
150 Stunden pro Jahr (DM)	242/449
200 Stunden pro Jahr (DM)	222/377
250 Stunden pro Jahr (DM)	210/335
300 Stunden pro Jahr (DM)	203/306
350 Stunden pro Jahr (DM)	197/286
400 Stunden pro Jahr (DM)	193/270
450 Stunden pro Jahr (DM)	189/258
500 Stunden pro Jahr (DM)	187/249
Flugkilometer (DM/km)*11	0,74/1,12
Sitzplatzkilometer (DM/km)*12	0,12/0,19

*ERLÄUTERUNGEN

Alle Kostenwerte verstehen sich ohne Mehrwertsteuer. Bei den Flugstundenkosten enthält der 1. Wert keine Abschreibung und keine Kapitalzinsen (sogenannte „Bürgerliche Kalkulation").

*01	Bezogen auf das maximale Startgewicht
*02	Bezogen auf das maximale Startgewicht
*03	In Meereshöhe (MSL)
*04	65 % Leistung in typischer Reiseflughöhe
*05	Volle Klappen in Landekonfiguration
*06	Wie Wert *04, mit maximaler Tankfüllung
*07	Abschreibung, Zinsen, Sonstige Fixkosten
*08	Treibstoff, Öl, Landegeb., Wartung, Rücklagen
*09	65 % Leistung in typischer Reiseflughöhe
*10	(Liter x 80) : (km/h x Sitze), km/h-Wert *04
*11	Bei 300 Stunden pro Jahr
*12	Bei 300 Stunden pro Jahr

Ausführliche Definitionen im alphabetischen Teil.

Piper Saratoga SP

TECHNISCHE DATEN

Triebwerk	Lycoming IO - 540
Triebwerkart	Einspritzer
Treibstoffart	Flugbenzin
Triebwerkleistung (PS)	300
Triebwerkleistung (kW)	221
Flächenanordnung	Tiefdecker
Fahrwerk	Einziehbar
Propeller	Zweiblatt, verstellbar
Sitzplätze (mit Besatzung)	6
Länge (m)	8,64
Höhe (m)	2,90
Spannweite (m)	11,02
Flügelfläche (qm)	16,56
Leergewicht (kg)	901
Zuladung ohne Treibstoff (kg)	454
Zuladung mit Treibstoff (kg)	732
Zuladung ohne Treibstoff (%)*01	27,81
Zuladung mit Treibstoff (%)*02	44,83
Treibstoff (Liter)	386
Treibstoff (kg)	278
Maximales Startgewicht (kg)	1.633
Flächenbelastung (kg/qm)	98,61
Leistungsbelastung (kg/PS)	5,44
Leistungsbelastung (kg/kW)	7,40
Höchstgeschwindigkeit (km/h)*03	304
Reisegeschwindigkeit (km/h)*04	280
Abreissgeschwindigkeit (km/h)*05	106
Steigleistung einmotorig (m/sek)	5,13
Steigleistung zweimotorig (m/sek)	
Dienstgipfelhöhe einmotorig (m)	5.090
Dienstgipfelhöhe zweimotorig (m)	
Reichweite (km)*06	1.196
Startrollstrecke (m)	309
Startstrecke über 15-m-Hindernis (m)	479
Landerollstrecke (m)	223
Landestrecke über 15-m-Hindernis (m)	491

KOSTENWERTE

Anschaffungspreis (DM)	236.561
Fixe Kosten (DM/p.a.)*07	44.815
Variable Kosten (DM/h)*08	167,00
Treibstoffverbrauch (Liter/h)*09	66,0
Treibstoffverbrauchsindex*10	3,14

KOSTEN JE FLUGSTUNDE UND JAHR BEI:

050 Stunden pro Jahr (DM)	413/1.064
100 Stunden pro Jahr (DM)	290/616
150 Stunden pro Jahr (DM)	249/466
200 Stunden pro Jahr (DM)	229/392
250 Stunden pro Jahr (DM)	217/347
300 Stunden pro Jahr (DM)	208/317
350 Stunden pro Jahr (DM)	203/296
400 Stunden pro Jahr (DM)	198/280
450 Stunden pro Jahr (DM)	195/267
500 Stunden pro Jahr (DM)	192/257

Flugkilometer (DM/km)*11	0,74/1,13
Sitzplatzkilometer (DM/km)*12	0,12/0,19

*ERLÄUTERUNGEN

Alle Kostenwerte verstehen sich ohne Mehrwertsteuer. Bei den Flugstundenkosten enthält der 1. Wert keine Abschreibung und keine Kapitalzinsen (sogenannte „Bürgerliche Kalkulation").

*01	Bezogen auf das maximale Startgewicht
*02	Bezogen auf das maximale Startgewicht
*03	In Meereshöhe (MSL)
*04	65 % Leistung in typischer Reiseflughöhe
*05	Volle Klappen in Landekonfiguration
*06	Wie Wert *04, mit maximaler Tankfüllung
*07	Abschreibung, Zinsen, Sonstige Fixkosten
*08	Treibstoff, Öl, Landegeb., Wartung, Rücklagen
*09	65 % Leistung in typischer Reiseflughöhe
*10	(Liter x 80) : (km/h x Sitze), km/h-Wert *04
*11	Bei 300 Stunden pro Jahr
*12	Bei 300 Stunden pro Jahr

Ausführliche Definitionen im alphabetischen Teil.

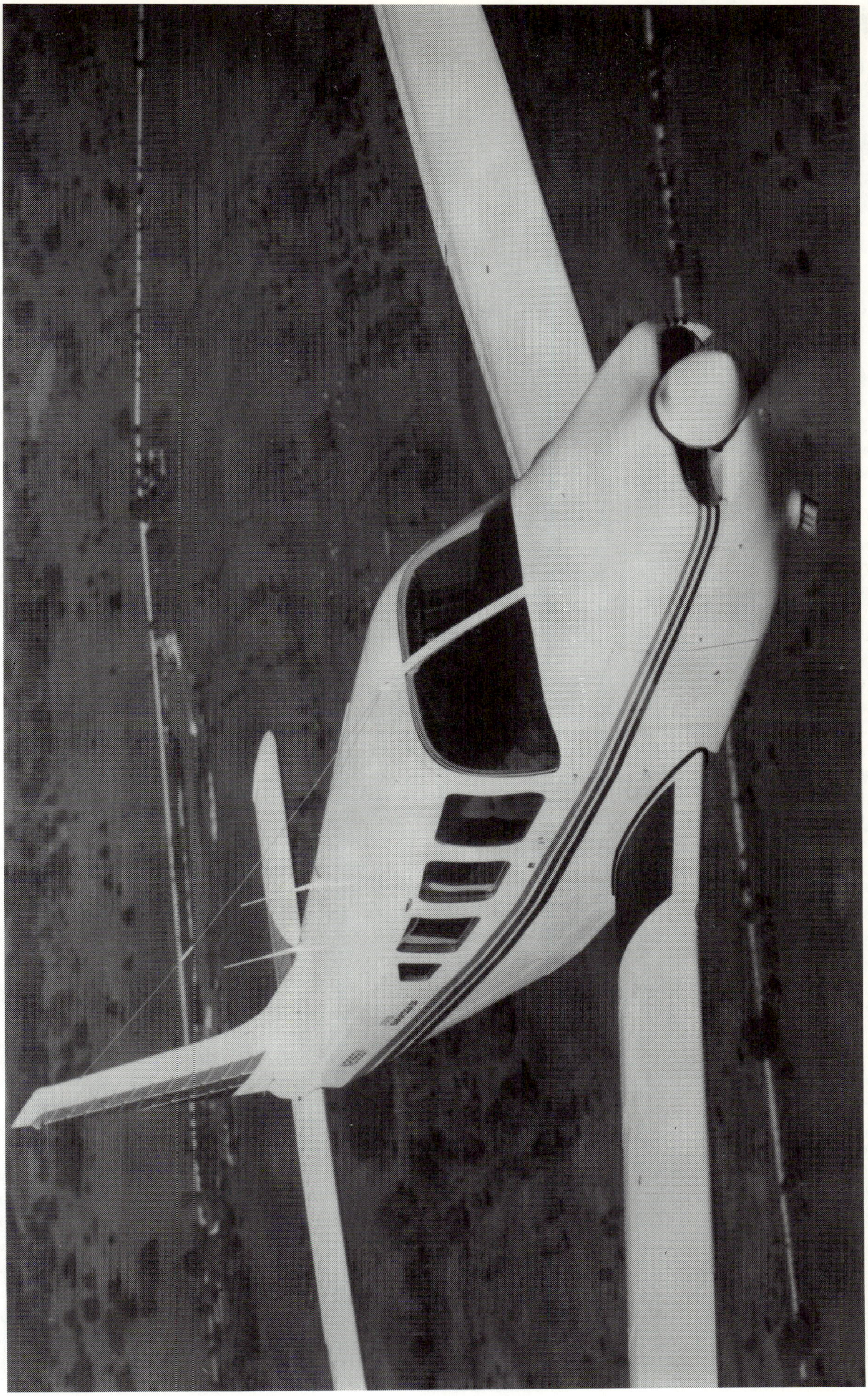

Piper — Turbo Saratoga SP

TECHNISCHE DATEN

Triebwerk	Lycoming TIO - 540
Triebwerkart	Turbocharged
Treibstoffart	Flugbenzin
Triebwerkleistung (PS)	300
Triebwerkleistung (kW)	221
Flächenanordnung	Tiefdecker
Fahrwerk	Einziehbar
Propeller	Zweiblatt, verstellbar
Sitzplätze (mit Besatzung)	6
Länge (m)	8,84
Höhe (m)	2,90
Spannweite (m)	11,02
Flügelfläche (qm)	16,56
Leergewicht (kg)	941
Zuladung ohne Treibstoff (kg)	414
Zuladung mit Treibstoff (kg)	692
Zuladung ohne Treibstoff (%)*01	25,36
Zuladung mit Treibstoff (%)*02	42,38
Treibstoff (Liter)	386
Treibstoff (kg)	278
Maximales Startgewicht (kg)	1.633
Flächenbelastung (kg/qm)	98,61
Leistungsbelastung (kg/PS)	5,44
Leistungsbelastung (kg/kW)	7,40
Höchstgeschwindigkeit (km/h)*03	354
Reisegeschwindigkeit (km/h)*04	296
Abreissgeschwindigkeit (km/h)*05	104
Steigleistung einmotorig (m/sek)	5,69
Steigleistung zweimotorig (m/sek)	
Dienstgipfelhöhe einmotorig (m)	6.096
Dienstgipfelhöhe zweimotorig (m)	
Reichweite (km)*06	1.702
Startrollstrecke (m)	293
Startstrecke über 15-m-Hindernis (m)	433
Landerollstrecke (m)	198
Landestrecke über 15-m-Hindernis (m)	500

KOSTENWERTE

Anschaffungspreis (DM)	253.609
Fixe Kosten (DM/p.a.)*07	47.756
Variable Kosten (DM/h)*08	171,00
Treibstoffverbrauch (Liter/h)*09	66,0
Treibstoffverbrauchsindex*10	2,97

KOSTEN JE FLUGSTUNDE UND JAHR BEI:

050 Stunden pro Jahr (DM)	429/1.126
100 Stunden pro Jahr (DM)	300/648
150 Stunden pro Jahr (DM)	257/489
200 Stunden pro Jahr (DM)	235/410
250 Stunden pro Jahr (DM)	222/362
300 Stunden pro Jahr (DM)	214/330
350 Stunden pro Jahr (DM)	208/307
400 Stunden pro Jahr (DM)	203/290
450 Stunden pro Jahr (DM)	200/270
500 Stunden pro Jahr (DM)	197/266

Flugkilometer (DM/km)*11	0,72/1,12
Sitzplatzkilometer (DM/km)*12	0,12/0,19

*ERLÄUTERUNGEN

Alle Kostenwerte verstehen sich ohne Mehrwertsteuer. Bei den Flugstundenkosten enthält der 1. Wert keine Abschreibung und keine Kapitalzinsen (sogenannte „Bürgerliche Kalkulation").

*01	Bezogen auf das maximale Startgewicht
*02	Bezogen auf das maximale Startgewicht
*03	In Meereshöhe (MSL)
*04	65 % Leistung in typischer Reiseflughöhe
*05	Volle Klappen in Landekonfiguration
*06	Wie Wert *04, mit maximaler Tankfüllung
*07	Abschreibung, Zinsen, Sonstige Fixkosten
*08	Treibstoff, Öl, Landegeb., Wartung, Rücklagen
*09	65 % Leistung in typischer Reiseflughöhe
*10	(Liter x 80) : (km/h x Sitze), km/h-Wert *04
*11	Bei 300 Stunden pro Jahr
*12	Bei 300 Stunden pro Jahr

Ausführliche Definitionen im alphabetischen Teil.

Piper Seminole

TECHNISCHE DATEN

Triebwerk	2 x Lycoming 0 - 360
Triebwerkart	Vergasermotore
Treibstoffart	Flugbenzin
Triebwerkleistung (PS)	2 x 180
Triebwerkleistung (kW)	2 x 132
Flächenanordnung	Tiefdecker
Fahrwerk	Einziehbar
Propeller	2 x Zweiblatt, verstellbar
Sitzplätze (mit Besatzung)	4
Länge (m)	8,41
Höhe (m)	2,59
Spannweite (m)	11,75
Flügelfläche (qm)	16,72
Leergewicht (kg)	1.070
Zuladung ohne Treibstoff (kg)	359
Zuladung mit Treibstoff (kg)	653
Zuladung ohne Treibstoff (%)*01	20,85
Zuladung mit Treibstoff (%)*02	37,90
Treibstoff (Liter)	408
Treibstoff (kg)	294
Maximales Startgewicht (kg)	1.723
Flächenbelastung (kg/qm)	103,05
Leistungsbelastung (kg/PS)	4,79
Leistungsbelastung (kg/kW)	6,50
Höchstgeschwindigkeit (km/h)*03	314
Reisegeschwindigkeit (km/h)*04	299
Abreissgeschwindigkeit (km/h)*05	98
Steigleistung einmotorig (m/sek)	1,10
Steigleistung zweimotorig (m/sek)	6,81
Dienstgipfelhöhe einmotorig (m)	1.249
Dienstgipfelhöhe zweimotorig (m)	5.212
Reichweite (km)*06	1.487
Startrollstrecke (m)	268
Startstrecke über 15-m-Hindernis (m)	426
Landerollstrecke (m)	117
Landestrecke über 15-m-Hindernis (m)	363

KOSTENWERTE

Anschaffungspreis (DM)	256.290
Fixe Kosten (DM/p.a.)*07	43.388
Variable Kosten (DM/h)*08	190,00
Treibstoffverbrauch (Liter/h)*09	79,2
Treibstoffverbrauchsindex*10	5,30

KOSTEN JE FLUGSTUNDE UND JAHR BEI:

050 Stunden pro Jahr (DM)	453/1.158
100 Stunden pro Jahr (DM)	322/674
150 Stunden pro Jahr (DM)	278/513
200 Stunden pro Jahr (DM)	256/432
250 Stunden pro Jahr (DM)	243/384
300 Stunden pro Jahr (DM)	234/351
350 Stunden pro Jahr (DM)	228/328
400 Stunden pro Jahr (DM)	223/311
450 Stunden pro Jahr (DM)	219/298
500 Stunden pro Jahr (DM)	216/287
Flugkilometer (DM/km)*11	0,78/1,18
Sitzplatzkilometer (DM/km)*12	0,20/0,29

*ERLÄUTERUNGEN

Alle Kostenwerte verstehen sich ohne Mehrwertsteuer. Bei den Flugstundenkosten enthält der 1. Wert keine Abschreibung und keine Kapitalzinsen (sogenannte „Bürgerliche Kalkulation“).

*01	Bezogen auf das maximale Startgewicht
*02	Bezogen auf das maximale Startgewicht
*03	In Meereshöhe (MSL)
*04	65 % Leistung in typischer Reiseflughöhe
*05	Volle Klappen in Landekonfiguration
*06	Wie Wert *04, mit maximaler Tankfüllung
*07	Abschreibung, Zinsen, Sonstige Fixkosten
*08	Treibstoff, Öl, Landegeb., Wartung, Rücklagen
*09	65 % Leistung in typischer Reiseflughöhe
*10	(Liter x 80) : (km/h x Sitze), km/h-Wert *04
*11	Bei 300 Stunden pro Jahr
*12	Bei 300 Stunden pro Jahr

Ausführliche Definitionen im alphabetischen Teil.

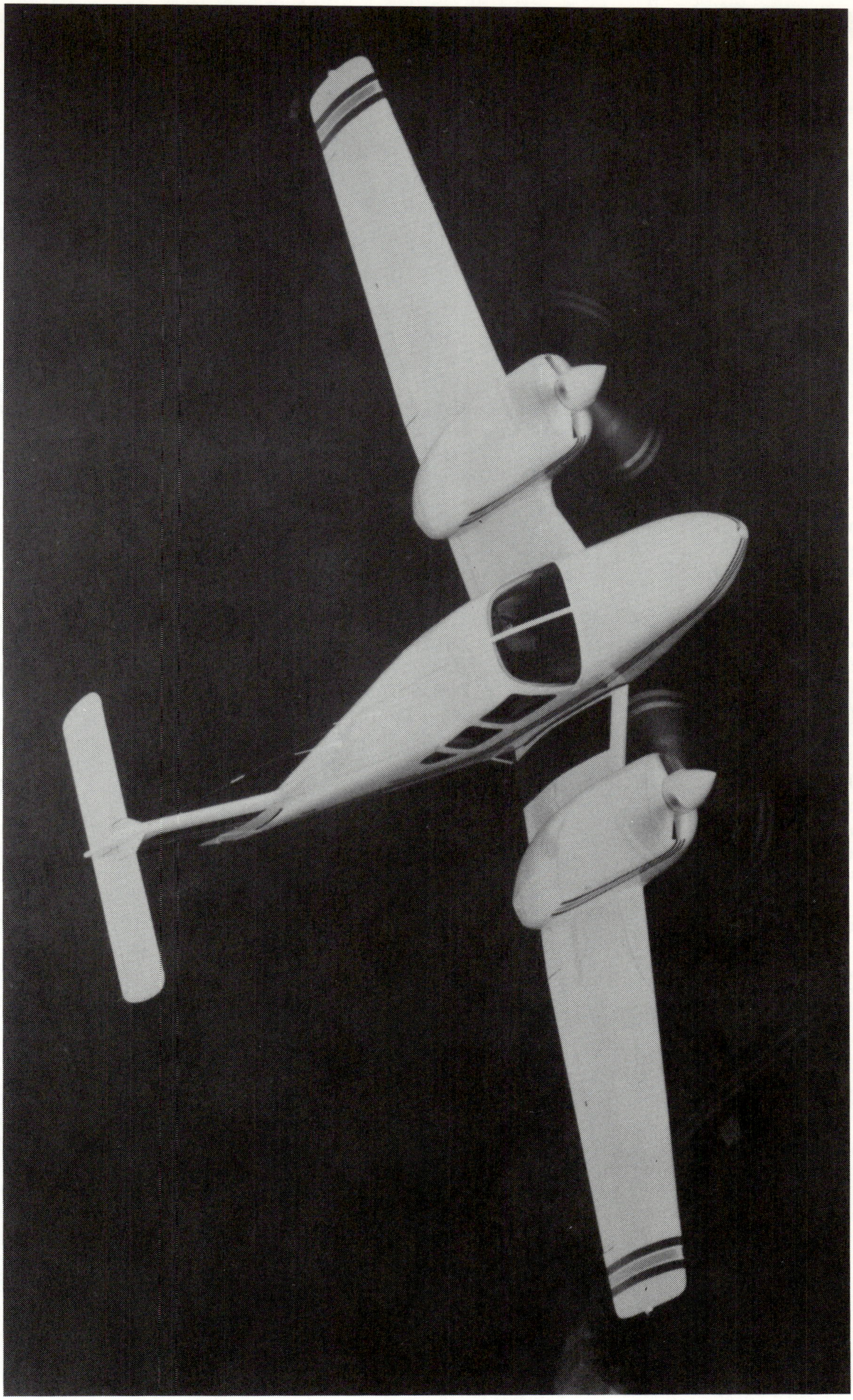

Piper Seneca II

TECHNISCHE DATEN

Triebwerk . . . . 2 x Continental TSIO - 360
Triebwerkart . . . . Turbocharged
Treibstoffart . . . . Flugbenzin
Triebwerkleistung (PS) . . . . 2 x 200
Triebwerkleistung (kW) . . . . 2 x 132

Flächenanordnung . . . . Tiefdecker
Fahrwerk . . . . Einziehbar
Propeller . . . . 2 x Zweiblatt, verstellbar
Sitzplätze (mit Besatzung) 6

Länge (m) 8,69
Höhe (m) 3,02
Spannweite (m) 11,86
Flügelfläche (qm) 19,39

Leergewicht (kg) 1.278
Zuladung ohne Treibstoff (kg) 430
Zuladung mit Treibstoff (kg) 778
Zuladung ohne Treibstoff (%)*01 20,93
Zuladung mit Treibstoff (%)*02 37,84
Treibstoff (Liter) 483
Treibstoff (kg) 348
Maximales Startgewicht (kg) 2.056

Flächenbelastung (kg/qm) 106,03
Leistungsbelastung (kg/PS) 5,71
Leistungsbelastung (kg/kW) 7,76

Höchstgeschwindigkeit (km/h)*03 352
Reisegeschwindigkeit (km/h)*04 308
Abreissgeschwindigkeit (km/h)*05 113

Steigleistung einmotorig (m/sek) 1,41
Steigleistung zweimotorig (m/sek) 6,81
Dienstgipfelhöhe einmotorig (m) 4.081
Dienstgipfelhöhe zweimotorig (m) 7.620
Reichweite (km)*06 . . . . 1.856

Startrollstrecke (m) 274
Startstrecke über 15-m-Hindernis (m) 378
Landerollstrecke (m) 421
Landestrecke über 15-m-Hindernis (m) 637

KOSTENWERTE

Anschaffungspreis (DM) 324.877
Fixe Kosten (DM/p.a.)*07 . . . . 60.877
Variable Kosten (DM/h)*08 221,00
Treibstoffverbrauch (Liter/h)*09 88,00
Treibstoffverbrauchsindex*10 3,81

KOSTEN JE FLUGSTUNDE UND JAHR BEI:

050 Stunden pro Jahr (DM) 545/1.438
100 Stunden pro Jahr (DM) 383/830
150 Stunden pro Jahr (DM) 329/627
200 Stunden pro Jahr (DM) 302/525
250 Stunden pro Jahr (DM) 286/464
300 Stunden pro Jahr (DM) 275/424
350 Stunden pro Jahr (DM) 267/395
400 Stunden pro Jahr (DM) 261/373
450 Stunden pro Jahr (DM) 257/356
500 Stunden pro Jahr (DM) 253/343

Flugkilometer (DM/km)*11 . . . . 0,89/1,38
Sitzplatzkilometer (DM/km)*12 . . . . 0,15/0,23

*ERLÄUTERUNGEN

Alle Kostenwerte verstehen sich ohne Mehrwertsteuer. Bei den Flugstundenkosten enthält der 1. Wert keine Abschreibung und keine Kapitalzinsen (sogenannte „Bürgerliche Kalkulation").

*01 . . . . Bezogen auf das maximale Startgewicht
*02 . . . . Bezogen auf das maximale Startgewicht
*03 . . . . In Meereshöhe (MSL)
*04 . . . . 65 % Leistung in typischer Reiseflughöhe
*05 . . . . Volle Klappen in Landekonfiguration
*06 . . . . . . Wie Wert *04, mit maximaler Tankfüllung
*07 . . . . . . Abschreibung, Zinsen, Sonstige Fixkosten
*08 . . . Treibstoff, Öl, Landegeb., Wartung, Rücklagen
*09 . . . . 65 % Leistung in typischer Reiseflughöhe
*10 . . . . (Liter x 80) : (km/h x Sitze), km/h-Wert *04
*11 . . . . Bei 300 Stunden pro Jahr
*12 . . . . Bei 300 Stunden pro Jahr

Ausführliche Definitionen im alphabetischen Teil.

Piper Aztec F

TECHNISCHE DATEN

Triebwerk	2 x Lycoming I0 - 540
Triebwerkart	Einspritzer
Treibstoffart	Flugbenzin
Triebwerkleistung (PS)	2 x 250
Triebwerkleistung (kW)	2 x 184
Flächenanordnung	Tiefdecker
Fahrwerk	Einziehbar
Propeller	2 x Zweiblatt, verstellbar
Sitzplätze (mit Besatzung)	6
Länge (m)	9,50
Höhe (m)	3,10
Spannweite (m)	11,40
Flügelfläche (qm)	19,23
Leergewicht (kg)	1.444
Zuladung ohne Treibstoff (kg)	432
Zuladung mit Treibstoff (kg)	915
Zuladung ohne Treibstoff (%)*01	18,31
Zuladung mit Treibstoff (%)*02	38,79
Treibstoff (Liter)	671
Treibstoff (kg)	483
Maximales Startgewicht (kg)	2.359
Flächenbelastung (kg/qm)	122,67
Leistungsbelastung (kg/PS)	4,72
Leistungsbelastung (kg/kW)	6,41
Höchstgeschwindigkeit (km/h)*03	364
Reisegeschwindigkeit (km/h)*04	315
Abreissgeschwindigkeit (km/h)*05	101
Steigleistung einmotorig (m/sek)	1,19
Steigleistung zweimotorig (m/sek)	7,11
Dienstgipfelhöhe einmotorig (m)	1.480
Dienstgipfelhöhe zweimotorig (m)	5.368
Reichweite (km)*06	1.899
Startrollstrecke (m)	302
Startstrecke über 15-m-Hindernis (m)	604
Landerollstrecke (m)	232
Landestrecke über 15-m-Hindernis (m)	483

KOSTENWERTE

Anschaffungspreis (DM)	392.570
Fixe Kosten (DM/p.a.)*07	73.093
Variable Kosten (DM/h)*08	260,00
Treibstoffverbrauch (Liter/h)*09	110,0
Treibstoffverbrauchsindex*10	4,66

KOSTEN JE FLUGSTUNDE UND JAHR BEI:

050 Stunden pro Jahr (DM)	642/1.722
100 Stunden pro Jahr (DM)	451/991
150 Stunden pro Jahr (DM)	387/747
200 Stunden pro Jahr (DM)	355/625
250 Stunden pro Jahr (DM)	336/552
300 Stunden pro Jahr (DM)	324/503
350 Stunden pro Jahr (DM)	314/469
400 Stunden pro Jahr (DM)	308/443
450 Stunden pro Jahr (DM)	302/422
500 Stunden pro Jahr (DM)	298/406

Flugkilometer (DM/km)*11	1,03/1,60
Sitzplatzkilometer (DM/km)*12	0,17/0,27

*ERLÄUTERUNGEN

Alle Kostenwerte verstehen sich ohne Mehrwertsteuer. Bei den Flugstundenkosten enthält der 1. Wert keine Abschreibung und keine Kapitalzinsen (sogenannte „Bürgerliche Kalkulation").

*01	Bezogen auf das maximale Startgewicht
*02	Bezogen auf das maximale Startgewicht
*03	In Meereshöhe (MSL)
*04	65 % Leistung in typischer Reiseflughöhe
*05	Volle Klappen in Landekonfiguration
*06	Wie Wert *04, mit maximaler Tankfüllung
*07	Abschreibung, Zinsen, Sonstige Fixkosten
*08	Treibstoff, Öl, Landegeb., Wartung, Rücklagen
*09	65 % Leistung in typischer Reiseflughöhe
*10	(Liter x 80) : (km/h x Sitze), km/h-Wert *04
*11	Bei 300 Stunden pro Jahr
*12	Bei 300 Stunden pro Jahr

Ausführliche Definitionen im alphabetischen Teil.

Piper Turbo Aztec F

TECHNISCHE DATEN

Triebwerk	2 x Lycoming TIO - 540
Triebwerkart	Turbocharged
Treibstoffart	Flugbenzin
Triebwerkleistung (PS)	2 x 250
Triebwerkleistung (kW)	2 x 184
Flächenanordnung	Tiefdecker
Fahrwerk	Einziehbar
Propeller	2 x Zweiblatt, verstellbar
Sitzplätze (mit Besatzung)	6
Länge (m)	9,50
Höhe (m)	3,10
Spannweite (m)	11,40
Flügelfläche (qm)	19,23
Leergewicht (kg)	1.507
Zuladung ohne Treibstoff (kg)	369
Zuladung mit Treibstoff (kg)	852
Zuladung ohne Treibstoff (%)*01	15,64
Zuladung mit Treibstoff (%)*02	36,12
Treibstoff (Liter)	671
Treibstoff (kg)	483
Maximales Startgewicht (kg)	2.359
Flächenbelastung (kg/qm)	122,67
Leistungsbelastung (kg/PS)	4,72
Leistungsbelastung (kg/kW)	6,41
Höchstgeschwindigkeit (km/h)*03	398
Reisegeschwindigkeit (km/h)*04	357
Abreissgeschwindigkeit (km/h)*05	101
Steigleistung einmotorig (m/sek)	1,14
Steigleistung zweimotorig (m/sek)	7,47
Dienstgipfelhöhe einmotorig (m)	4.101
Dienstgipfelhöhe zweimotorig (m)	7.320
Reichweite (km)*06	2.152
Startrollstrecke (m)	302
Startstrecke über 15-m-Hindernis (m)	604
Landerollstrecke (m)	232
Landestrecke über 15-m-Hindernis (m)	483

KOSTENWERTE

Anschaffungspreis (DM)	456.716
Fixe Kosten (DM/p.a.)*07	84.158
Variable Kosten (DM/h)*08	273,00
Treibstoffverbrauch (Liter/h)*09	110,0
Treibstoffverbrauchsindex*10	4,11

KOSTEN JE FLUGSTUNDE UND JAHR BEI:

050 Stunden pro Jahr (DM)	700/1.956
100 Stunden pro Jahr (DM)	486/1.114
150 Stunden pro Jahr (DM)	415/834
200 Stunden pro Jahr (DM)	379/693
250 Stunden pro Jahr (DM)	358/609
300 Stunden pro Jahr (DM)	344/553
350 Stunden pro Jahr (DM)	334/513
400 Stunden pro Jahr (DM)	326/483
450 Stunden pro Jahr (DM)	320/460
500 Stunden pro Jahr (DM)	315/441
Flugkilometer (DM/km)*11	0,96/1,55
Sitzplatzkilometer (DM/km)*12	0,16/0,26

*ERLÄUTERUNGEN

Alle Kostenwerte verstehen sich ohne Mehrwertsteuer. Bei den Flugstundenkosten enthält der 1. Wert keine Abschreibung und keine Kapitalzinsen (sogenannte „Bürgerliche Kalkulation").

*01	Bezogen auf das maximale Startgewicht
*02	Bezogen auf das maximale Startgewicht
*03	In Meereshöhe (MSL)
*04	65 % Leistung in typischer Reiseflughöhe
*05	Volle Klappen in Landekonfiguration
*06	Wie Wert *04, mit maximaler Tankfüllung
*07	Abschreibung, Zinsen, Sonstige Fixkosten
*08	Treibstoff, Öl, Landegeb., Wartung, Rücklagen
*09	65 % Leistung in typischer Reiseflughöhe
*10	(Liter x 80) : (km/h x Sitze), km/h-Wert *04
*11	Bei 300 Stunden pro Jahr
*12	Bei 300 Stunden pro Jahr

Ausführliche Definitionen im alphabetischen Teil.

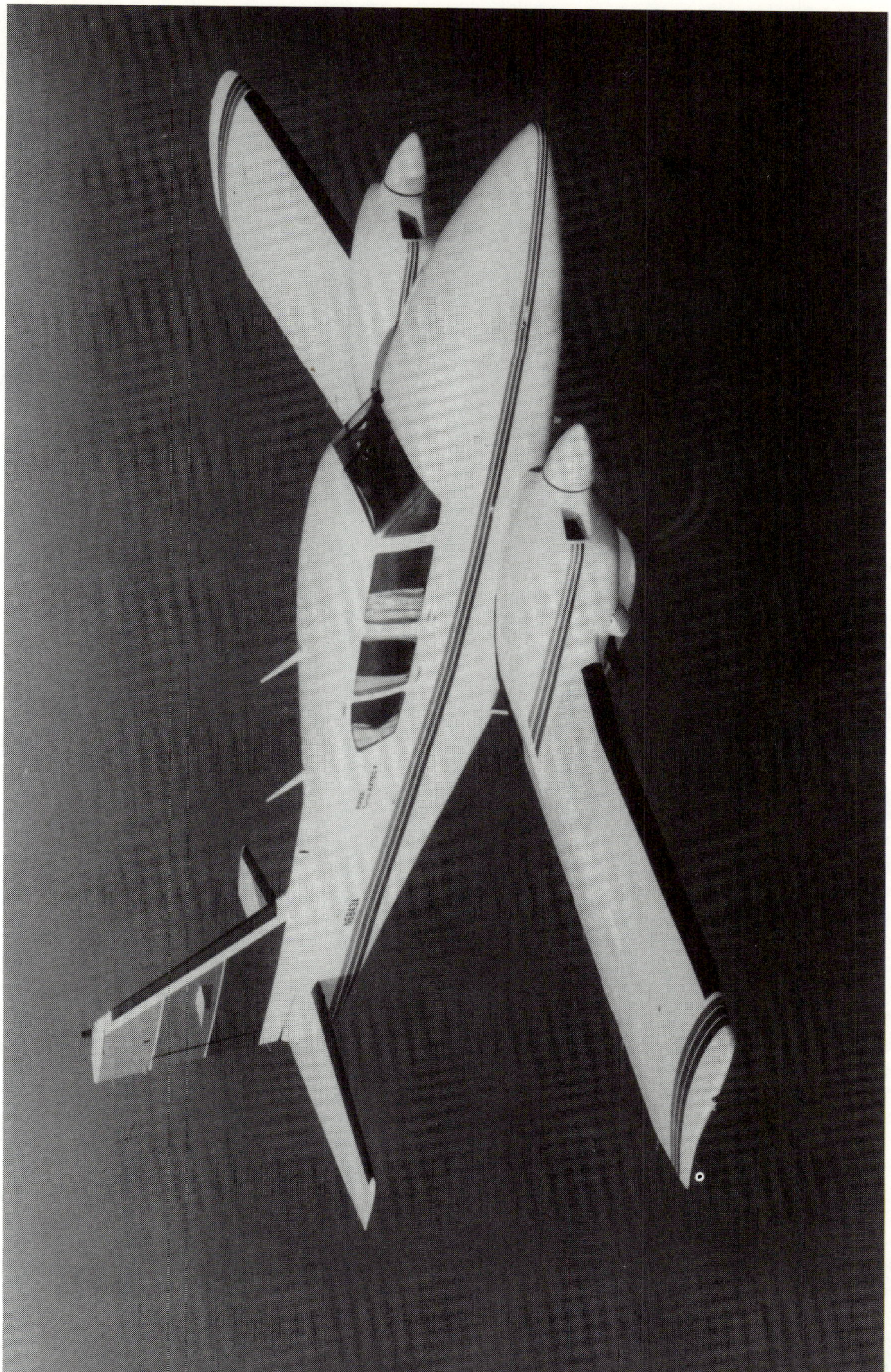

Piper   Aerostar 600 A

TECHNISCHE DATEN

Triebwerk	2 x Lycoming IO - 540
Triebwerkart	Einspritzer
Treibstoffart	Flugbenzin
Triebwerkleistung (PS)	2 x 290
Triebwerkleistung (kW)	2 x 213
Flächenanordnung	Tiefdecker
Fahrwerk	Einziehbar
Propeller	2 x Dreiblatt, verstellbar
Sitzplätze (mit Besatzung)	6
Länge (m)	10,60
Höhe (m)	3,70
Spannweite (m)	10,40
Flügelfläche (qm)	15,79
Leergewicht (kg)	1.697
Zuladung ohne Treibstoff (kg)	346
Zuladung mit Treibstoff (kg)	797
Zuladung ohne Treibstoff (%)*01	13,88
Zuladung mit Treibstoff (%)*02	31,96
Treibstoff (Liter)	626
Treibstoff (kg)	451
Maximales Startgewicht (kg)	2.494
Flächenbelastung (kg/qm)	157,95
Leistungsbelastung (kg/PS)	4,30
Leistungsbelastung (kg/kW)	5,84
Höchstgeschwindigkeit (km/h)*03	408
Reisegeschwindigkeit (km/h)*04	394
Abreissgeschwindigkeit (km/h)*05	137
Steigleistung einmotorig (m/sek)	1,83
Steigleistung zweimotorig (m/sek)	9,14
Dienstgipfelhöhe einmotorig (m)	1.920
Dienstgipfelhöhe zweimotorig (m)	6.462
Reichweite (km)*06	1.852
Startrollstrecke (m)	472
Startstrecke über 15-m-Hindernis (m)	594
Landerollstrecke (m)	317
Landestrecke über 15-m-Hindernis (m)	561

KOSTENWERTE

Anschaffungspreis (DM)	485.958
Fixe Kosten (DM/p.a.)*07	89.456
Variable Kosten (DM/h)*08	312,00
Treibstoffverbrauch (Liter/h)*09	127,6
Treibstoffverbrauchsindex*10	4,32

KOSTEN JE FLUGSTUNDE UND JAHR BEI:

050 Stunden pro Jahr (DM)	765/2.101
100 Stunden pro Jahr (DM)	538/1.206
150 Stunden pro Jahr (DM)	463/908
200 Stunden pro Jahr (DM)	425/759
250 Stunden pro Jahr (DM)	402/670
300 Stunden pro Jahr (DM)	387/610
350 Stunden pro Jahr (DM)	376/567
400 Stunden pro Jahr (DM)	368/535
450 Stunden pro Jahr (DM)	362/511
500 Stunden pro Jahr (DM)	357/491
Flugkilometer (DM/km)*11	0,98/1,55
Sitzplatzkilometer (DM/km)*12	0,16/0,26

*ERLÄUTERUNGEN

Alle Kostenwerte verstehen sich ohne Mehrwertsteuer. Bei den Flugstundenkosten enthält der 1. Wert keine Abschreibung und keine Kapitalzinsen (sogenannte „Bürgerliche Kalkulation").

*01	Bezogen auf das maximale Startgewicht
*02	Bezogen auf das maximale Startgewicht
*03	In Meereshöhe (MSL)
*04	65 % Leistung in typischer Reiseflughöhe
*05	Volle Klappen in Landekonfiguration
*06	Wie Wert *04, mit maximaler Tankfüllung
*07	Abschreibung, Zinsen, Sonstige Fixkosten
*08	Treibstoff, Öl, Landegeb., Wartung, Rücklagen
*09	65 % Leistung in typischer Reiseflughöhe
*10	(Liter x 80) : (km/h x Sitze), km/h-Wert *04
*11	Bei 300 Stunden pro Jahr
*12	Bei 300 Stunden pro Jahr

Ausführliche Definitionen im alphabetischen Teil.

Piper Aerostar 601 B

TECHNISCHE DATEN

Triebwerk	2 x Lycoming IO - 540
Triebwerkart	Einspritzer
Treibstoffart	Flugbenzin
Triebwerkleistung (PS)	2 x 290
Triebwerkleistung (kW)	2 x 213
Flächenanordnung	Tiefdecker
Fahrwerk	Einziehbar
Propeller	2 x Dreiblatt, verstellbar
Sitzplätze (mit Besatzung)	6
Länge (m)	10,62
Höhe (m)	3,68
Spannweite (m)	11,18
Flügelfläche (qm)	16,50
Leergewicht (kg)	1.793
Zuladung ohne Treibstoff (kg)	734
Zuladung mit Treibstoff (kg)	1.207
Zuladung ohne Treibstoff (%)*01	16,07
Zuladung mit Treibstoff (%)*02	44,70
Treibstoff (Liter)	657
Treibstoff (kg)	473
Maximales Startgewicht (kg)	2.700
Flächenbelastung (kg/qm)	163,64
Leistungsbelastung (kg/PS)	4,66
Leistungsbelastung (kg/kW)	6,32
Höchstgeschwindigkeit (km/h)*03	475
Reisegeschwindigkeit (km/h)*04	440
Abreissgeschwindigkeit (km/h)*05	142
Steigleistung einmotorig (m/sek)	2,39
Steigleistung zweimotorig (m/sek)	9,75
Dienstgipfelhöhe einmotorig (m)	3.480
Dienstgipfelhöhe zweimotorig (m)	9.145
Reichweite (km)*06	2.187
Startrollstrecke (m)	446
Startstrecke über 15-m-Hindernis (m)	758
Landerollstrecke (m)	281
Landestrecke über 15-m-Hindernis (m)	618

KOSTENWERTE

Anschaffungspreis (DM)	543.006
Fixe Kosten (DM/p.a.)*07	99.722
Variable Kosten (DM/h)*08	323,00
Treibstoffverbrauch (Liter/h)*09	127,6
Treibstoffverbrauchsindex*10	3,87

KOSTEN JE FLUGSTUNDE UND JAHR BEI:

050 Stunden pro Jahr (DM)	824/2.318
100 Stunden pro Jahr (DM)	574/1.320
150 Stunden pro Jahr (DM)	490/988
200 Stunden pro Jahr (DM)	449/822
250 Stunden pro Jahr (DM)	423/722
300 Stunden pro Jahr (DM)	407/656
350 Stunden pro Jahr (DM)	395/608
400 Stunden pro Jahr (DM)	386/573
450 Stunden pro Jahr (DM)	379/545
500 Stunden pro Jahr (DM)	373&523

Flugkilometer (DM/km)*11	0,92/1,49
Sitzplatzkilometer (DM/km)*12	0,15/0,25

*ERLÄUTERUNGEN

Alle Kostenwerte verstehen sich ohne Mehrwertsteuer. Bei den Flugstundenkosten enthält der 1. Wert keine Abschreibung und keine Kapitalzinsen (sogenannte „Bürgerliche Kalkulation").

*01	Bezogen auf das maximale Startgewicht
*02	Bezogen auf das maximale Startgewicht
*03	In Meereshöhe (MSL)
*04	65 % Leistung in typischer Reiseflughöhe
*05	Volle Klappen in Landekonfiguration
*06	Wie Wert *04, mit maximaler Tankfüllung
*07	Abschreibung, Zinsen, Sonstige Fixkosten
*08	Treibstoff, Öl, Landegeb., Wartung, Rücklagen
*09	65 % Leistung in typischer Reiseflughöhe
*10	(Liter x 80) : (km/h x Sitze), km/h-Wert *04
*11	Bei 300 Stunden pro Jahr
*12	Bei 300 Stunden pro Jahr

Ausführliche Definitionen im alphabetischen Teil.

Piper Aerostar 601 P

TECHNISCHE DATEN

Triebwerk	2 x Lycoming IO - 540
Triebwerkart	Einspritzer
Treibstoffart	Flugbenzin
Triebwerkleistung (PS)	2 x 290
Triebwerkleistung (kW)	2 x 213
Flächenanordnung	Tiefdecker
Fahrwerk	Einziehbar
Propeller	2 x Dreiblatt, verstellbar
Sitzplätze (mit Besatzung)	6
Länge (m)	10,62
Höhe (m)	3,68
Spannweite (m)	11,15
Flügelfläche (qm)	16,50
Leergewicht (kg)	1.825
Zuladung ohne Treibstoff (kg)	402
Zuladung mit Treibstoff (kg)	875
Zuladung ohne Treibstoff (%)*01	14,89
Zuladung mit Treibstoff (%)*02	32,41
Treibstoff (Liter)	657
Treibstoff (kg)	473
Maximales Startgewicht (kg)	2.700
Flächenbelastung (kg/qm)	163,64
Leistungsbelastung (kg/PS)	4,66
Leistungsbelastung (kg/kW)	6,32
Höchstgeschwindigkeit (km/h)*03	475
Reisegeschwindigkeit (km/h)*04	440
Abreissgeschwindigkeit (km/h)*05	142
Steigleistung einmotorig (m/sek)	2,39
Steigleistung zweimotorig (m/sek)	10,16
Dienstgipfelhöhe einmotorig (m)	2.245
Dienstgipfelhöhe zweimotorig (m)	8.030
Reichweite (km)*06	2.187
Startrollstrecke (m)	446
Startstrecke über 15-m-Hindernis (m)	758
Landerollstrecke (m)	281
Landestrecke über 15-m-Hindernis (m)	618

KOSTENWERTE

Anschaffungspreis (DM)	707.478
Fixe Kosten (DM/p.a.)*07	128.053
Variable Kosten (DM/h)*08	372,00
Treibstoffverbrauch (Liter/h)*09	127,6
Treibstoffverbrauchsindex*10	3,87

KOSTEN JE FLUGSTUNDE UND JAHR BEI:

050 Stunden pro Jahr (DM)	988/2.933
100 Stunden pro Jahr (DM)	680/1.653
150 Stunden pro Jahr (DM)	577/1.226
200 Stunden pro Jahr (DM)	526/1.012
250 Stunden pro Jahr (DM)	495/884
300 Stunden pro Jahr (DM)	475/799
350 Stunden pro Jahr (DM)	460/738
400 Stunden pro Jahr (DM)	449/692
450 Stunden pro Jahr (DM)	441/657
500 Stunden pro Jahr (DM)	434/628
Flugkilometer (DM/km)*11	1,08/1,82
Sitzplatzkilometer (DM/km)*12	0,18/0,30

*ERLÄUTERUNGEN

Alle Kostenwerte verstehen sich ohne Mehrwertsteuer. Bei den Flugstundenkosten enthält der 1. Wert keine Abschreibung und keine Kapitalzinsen (sogenannte „Bürgerliche Kalkulation").

*01	Bezogen auf das maximale Startgewicht
*02	Bezogen auf das maximale Startgewicht
*03	In Meereshöhe (MSL)
*04	65 % Leistung in typischer Reiseflughöhe
*05	Volle Klappen in Landekonfiguration
*06	Wie Wert *04, mit maximaler Tankfüllung
*07	Abschreibung, Zinsen, Sonstige Fixkosten
*08	Treibstoff, Öl, Landegeb., Wartung, Rücklagen
*09	65 % Leistung in typischer Reiseflughöhe
*10	(Liter x 80) : (km/h x Sitze), km/h-Wert *04
*11	Bei 300 Stunden pro Jahr
*12	Bei 300 Stunden pro Jahr

Ausführliche Definitionen im alphabetischen Teil.

Piper Navajo

TECHNISCHE DATEN

Triebwerk	2 x Lycoming TIO - 540
Triebwerkart	Turbocharged
Treibstoffart	Flugbenzin
Triebwerkleistung (PS)	2 x 310
Triebwerkleistung (kW)	2 x 228
Flächenanordnung	Tiefdecker
Fahrwerk	Einziehbar
Propeller	2 x Dreiblatt, verstellbar
Sitzplätze (mit Besatzung)	6
Länge (m)	9,93
Höhe (m)	3,96
Spannweite (m)	12,40
Flügelfläche (qm)	21,30
Leergewicht (kg)	1.801
Zuladung ohne Treibstoff (kg)	602
Zuladung mit Treibstoff (kg)	1.124
Zuladung ohne Treibstoff (%)*01	20,58
Zuladung mit Treibstoff (%)*02	38,43
Treibstoff (Liter)	725
Treibstoff (kg)	522
Maximales Startgewicht (kg)	2.925
Flächenbelastung (kg/qm)	137,32
Leistungsbelastung (kg/PS)	4,72
Leistungsbelastung (kg/kW)	6,41
Höchstgeschwindigkeit (km/h)*03	398
Reisegeschwindigkeit (km/h)*04	378
Abreissgeschwindigkeit (km/h)*05	130
Steigleistung einmotorig (m/sek)	1,24
Steigleistung zweimotorig (m/sek)	6,20
Dienstgipfelhöhe einmotorig (m)	4.846
Dienstgipfelhöhe zweimotorig (m)	7.315
Reichweite (km)*06	1.949
Startrollstrecke (m)	375
Startstrecke über 15-m-Hindernis (m)	638
Landerollstrecke (m)	252
Landestrecke über 15-m-Hindernis (m)	554

KOSTENWERTE

Anschaffungspreis (DM)	592.154
Fixe Kosten (DM/p.a.)*07	108.626
Variable Kosten (DM/h)*08	347,00
Treibstoffverbrauch (Liter/h)*09	136,4
Treibstoffverbrauchsindex*10	3,61

KOSTEN JE FLUGSTUNDE UND JAHR BEI:

050 Stunden pro Jahr (DM)	891/2.520
100 Stunden pro Jahr (DM)	619/1.433
150 Stunden pro Jahr (DM)	529/1.071
200 Stunden pro Jahr (DM)	483/890
250 Stunden pro Jahr (DM)	456/782
300 Stunden pro Jahr (DM)	438/709
350 Stunden pro Jahr (DM)	425/658
400 Stunden pro Jahr (DM)	415/619
450 Stunden pro Jahr (DM)	408/589
500 Stunden pro Jahr (DM)	402/564

Flugkilometer (DM/km)*11	1,16/1,88
Sitzplatzkilometer (DM/km)*12	0,14/0,23

*ERLÄUTERUNGEN

Alle Kostenwerte verstehen sich ohne Mehrwertsteuer. Bei den Flugstundenkosten enthält der 1. Wert keine Abschreibung und keine Kapitalzinsen (sogenannte „Bürgerliche Kalkulation").

*01	Bezogen auf das maximale Startgewicht
*02	Bezogen auf das maximale Startgewicht
*03	In Meereshöhe (MSL)
*04	65 % Leistung in typischer Reiseflughöhe
*05	Volle Klappen in Landekonfiguration
*06	Wie Wert *04, mit maximaler Tankfüllung
*07	Abschreibung, Zinsen, Sonstige Fixkosten
*08	Treibstoff, Öl, Landegeb., Wartung, Rücklagen
*09	65 % Leistung in typischer Reiseflughöhe
*10	(Liter x 80) : (km/h x Sitze), km/h-Wert *04
*11	Bei 300 Stunden pro Jahr
*12	Bei 300 Stunden pro Jahr

Ausführliche Definitionen im alphabetischen Teil.

Piper Navajo C/R

TECHNISCHE DATEN

Triebwerk	2 x Lycoming TIO - 540
Triebwerkart	Turbocharged
Treibstoffart	Flugbenzin
Triebwerkleistung (PS)	2 x 325
Triebwerkleistung (kW)	2 x 239
Flächenanordnung	Tiefdecker
Fahrwerk	Einziehbar
Propeller	2 x Dreiblatt, verstellbar
Sitzplätze (mit Besatzung)	6
Länge (m)	9,93
Höhe (m)	3,96
Spannweite (m)	12,40
Flügelfläche (qm)	21,30
Leergewicht (kg)	1.844
Zuladung ohne Treibstoff (kg)	559
Zuladung mit Treibstoff (kg)	1.081
Zuladung ohne Treibstoff (%)*01	19,11
Zuladung mit Treibstoff (%)*02	36,96
Treibstoff (Liter)	725
Treibstoff (kg)	522
Maximales Startgewicht (kg)	2.925
Flächenbelastung (kg/qm)	137,32
Leistungsbelastung (kg/PS)	4,50
Leistungsbelastung (kg/kW)	6,11
Höchstgeschwindigkeit (km/h)*03	407
Reisegeschwindigkeit (km/h)*04	385
Abreissgeschwindigkeit (km/h)*05	129
Steigleistung einmotorig (m/sek)	1,14
Steigleistung zweimotorig (m/sek)	6,10
Dienstgipfelhöhe einmotorig (m)	4.877
Dienstgipfelhöhe zweimotorig (m)	7.315
Reichweite (km)*06	1.880
Startrollstrecke (m)	373
Startstrecke über 15-m-Hindernis (m)	634
Landerollstrecke (m)	252
Landestrecke über 15-m-Hindernis (m)	554

KOSTENWERTE

Anschaffungspreis (DM)	624.752
Fixe Kosten (DM/p.a.)*07	114.249
Variable Kosten (DM/h)*08	365,00
Treibstoffverbrauch (Liter/h)*09	143,0
Treibstoffverbrauchsindex*10	3,71

KOSTEN JE FLUGSTUNDE UND JAHR BEI:

050 Stunden pro Jahr (DM)	932/2.650
100 Stunden pro Jahr (DM)	649/1.508
150 Stunden pro Jahr (DM)	554/1.127
200 Stunden pro Jahr (DM)	507/937
250 Stunden pro Jahr (DM)	479/822
300 Stunden pro Jahr (DM)	460/746
350 Stunden pro Jahr (DM)	446/692
400 Stunden pro Jahr (DM)	436/651
450 Stunden pro Jahr (DM)	428/619
500 Stunden pro Jahr (DM)	422/594

Flugkilometer (DM/km)*11	1,19/1,94
Sitzplatzkilometer (DM/km)*12	0,15/0,24

*ERLÄUTERUNGEN

Alle Kostenwerte verstehen sich ohne Mehrwertsteuer. Bei den Flugstundenkosten enthält der 1. Wert keine Abschreibung und keine Kapitalzinsen (sogenannte „Bürgerliche Kalkulation").

*01	Bezogen auf das maximale Startgewicht
*02	Bezogen auf das maximale Startgewicht
*03	In Meereshöhe (MSL)
*04	65 % Leistung in typischer Reiseflughöhe
*05	Volle Klappen in Landekonfiguration
*06	Wie Wert *04, mit maximaler Tankfüllung
*07	Abschreibung, Zinsen, Sonstige Fixkosten
*08	Treibstoff, Öl, Landegeb., Wartung, Rücklagen
*09	65 % Leistung in typischer Reiseflughöhe
*10	(Liter x 80) : (km/h x Sitze), km/h-Wert *04
*11	Bei 300 Stunden pro Jahr
*12	Bei 300 Stunden pro Jahr

Ausführliche Definitionen im alphabetischen Teil.

N27921

Piper Navajo Chieftain

TECHNISCHE DATEN

Triebwerk	2 x Lycoming TIO - 540
Triebwerkart	Turbocharged
Treibstoffart	Flugbenzin
Triebwerkleistung (PS)	2 x 350
Triebwerkleistung (kW)	2 x 258
Flächenanordnung	Tiefdecker
Fahrwerk	Einziehbar
Propeller	2 x Dreiblatt, verstellbar
Sitzplätze (mit Besatzung)	6
Länge (m)	10,54
Höhe (m)	3,96
Spannweite (m)	12,37
Flügelfläche (qm)	21,30
Leergewicht (kg)	1.899
Zuladung ohne Treibstoff (kg)	729
Zuladung mit Treibstoff (kg)	1.251
Zuladung ohne Treibstoff (%)*01	23,14
Zuladung mit Treibstoff (%)*02	39,71
Treibstoff (Liter)	725
Treibstoff (kg)	522
Maximales Startgewicht (kg)	3.150
Flächenbelastung (kg/qm)	147,89
Leistungsbelastung (kg/PS)	4,50
Leistungsbelastung (kg/kW)	6,11
Höchstgeschwindigkeit (km/h)*03	409
Reisegeschwindigkeit (km/h)*04	388
Abreissgeschwindigkeit (km/h)*05	137
Steigleistung einmotorig (m/sek)	1,17
Steigleistung zweimotorig (m/sek)	5,69
Dienstgipfelhöhe einmotorig (m)	5.243
Dienstgipfelhöhe zweimotorig (m)	7.315
Reichweite (km)*06	1.739
Startrollstrecke (m)	439
Startstrecke über 15-m-Hindernis (m)	746
Landerollstrecke (m)	260
Landestrecke über 15-m-Hindernis (m)	573

KOSTENWERTE

Anschaffungspreis (DM)	697.853
Fixe Kosten (DM/p.a.)*07	127.286
Variable Kosten (DM/h)*08	399,00
Treibstoffverbrauch (Liter/h)*09	154,00
Treibstoffverbrauchsindex*10	3,18

KOSTEN JE FLUGSTUNDE UND JAHR BEI:

050 Stunden pro Jahr (DM)	1.026/2.945
100 Stunden pro Jahr (DM)	713/1.672
150 Stunden pro Jahr (DM)	608/1.248
200 Stunden pro Jahr (DM)	556/1.036
250 Stunden pro Jahr (DM)	525/909
300 Stunden pro Jahr (DM)	504/824
350 Stunden pro Jahr (DM)	489/763
400 Stunden pro Jahr (DM)	478/718
450 Stunden pro Jahr (DM)	469/682
500 Stunden pro Jahr (DM)	462/654
Flugkilometer (DM/km)*11	1,30/2,12
Sitzplatzkilometer (DM/km)*12	0,13/0,21

*ERLÄUTERUNGEN

Alle Kostenwerte verstehen sich ohne Mehrwertsteuer. Bei den Flugstundenkosten enthält der 1. Wert keine Abschreibung und keine Kapitalzinsen (sogenannte „Bürgerliche Kalkulation").

*01	Bezogen auf das maximale Startgewicht
*02	Bezogen auf das maximale Startgewicht
*03	In Meereshöhe (MSL)
*04	65 % Leistung in typischer Reiseflughöhe
*05	Volle Klappen in Landekonfiguration
*06	Wie Wert *04, mit maximaler Tankfüllung
*07	Abschreibung, Zinsen, Sonstige Fixkosten
*08	Treibstoff, Öl, Landegeb., Wartung, Rücklagen
*09	65 % Leistung in typischer Reiseflughöhe
*10	(Liter x 80) : (km/h x Sitze), km/h-Wert *04
*11	Bei 300 Stunden pro Jahr
*12	Bei 300 Stunden pro Jahr

Ausführliche Definitionen im alphabetischen Teil.

N27946

Piper Cheyenne I

TECHNISCHE DATEN

Triebwerk	2 x Pratt & Whitney PT 6A 11
Triebwerkart	Propellerturbinen
Treibstoffart	Kerosin
Triebwerkleistung (PS)	2 x 500
Triebwerkleistung (kW)	2 x 368
Flächenanordnung	Tiefdecker
Fahrwerk	Einziehbar
Propeller	2 x Dreiblatt, verstellbar, Reverse
Sitzplätze (mit Besatzung)	7
Länge (m)	10,57
Höhe (m)	3,89
Spannweite (m)	12,40
Flügelfläche (qm)	21,30
Leergewicht (kg)	2.206
Zuladung ohne Treibstoff (kg)	778
Zuladung mit Treibstoff (kg)	1.709
Zuladung ohne Treibstoff (%)*01	19,87
Zuladung mit Treibstoff (%)*02	43,65
Treibstoff (Liter)	1.164
Treibstoff (kg)	931
Maximales Startgewicht (kg)	3.915
Flächenbelastung (kg/qm)	186,43
Leistungsbelastung (kg/PS)	3,92
Leistungsbelastung (kg/kW)	5,32
Höchstgeschwindigkeit (km/h)*03	461
Reisegeschwindigkeit (km/h)*04	437
Abreissgeschwindigkeit (km/h)*05	133
Steigleistung einmotorig (m/sek)	2,10
Steigleistung zweimotorig (m/sek)	8,89
Dienstgipfelhöhe einmotorig (m)	5.420
Dienstgipfelhöhe zweimotorig (m)	8.595
Reichweite (km)*06	2.241
Startrollstrecke (m)	438
Startstrecke über 15-m-Hindernis (m)	745
Landerollstrecke (m)	308
Landestrecke über 15-m-Hindernis (m)	677

KOSTENWERTE

Anschaffungspreis (DM)	1.560.448
Fixe Kosten (DM/p.a.)*07	277.531
Variable Kosten (DM/h)*08	546,00
Treibstoffverbrauch (Liter/h)*09	220,0
Treibstoffverbrauchsindex*10	5,03

KOSTEN JE FLUGSTUNDE UND JAHR BEI:

050 Stunden pro Jahr (DM)	1.805/6.096
100 Stunden pro Jahr (DM)	1.175/3.321
150 Stunden pro Jahr (DM)	965/2.396
200 Stunden pro Jahr (DM)	861/1.933
250 Stunden pro Jahr (DM)	798/1.656
300 Stunden pro Jahr (DM)	756/1.471
350 Stunden pro Jahr (DM)	726/1.339
400 Stunden pro Jahr (DM)	703/1.239
450 Stunden pro Jahr (DM)	686/1.162
500 Stunden pro Jahr (DM)	672/1.101
Flugkilometer (DM/km)*11	1,73/3,37
Sitzplatzkilometer (DM/km)*12	0,22/0,42

*ERLÄUTERUNGEN

Alle Kostenwerte verstehen sich ohne Mehrwertsteuer. Bei den Flugstundenkosten enthält der 1. Wert keine Abschreibung und keine Kapitalzinsen (sogenannte „Bürgerliche Kalkulation“).

*01	Bezogen auf das maximale Startgewicht
*02	Bezogen auf das maximale Startgewicht
*03	In Meereshöhe (MSL)
*04	65 % Leistung in typischer Reiseflughöhe
*05	Volle Klappen in Landekonfiguration
*06	Wie Wert *04, mit maximaler Tankfüllung
*07	Abschreibung, Zinsen, Sonstige Fixkosten
*08	Treibstoff, Öl, Landegeb., Wartung, Rücklagen
*09	65 % Leistung in typischer Reiseflughöhe
*10	(Liter x 80) : (km/h x Sitze), km/h-Wert *04
*11	Bei 300 Stunden pro Jahr
*12	Bei 300 Stunden pro Jahr

Ausführliche Definitionen im alphabetischen Teil.

Piper Cheyenne II

TECHNISCHE DATEN

Triebwerk	2 x Pratt & Whitney PT 6A 28
Triebwerkart	Propellerturbinen
Treibstoffart	Kerosin
Triebwerkleistung (PS)	2 x 620
Triebwerkleistung (kW)	2 x 456
Flächenanordnung	Tiefdecker
Fahrwerk	Einziehbar
Propeller	2 x Dreiblatt, verstellbar, Reverse
Sitzplätze (mit Besatzung)	8
Länge (m)	10,57
Höhe (m)	3,89
Spannweite (m)	13,00
Flügelfläche (qm)	21,30
Leergewicht (kg)	2.241
Zuladung ohne Treibstoff (kg)	630
Zuladung mit Treibstoff (kg)	1.809
Zuladung ohne Treibstoff (%)*01	15,55
Zuladung mit Treibstoff (%)*02	44,67
Treibstoff (Liter)	1.474
Treibstoff (kg)	1.179
Maximales Startgewicht (kg)	4.050
Flächenbelastung (kg/qm)	190,14
Leistungsbelastung (kg/PS)	3,27
Leistungsbelastung (kg/kW)	4,44
Höchstgeschwindigkeit (km/h)*03	524
Reisegeschwindigkeit (km/h)*04	463
Abreissgeschwindigkeit (km/h)*05	139
Steigleistung einmotorig (m/sek)	3,35
Steigleistung zweimotorig (m/sek)	13,77
Dienstgipfelhöhe einmotorig (m)	5.610
Dienstgipfelhöhe zweimotorig (m)	9.631
Reichweite (km)*06	2.432
Startrollstrecke (m)	355
Startstrecke über 15-m-Hindernis (m)	603
Landerollstrecke (m)	344
Landestrecke über 15-m-Hindernis (m)	756

KOSTENWERTE

Anschaffungspreis (DM)	1.780.422
Fixe Kosten (DM/p.a.)*07	315.733
Variable Kosten (DM/h)*08	638,00
Treibstoffverbrauch (Liter/h)*09	272,8
Treibstoffverbrauchsindex*10	5,89

KOSTEN JE FLUGSTUNDE UND JAHR BEI:

050 Stunden pro Jahr (DM)	2.056/6.952
100 Stunden pro Jahr (DM)	1.347/3.795
150 Stunden pro Jahr (DM)	1.110/2.742
200 Stunden pro Jahr (DM)	992/2.216
250 Stunden pro Jahr (DM)	921/1.900
300 Stunden pro Jahr (DM)	874/1.690
350 Stunden pro Jahr (DM)	840/1.540
400 Stunden pro Jahr (DM)	815/1.427
450 Stunden pro Jahr (DM)	795/1.339
500 Stunden pro Jahr (DM)	779/1.269

Flugkilometer (DM/km)*11	1,89/3,65
Sitzplatzkilometer (DM/km)*12	0,24/0,46

*ERLÄUTERUNGEN

Alle Kostenwerte verstehen sich ohne Mehrwertsteuer. Bei den Flugstundenkosten enthält der 1. Wert keine Abschreibung und keine Kapitalzinsen (sogenannte „Bürgerliche Kalkulation").

*01	Bezogen auf das maximale Startgewicht
*02	Bezogen auf das maximale Startgewicht
*03	In Meereshöhe (MSL)
*04	65 % Leistung in typischer Reiseflughöhe
*05	Volle Klappen in Landekonfiguration
*06	Wie Wert *04, mit maximaler Tankfüllung
*07	Abschreibung, Zinsen, Sonstige Fixkosten
*08	Treibstoff, Öl, Landegeb., Wartung, Rücklagen
*09	65 % Leistung in typischer Reiseflughöhe
*10	(Liter x 80) : (km/h x Sitze), km/h-Wert *04
*11	Bei 300 Stunden pro Jahr
*12	Bei 300 Stunden pro Jahr

Ausführliche Definitionen im alphabetischen Teil.

ZUKUNFTSPROJEKT FÜR DIE 80er JAHRE: PIPER CHEYENNE III

DREI FLUGZEUGE AUS DER ROBIN - FLOTTE

Robin

DR 400/120 Dauphin

TECHNISCHE DATEN

Triebwerk	Lycoming 0 - 235
Triebwerkart	Vergasermotor
Treibstoffart	Flugbenzin
Triebwerkleistung (PS)	118
Triebwerkleistung (kW)	87
Flächenanordnung	Tiefdecker
Fahrwerk	Fest
Propeller	Zweiblatt, starr
Sitzplätze (mit Besatzung)	4
Länge (m)	6,96
Höhe (m)	2,23
Spannweite (m)	8,72
Flügelfläche (qm)	13,60
Leergewicht (kg)	530
Zuladung ohne Treibstoff (kg)	298
Zuladung mit Treibstoff (kg)	370
Zuladung ohne Treibstoff (%)*01	33,11
Zuladung mit Treibstoff (%)*02	41,11
Treibstoff (Liter)	100
Treibstoff (kg)	72
Maximales Startgewicht (kg)	900
Flächenbelastung (kg/qm)	66,18
Leistungsbelastung (kg/PS)	7,63
Leistungsbelastung (kg/kW)	10,36
Höchstgeschwindigkeit (km/h)*03	241
Reisegeschwindigkeit (km/h)*04	195
Abreissgeschwindigkeit (km/h)*05	82
Steigleistung einmotorig (m/sek)	3,05
Steigleistung zweimotorig (m/sek)	
Dienstgipfelhöhe einmotorig (m)	3.658
Dienstgipfelhöhe zweimotorig (m)	
Reichweite (km)*06	688
Startrollstrecke (m)	235
Startstrecke über 15-m-Hindernis (m)	535
Landerollstrecke (m)	209
Landestrecke über 15-m-Hindernis (m)	460

KOSTENWERTE

Anschaffungspreis (DM)	88.663
Fixe Kosten (DM/p.a.)*07	17.925
Variable Kosten (DM/h)*08	80,00
Treibstoffverbrauch (Liter/h)*09	23,8
Treibstoffverbrauchsindex*10	4,87

KOSTEN JE FLUGSTUNDE UND JAHR BEI:

050 Stunden pro Jahr (DM)	194/438
100 Stunden pro Jahr (DM)	137/259
150 Stunden pro Jahr (DM)	118/199
200 Stunden pro Jahr (DM)	108/169
250 Stunden pro Jahr (DM)	103/151
300 Stunden pro Jahr (DM)	99/139
350 Stunden pro Jahr (DM)	96/131
400 Stunden pro Jahr (DM)	94/124
450 Stunden pro Jahr (DM)	92/119
500 Stunden pro Jahr (DM)	91/115

Flugkilometer (DM/km)*11	0,51/0,71
Sitzplatzkilometer (DM/km)*12	0,25/0,36

*ERLÄUTERUNGEN

Alle Kostenwerte verstehen sich ohne Mehrwertsteuer. Bei den Flugstundenkosten enthält der 1. Wert keine Abschreibung und keine Kapitalzinsen (sogenannte „Bürgerliche Kalkulation").

*01	Bezogen auf das maximale Startgewicht
*02	Bezogen auf das maximale Startgewicht
*03	In Meereshöhe (MSL)
*04	65 % Leistung in typischer Reiseflughöhe
*05	Volle Klappen in Landekonfiguration
*06	Wie Wert *04, mit maximaler Tankfüllung
*07	Abschreibung, Zinsen, Sonstige Fixkosten
*08	Treibstoff, Öl, Landegeb., Wartung, Rücklagen
*09	65 % Leistung in typischer Reiseflughöhe
*10	(Liter x 80) : (km/h x Sitze), km/h-Wert *04
*11	Bei 300 Stunden pro Jahr
*12	Bei 300 Stunden pro Jahr

Ausführliche Definitionen im alphabetischen Teil.

D-EHUR

Robin R 2112 Alpha

TECHNISCHE DATEN

Triebwerk	Lycoming 0 - 235
Triebwerkart	Vergasermotor
Treibstoffart	Flugbenzin
Triebwerkleistung (PS)	112
Triebwerkleistung (kW)	82
Flächenanordnung	Tiefdecker
Fahrwerk	Fest
Propeller	Zweiblatt, starr
Sitzplätze (mit Besatzung)	2
Länge (m)	7,10
Höhe (m)	2,13
Spannweite (m)	8,33
Flügelfläche (qm)	13,00
Leergewicht (kg)	535
Zuladung ohne Treibstoff (kg)	179
Zuladung mit Treibstoff (kg)	265
Zuladung ohne Treibstoff (%)*01	22,33
Zuladung mit Treibstoff (%)*02	33,13
Treibstoff (Liter)	120
Treibstoff (kg)	86
Maximales Startgewicht (kg)	800
Flächenbelastung (kg/qm)	61,54
Leistungsbelastung (kg/PS)	7,14
Leistungsbelastung (kg/kW)	9,70
Höchstgeschwindigkeit (km/h)*03	240
Reisegeschwindigkeit (km/h)*04	202
Abreissgeschwindigkeit (km/h)*05	83
Steigleistung einmotorig (m/sek)	3,70
Steigleistung zweimotorig (m/sek)	
Dienstgipfelhöhe einmotorig (m)	3.660
Dienstgipfelhöhe zweimotorig (m)	
Reichweite (km)*06	942
Startrollstrecke (m)	254
Startstrecke über 15-m-Hindernis (m)	430
Landerollstrecke (m)	180
Landestrecke über 15-m-Hindernis (m)	450

KOSTENWERTE

Anschaffungspreis (DM)	78.028
Fixe Kosten (DM/p.a.)*07	15.903
Variable Kosten (DM/h)*08	79,00
Treibstoffverbrauch (Liter/h)*09	24,6
Treibstoffverbrauchsindex*10	4,88

KOSTEN JE FLUGSTUNDE UND JAHR BEI:

050 Stunden pro Jahr (DM)	182/397
100 Stunden pro Jahr (DM)	130/238
150 Stunden pro Jahr (DM)	113/185
200 Stunden pro Jahr (DM)	104/158
250 Stunden pro Jahr (DM)	99/142
300 Stunden pro Jahr (DM)	96/132
350 Stunden pro Jahr (DM)	93/124
400 Stunden pro Jahr (DM)	91/118
450 Stunden pro Jahr (DM)	90/114
500 Stunden pro Jahr (DM)	89/110

Flugkilometer (DM/km)*11	0,47/0,65
Sitzplatzkilometer (DM/km)*12	0,24/0,33

*ERLÄUTERUNGEN

Alle Kostenwerte verstehen sich ohne Mehrwertsteuer. Bei den Flugstundenkosten enthält der 1. Wert keine Abschreibung und keine Kapitalzinsen (sogenannte „Bürgerliche Kalkulation").

*01	Bezogen auf das maximale Startgewicht
*02	Bezogen auf das maximale Startgewicht
*03	In Meereshöhe (MSL)
*04	65 % Leistung in typischer Reiseflughöhe
*05	Volle Klappen in Landekonfiguration
*06	Wie Wert *04, mit maximaler Tankfüllung
*07	Abschreibung, Zinsen, Sonstige Fixkosten
*08	Treibstoff, Öl, Landegeb., Wartung, Rücklagen
*09	65 % Leistung in typischer Reiseflughöhe
*10	(Liter x 80) : (km/h x Sitze), km/h-Wert *04
*11	Bei 300 Stunden pro Jahr
*12	Bei 300 Stunden pro Jahr

Ausführliche Definitionen im alphabetischen Teil.

D-EEAW
Club

Robin

R 2160 Alpha Sport

TECHNISCHE DATEN

Triebwerk	Lycoming 0 - 320
Triebwerkart	Vergasermotor
Treibstoffart	Flugbenzin
Triebwerkleistung (PS)	160
Triebwerkleistung (kW)	118
Flächenanordnung	Tiefdecker
Fahrwerk	Fest
Propeller	Zweiblatt, starr
Sitzplätze (mit Besatzung)	2
Länge (m)	7,10
Höhe (m)	2,13
Spannweite (m)	8,33
Flügelfläche (qm)	13,00
Leergewicht (kg)	550
Zuladung ohne Treibstoff (kg)	164
Zuladung mit Treibstoff (kg)	250
Zuladung ohne Treibstoff (%)*01	20,45
Zuladung mit Treibstoff (%)*02	31,25
Treibstoff (Liter)	120
Treibstoff (kg)	86
Maximales Startgewicht (kg)	800
Flächenbelastung (kg/qm)	61,54
Leistungsbelastung (kg/PS)	5,00
Leistungsbelastung (kg/kW)	6,79
Höchstgeschwindigkeit (km/h)*03	257
Reisegeschwindigkeit (km/h)*04	220
Abreissgeschwindigkeit (km/h)*05	85
Steigleistung einmotorig (m/sek)	5,20
Steigleistung zweimotorig (m/sek)	
Dienstgipfelhöhe einmotorig (m)	3.810
Dienstgipfelhöhe zweimotorig (m)	
Reichweite (km)*06	668
Startrollstrecke (m)	230
Startstrecke über 15-m-Hindernis (m)	410
Landerollstrecke (m)	180
Landestrecke über 15-m-Hindernis (m)	450

KOSTENWERTE

Anschaffungspreis (DM)	108.215
Fixe Kosten (DM/p.a.)*07	21.110
Variable Kosten (DM/h)*08	100,00
Treibstoffverbrauch (Liter/h)*09	35,2
Treibstoffverbrauchsindex*10	6,40

KOSTEN JE FLUGSTUNDE UND JAHR BEI:

050 Stunden pro Jahr (DM)	224/522
100 Stunden pro Jahr (DM)	162/311
150 Stunden pro Jahr (DM)	141/240
200 Stunden pro Jahr (DM)	131/205
250 Stunden pro Jahr (DM)	125/184
300 Stunden pro Jahr (DM)	121/170
350 Stunden pro Jahr (DM)	118/160
400 Stunden pro Jahr (DM)	115/153
450 Stunden pro Jahr (DM)	114/147
500 Stunden pro Jahr (DM)	112/142
Flugkilometer (DM/km)*11	0,55/0,77
Sitzplatzkilometer (DM/km)*12	0,27/0,39

*ERLÄUTERUNGEN

Alle Kostenwerte verstehen sich ohne Mehrwertsteuer. Bei den Flugstundenkosten enthält der 1. Wert keine Abschreibung und keine Kapitalzinsen (sogenannte „Bürgerliche Kalkulation").

*01	Bezogen auf das maximale Startgewicht
*02	Bezogen auf das maximale Startgewicht
*03	In Meereshöhe (MSL)
*04	65 % Leistung in typischer Reiseflughöhe
*05	Volle Klappen in Landekonfiguration
*06	Wie Wert *04, mit maximaler Tankfüllung
*07	Abschreibung, Zinsen, Sonstige Fixkosten
*08	Treibstoff, Öl, Landegeb., Wartung, Rücklagen
*09	65 % Leistung in typischer Reiseflughöhe
*10	(Liter x 80) : (km/h x Sitze), km/h-Wert *04
*11	Bei 300 Stunden pro Jahr
*12	Bei 300 Stunden pro Jahr

Ausführliche Definitionen im alphabetischen Teil.

D-EEVT

Robin DR 400/160 Major

TECHNISCHE DATEN

Triebwerk	Lycoming 0 - 320
Triebwerkart	Vergasermotor
Treibstoffart	Flugbenzin
Triebwerkleistung (PS)	160
Triebwerkleistung (kW)	118
Flächenanordnung	Tiefdecker
Fahrwerk	Fest
Propeller	Zweiblatt, starr
Sitzplätze (mit Besatzung)	4
Länge (m)	6,96
Höhe (m)	2,23
Spannweite (m)	8,72
Flügelfläche (qm)	13,60
Leergewicht (kg)	550
Zuladung ohne Treibstoff (kg)	371
Zuladung mit Treibstoff (kg)	450
Zuladung ohne Treibstoff (%)*01	37,08
Zuladung mit Treibstoff (%)*02	45,00
Treibstoff (Liter)	110
Treibstoff (kg)	79
Maximales Startgewicht (kg)	1.000
Flächenbelastung (kg/qm)	73,53
Leistungsbelastung (kg/PS)	6,25
Leistungsbelastung (kg/kW)	8,49
Höchstgeschwindigkeit (km/h)*03	262
Reisegeschwindigkeit (km/h)*04	223
Abreissgeschwindigkeit (km/h)*05	87
Steigleistung einmotorig (m/sek)	3,80
Steigleistung zweimotorig (m/sek)	
Dienstgipfelhöhe einmotorig (m)	4.560
Dienstgipfelhöhe zweimotorig (m)	
Reichweite (km)*06	607
Startrollstrecke (m)	200
Startstrecke über 15-m-Hindernis (m)	500
Landerollstrecke (m)	220
Landestrecke über 15-m-Hindernis (m)	490

KOSTENWERTE

Anschaffungspreis (DM)	97.715
Fixe Kosten (DM/p.a.)*07	19.769
Variable Kosten (DM/h)*08	98,00
Treibstoffverbrauch (Liter/h)*09	35,2
Treibstoffverbrauchsindex*10	3,16

KOSTEN JE FLUGSTUNDE UND JAHR BEI:

050 Stunden pro Jahr (DM)	225/494
100 Stunden pro Jahr (DM)	162/296
150 Stunden pro Jahr (DM)	140/230
200 Stunden pro Jahr (DM)	130/197
250 Stunden pro Jahr (DM)	124/177
300 Stunden pro Jahr (DM)	119/164
350 Stunden pro Jahr (DM)	116/155
400 Stunden pro Jahr (DM)	114/148
450 Stunden pro Jahr (DM)	112/142
500 Stunden pro Jahr (DM)	111/138

Flugkilometer (DM/km)*11	0,54/0,74
Sitzplatzkilometer (DM/km)*12	0,13/0,18

*ERLÄUTERUNGEN

Alle Kostenwerte verstehen sich ohne Mehrwertsteuer. Bei den Flugstundenkosten enthält der 1. Wert keine Abschreibung und keine Kapitalzinsen (sogenannte „Bürgerliche Kalkulation").

*01	Bezogen auf das maximale Startgewicht
*02	Bezogen auf das maximale Startgewicht
*03	In Meereshöhe (MSL)
*04	65 % Leistung in typischer Reiseflughöhe
*05	Volle Klappen in Landekonfiguration
*06	Wie Wert *04, mit maximaler Tankfüllung
*07	Abschreibung, Zinsen, Sonstige Fixkosten
*08	Treibstoff, Öl, Landegeb., Wartung, Rücklagen
*09	65 % Leistung in typischer Reiseflughöhe
*10	(Liter x 80) : (km/h x Sitze), km/h-Wert *04
*11	Bei 300 Stunden pro Jahr
*12	Bei 300 Stunden pro Jahr

Ausführliche Definitionen im alphabetischen Teil.

D-EEVT
2/2

Robin R 1180 Aiglon

TECHNISCHE DATEN

Triebwerk	Lycoming 0 - 360
Triebwerkart	Vergasermotor
Treibstoffart	Flugbenzin
Triebwerkleistung (PS)	180
Triebwerkleistung (kW)	132
Flächenanordnung	Tiefdecker
Fahrwerk	Fest
Propeller	Zweiblatt, starr
Sitzplätze (mit Besatzung)	4
Länge (m)	7,26
Höhe (m)	2,38
Spannweite (m)	9,08
Flügelfläche (qm)	15,10
Leergewicht (kg)	650
Zuladung ohne Treibstoff (kg)	336
Zuladung mit Treibstoff (kg)	500
Zuladung ohne Treibstoff (%)*01	29,20
Zuladung mit Treibstoff (%)*02	43,48
Treibstoff (Liter)	228
Treibstoff (kg)	164
Maximales Startgewicht (kg)	1.150
Flächenbelastung (kg/qm)	76,16
Leistungsbelastung (kg/PS)	6,39
Leistungsbelastung (kg/kW)	8,68
Höchstgeschwindigkeit (km/h)*03	257
Reisegeschwindigkeit (km/h)*04	232
Abreissgeschwindigkeit (km/h)*05	96
Steigleistung einmotorig (m/sek)	4,80
Steigleistung zweimotorig (m/sek)	
Dienstgipfelhöhe einmotorig (m)	3.863
Dienstgipfelhöhe zweimotorig (m)	
Reichweite (km)*06	1.310
Startrollstrecke (m)	285
Startstrecke über 15-m-Hindernis (m)	480
Landerollstrecke (m)	305
Landestrecke über 15-m-Hindernis (m)	671

KOSTENWERTE

Anschaffungspreis (DM)	141.186
Fixe Kosten (DM/p.a.)*07	27.455
Variable Kosten (DM/h)*08	112,00
Treibstoffverbrauch (Liter/h)*09	39,6
Treibstoffverbrauchsindex*10	3,41

KOSTEN JE FLUGSTUNDE UND JAHR BEI:

050 Stunden pro Jahr (DM)	273/661
100 Stunden pro Jahr (DM)	192/387
150 Stunden pro Jahr (DM)	166/295
200 Stunden pro Jahr (DM)	152/249
250 Stunden pro Jahr (DM)	144/222
300 Stunden pro Jahr (DM)	139/204
350 Stunden pro Jahr (DM)	135/190
400 Stunden pro Jahr (DM)	132/181
450 Stunden pro Jahr (DM)	130/173
500 Stunden pro Jahr (DM)	128/167

Flugkilometer (DM/km)*11	0,60/0,88
Sitzplatzkilometer (DM/km)*12	0,15/0,22

*ERLÄUTERUNGEN

Alle Kostenwerte verstehen sich ohne Mehrwertsteuer. Bei den Flugstundenkosten enthält der 1. Wert keine Abschreibung und keine Kapitalzinsen (sogenannte „Bürgerliche Kalkulation").

*01	Bezogen auf das maximale Startgewicht
*02	Bezogen auf das maximale Startgewicht
*03	In Meereshöhe (MSL)
*04	65 % Leistung in typischer Reiseflughöhe
*05	Volle Klappen in Landekonfiguration
*06	Wie Wert *04, mit maximaler Tankfüllung
*07	Abschreibung, Zinsen, Sonstige Fixkosten
*08	Treibstoff, Öl, Landegeb., Wartung, Rücklagen
*09	65 % Leistung in typischer Reiseflughöhe
*10	(Liter x 80) : (km/h x Sitze), km/h-Wert *04
*11	Bei 300 Stunden pro Jahr
*12	Bei 300 Stunden pro Jahr

Ausführliche Definitionen im alphabetischen Teil.

F-GCAR

Robin DR 400/180 Regent

TECHNISCHE DATEN

Triebwerk	Lycoming 0 - 360
Triebwerkart	Vergasermotor
Treibstoffart	Flugbenzin
Triebwerkleistung (PS)	180
Triebwerkleistung (kW)	132
Flächenanordnung	Tiefdecker
Fahrwerk	Fest
Propeller	Zweiblatt, starr
Sitzplätze (mit Besatzung)	4
Länge (m)	6,96
Höhe (m)	2,23
Spannweite (m)	8,72
Flügelfläche (qm)	14,20
Leergewicht (kg)	600
Zuladung ohne Treibstoff (kg)	363
Zuladung mit Treibstoff (kg)	500
Zuladung ohne Treibstoff (%)*01	33,02
Zuladung mit Treibstoff (%)*02	45,45
Treibstoff (Liter)	190
Treibstoff (kg)	137
Maximales Startgewicht (kg)	1.100
Flächenbelastung (kg/qm)	77,46
Leistungsbelastung (kg/PS)	6,11
Leistungsbelastung (kg/kW)	8,30
Höchstgeschwindigkeit (km/h)*03	278
Reisegeschwindigkeit (km/h)*04	240
Abreissgeschwindigkeit (km/h)*05	95
Steigleistung einmotorig (m/sek)	4,20
Steigleistung zweimotorig (m/sek)	
Dienstgipfelhöhe einmotorig (m)	4.720
Dienstgipfelhöhe zweimotorig (m)	
Reichweite (km)*06	1.099
Startrollstrecke (m)	315
Startstrecke über 15-m-Hindernis (m)	610
Landerollstrecke (m)	249
Landestrecke über 15-m-Hindernis (m)	530

KOSTENWERTE

Anschaffungspreis (DM)	118.625
Fixe Kosten (DM/p.a.)*07	23.469
Variable Kosten (DM/h)*08	108,00
Treibstoffverbrauch (Liter/h)*09	39,6
Treibstoffverbrauchsindex*10	3,30

KOSTEN JE FLUGSTUNDE UND JAHR BEI:

050 Stunden pro Jahr (DM)	251/577
100 Stunden pro Jahr (DM)	179/342
150 Stunden pro Jahr (DM)	155/264
200 Stunden pro Jahr (DM)	143/225
250 Stunden pro Jahr (DM)	136/201
300 Stunden pro Jahr (DM)	131/186
350 Stunden pro Jahr (DM)	128/175
400 Stunden pro Jahr (DM)	125/166
450 Stunden pro Jahr (DM)	123/160
500 Stunden pro Jahr (DM)	122/154

Flugkilometer (DM/km)*11	0,55/0,77
Sitzplatzkilometer (DM/km)*12	0,14/0,19

*ERLÄUTERUNGEN

Alle Kostenwerte verstehen sich ohne Mehrwertsteuer. Bei den Flugstundenkosten enthält der 1. Wert keine Abschreibung und keine Kapitalzinsen (sogenannte „Bürgerliche Kalkulation").

*01	Bezogen auf das maximale Startgewicht
*02	Bezogen auf das maximale Startgewicht
*03	In Meereshöhe (MSL)
*04	65 % Leistung in typischer Reiseflughöhe
*05	Volle Klappen in Landekonfiguration
*06	Wie Wert *04, mit maximaler Tankfüllung
*07	Abschreibung, Zinsen, Sonstige Fixkosten
*08	Treibstoff, Öl, Landegeb., Wartung, Rücklagen
*09	65 % Leistung in typischer Reiseflughöhe
*10	(Liter x 80) : (km/h x Sitze), km/h-Wert *04
*11	Bei 300 Stunden pro Jahr
*12	Bei 300 Stunden pro Jahr

Ausführliche Definitionen im alphabetischen Teil.

Robin DR 400/180 Remorqueur

TECHNISCHE DATEN

Triebwerk	Lycoming 0 -360
Triebwerkart	Vergasermotor
Treibstoffart	Flugbenzin
Triebwerkleistung (PS)	180
Triebwerkleistung (kW)	132
Flächenanordnung	Tiefdecker
Fahrwerk	Fest
Propeller	Zweiblatt, starr
Sitzplätze (mit Besatzung)	4
Länge (m)	6,96
Höhe (m)	2,23
Spannweite (m)	8,72
Flügelfläche (qm)	13,60
Leergewicht (kg)	560
Zuladung ohne Treibstoff (kg)	361
Zuladung mit Treibstoff (kg)	440
Zuladung ohne Treibstoff (%)*01	36,08
Zuladung mit Treibstoff (%)*02	44,00
Treibstoff (Liter)	110
Treibstoff (kg)	79
Maximales Startgewicht (kg)	1.000
Flächenbelastung (kg/qm)	73,53
Leistungsbelastung (kg/PS)	5,56
Leistungsbelastung (kg/kW)	7,55
Höchstgeschwindigkeit (km/h)*03	270
Reisegeschwindigkeit (km/h)*04	231
Abreissgeschwindigkeit (km/h)*05	87
Steigleistung einmotorig (m/sek)	5,60
Steigleistung zweimotorig (m/sek)	
Dienstgipfelhöhe einmotorig (m)	6.096
Dienstgipfelhöhe zweimotorig (m)	
Reichweite (km)*06	540
Startrollstrecke (m)	205
Startstrecke über 15-m-Hindernis (m)	400
Landerollstrecke (m)	220
Landestrecke über 15-m-Hindernis (m)	470

KOSTENWERTE

Anschaffungspreis (DM)	117.267
Fixe Kosten (DM/p.a.)*07	23.047
Variable Kosten (DM/h)*08	107,00
Treibstoffverbrauch (Liter/h)*09	39,6
Treibstoffverbrauchsindex*10	3,43

KOSTEN JE FLUGSTUNDE UND JAHR BEI:

050 Stunden pro Jahr (DM)	246/568
100 Stunden pro Jahr (DM)	176/338
150 Stunden pro Jahr (DM)	153/262
200 Stunden pro Jahr (DM)	142/222
250 Stunden pro Jahr (DM)	135/199
300 Stunden pro Jahr (DM)	130/184
350 Stunden pro Jahr (DM)	127/173
400 Stunden pro Jahr (DM)	125/165
450 Stunden pro Jahr (DM)	123/158
500 Stunden pro Jahr (DM)	121/153
Flugkilometer (DM/km)*11	0,56/0,80
Sitzplatzkilometer (DM/km)*12	0,14/0,20

*ERLÄUTERUNGEN

Alle Kostenwerte verstehen sich ohne Mehrwertsteuer. Bei den Flugstundenkosten enthält der 1. Wert keine Abschreibung und keine Kapitalzinsen (sogenannte „Bürgerliche Kalkulation").

*01	Bezogen auf das maximale Startgewicht
*02	Bezogen auf das maximale Startgewicht
*03	In Meereshöhe (MSL)
*04	65 % Leistung in typischer Reiseflughöhe
*05	Volle Klappen in Landekonfiguration
*06	Wie Wert *04, mit maximaler Tankfüllung
*07	Abschreibung, Zinsen, Sonstige Fixkosten
*08	Treibstoff, Öl, Landegeb., Wartung, Rücklagen
*09	65 % Leistung in typischer Reiseflughöhe
*10	(Liter x 80) : (km/h x Sitze), km/h-Wert *04
*11	Bei 300 Stunden pro Jahr
*12	Bei 300 Stunden pro Jahr

Ausführliche Definitionen im alphabetischen Teil.

Rockwell Gran Tourismo Commander

TECHNISCHE DATEN

Triebwerk	Lycoming IO - 540
Triebwerkart	Einspritzer
Treibstoffart	Flugbenzin
Triebwerkleistung (PS)	260
Triebwerkleistung (kW)	191
Flächenanordnung	Tiefdecker
Fahrwerk	Einziehbar
Propeller	Zweiblatt, verstellbar
Sitzplätze (mit Besatzung)	4
Länge (m)	7,63
Höhe (m)	2,57
Spannweite (m)	9,98
Flügelfläche (qm)	14,10
Leergewicht (kg)	843
Zuladung ohne Treibstoff (kg)	396
Zuladung mit Treibstoff (kg)	581
Zuladung ohne Treibstoff (%)*01	27,81
Zuladung mit Treibstoff (%)*02	40,80
Treibstoff (Liter)	257
Treibstoff (kg)	185
Maximales Startgewicht (kg)	1.424
Flächenbelastung (kg/qm)	100,99
Leistungsbelastung (kg/PS)	5,48
Leistungsbelastung (kg/kW)	7,44
Höchstgeschwindigkeit (km/h)*03	308
Reisegeschwindigkeit (km/h)*04	298
Abreissgeschwindigkeit (km/h)*05	111
Steigleistung einmotorig (m/sek)	5,23
Steigleistung zweimotorig (m/sek)	
Dienstgipfelhöhe einmotorig (m)	5.029
Dienstgipfelhöhe zweimotorig (m)	
Reichweite (km)*06	1.264
Startrollstrecke (m)	380
Startstrecke über 15-m-Hindernis (m)	646
Landerollstrecke (m)	300
Landestrecke über 15-m-Hindernis (m)	660

KOSTENWERTE

Anschaffungspreis (DM)	186.900
Fixe Kosten (DM/p.a.)*07	38.856
Variable Kosten (DM/h)*08	148,00
Treibstoffverbrauch (Liter/h)*09	57,2
Treibstoffverbrauchsindex*10	3,84

KOSTEN JE FLUGSTUNDE UND JAHR BEI:

050 Stunden pro Jahr (DM)	351/865
100 Stunden pro Jahr (DM)	250/507
150 Stunden pro Jahr (DM)	216/387
200 Stunden pro Jahr (DM)	199/327
250 Stunden pro Jahr (DM)	189/292
300 Stunden pro Jahr (DM)	182/268
350 Stunden pro Jahr (DM)	177/251
400 Stunden pro Jahr (DM)	174/238
450 Stunden pro Jahr (DM)	171/228
500 Stunden pro Jahr (DM)	169/220

Flugkilometer (DM/km)*11	0,61/0,90
Sitzplatzkilometer (DM/km)*12	0,15/0,22

*ERLÄUTERUNGEN

Alle Kostenwerte verstehen sich ohne Mehrwertsteuer. Bei den Flugstundenkosten enthält der 1. Wert keine Abschreibung und keine Kapitalzinsen (sogenannte „Bürgerliche Kalkulation").

*01	Bezogen auf das maximale Startgewicht
*02	Bezogen auf das maximale Startgewicht
*03	In Meereshöhe (MSL)
*04	65 % Leistung in typischer Reiseflughöhe
*05	Volle Klappen in Landekonfiguration
*06	Wie Wert *04, mit maximaler Tankfüllung
*07	Abschreibung, Zinsen, Sonstige Fixkosten
*08	Treibstoff, Öl, Landegeb., Wartung, Rücklagen
*09	65 % Leistung in typischer Reiseflughöhe
*10	(Liter x 80) : (km/h x Sitze), km/h-Wert *04
*11	Bei 300 Stunden pro Jahr
*12	Bei 300 Stunden pro Jahr

Ausführliche Definitionen im alphabetischen Teil.

Rockwell Commander 700

TECHNISCHE DATEN

Triebwerk	2 x Lycoming TIO - 540
Triebwerkart	Turbocharged
Treibstoffart	Flugbenzin
Triebwerkleistung (PS)	2 x 340
Triebwerkleistung (kW)	2 x 250
Flächenanordnung	Tiefdecker
Fahrwerk	Einziehbar
Propeller	2 x Dreiblatt, verstellbar
Sitzplätze (mit Besatzung)	8
Länge (m)	12,03
Höhe (m)	4,05
Spannweite (m)	12,94
Flügelfläche (qm)	18,60
Leergewicht (kg)	2.134
Zuladung ohne Treibstoff (kg)	498
Zuladung mit Treibstoff (kg)	1.016
Zuladung ohne Treibstoff (%)*01	15,82
Zuladung mit Treibstoff (%)*02	32,25
Treibstoff (Liter)	719
Treibstoff (kg)	518
Maximales Startgewicht (kg)	3.150
Flächenbelastung (kg/qm)	169,35
Leistungsbelastung (kg/PS)	4,63
Leistungsbelastung (kg/kW)	6,29
Höchstgeschwindigkeit (km/h)*03	428
Reisegeschwindigkeit (km/h)*04	405
Abreissgeschwindigkeit (km/h)*05	129
Steigleistung einmotorig (m/sek)	1,30
Steigleistung zweimotorig (m/sek)	7,42
Dienstgipfelhöhe einmotorig (m)	4.085
Dienstgipfelhöhe zweimotorig (m)	9.265
Reichweite (km)*06	1.859
Startrollstrecke (m)	406
Startstrecke über 15-m-Hindernis (m)	690
Landerollstrecke (m)	299
Landestrecke über 15-m-Hindernis (m)	657

KOSTENWERTE

Anschaffungspreis (DM)	803.250
Fixe Kosten (DM/p.a.)*07	145.420
Variable Kosten (DM/h)*08	416,00
Treibstoffverbrauch (Liter/h)*09	149,6
Treibstoffverbrauchsindex*10	3,69

KOSTEN JE FLUGSTUNDE UND JAHR BEI:

050 Stunden pro Jahr (DM)	1.116/3.325
100 Stunden pro Jahr (DM)	766/1.871
150 Stunden pro Jahr (DM)	650/1.386
200 Stunden pro Jahr (DM)	591/1.144
250 Stunden pro Jahr (DM)	556/998
300 Stunden pro Jahr (DM)	533/901
350 Stunden pro Jahr (DM)	516/832
400 Stunden pro Jahr (DM)	504/780
450 Stunden pro Jahr (DM)	494/740
500 Stunden pro Jahr (DM)	486/707

Flugkilometer (DM/km)*11	1,32/2,23
Sitzplatzkilometer (DM/km)*12	0,16/0,28

*ERLÄUTERUNGEN

Alle Kostenwerte verstehen sich ohne Mehrwertsteuer. Bei den Flugstundenkosten enthält der 1. Wert keine Abschreibung und keine Kapitalzinsen (sogenannte „Bürgerliche Kalkulation").

*01	Bezogen auf das maximale Startgewicht
*02	Bezogen auf das maximale Startgewicht
*03	In Meereshöhe (MSL)
*04	65 % Leistung in typischer Reiseflughöhe
*05	Volle Klappen in Landekonfiguration
*06	Wie Wert *04, mit maximaler Tankfüllung
*07	Abschreibung, Zinsen, Sonstige Fixkosten
*08	Treibstoff, Öl, Landegeb., Wartung, Rücklagen
*09	65 % Leistung in typischer Reiseflughöhe
*10	(Liter x 80) : (km/h x Sitze), km/h-Wert *04
*11	Bei 300 Stunden pro Jahr
*12	Bei 300 Stunden pro Jahr

Ausführliche Definitionen im alphabetischen Teil.

N700AF

Rockwell Commander 840

TECHNISCHE DATEN

Triebwerk	2 x Garrett TPE 331
Triebwerkart	Propellerturbinen
Treibstoffart	Kerosin
Triebwerkleistung (PS)	2 x 717
Triebwerkleistung (kW)	2 x 528
Flächenanordnung	Hochdecker
Fahrwerk	Einziehbar
Propeller	2 x Dreiblatt, verstellbar, Reverse
Sitzplätze (mit Besatzung)	10
Länge (m)	13,10
Höhe (m)	4,56
Spannweite (m)	15,89
Flügelfläche (qm)	25,95
Leergewicht (kg)	2.776
Zuladung ohne Treibstoff (kg)	599
Zuladung mit Treibstoff (kg)	1.907
Zuladung ohne Treibstoff (%)*01	12,79
Zuladung mit Treibstoff (%)*02	40,72
Treibstoff (Liter)	1.635
Treibstoff (kg)	1.308
Maximales Startgewicht (kg)	4.683
Flächenbelastung (kg/qm)	180,46
Leistungsbelastung (kg/PS)	3,27
Leistungsbelastung (kg/kW)	4,44
Höchstgeschwindigkeit (km/h)*03	537
Reisegeschwindigkeit (km/h)*04	521
Abreissgeschwindigkeit (km/h)*05	139
Steigleistung einmotorig (m/sek)	5,10
Steigleistung zweimotorig (m/sek)	14,35
Dienstgipfelhöhe einmotorig (m)	6.401
Dienstgipfelhöhe zweimotorig (m)	10.363
Reichweite (km)*06	2.664
Startrollstrecke (m)	392
Startstrecke über 15-m-Hindernis (m)	559
Landerollstrecke (m)	406
Landestrecke über 15-m-Hindernis (m)	655

KOSTENWERTE

Anschaffungspreis (DM)	2.003.400
Fixe Kosten (DM/p.a.)*07	355.326
Variable Kosten (DM/h)*08	718,00
Treibstoffverbrauch (Liter/h)*09	313,7
Treibstoffverbrauchsindex*10	4,38

KOSTEN JE FLUGSTUNDE UND JAHR BEI:

050 Stunden pro Jahr (DM)	2.315/7.824
100 Stunden pro Jahr (DM)	1.516/4.271
150 Stunden pro Jahr (DM)	1.250/3.087
200 Stunden pro Jahr (DM)	1.117/2.494
250 Stunden pro Jahr (DM)	1.037/2.139
300 Stunden pro Jahr (DM)	984/1.902
350 Stunden pro Jahr (DM)	946/1.733
400 Stunden pro Jahr (DM)	917/1.606
450 Stunden pro Jahr (DM)	895/1.507
500 Stunden pro Jahr (DM)	877/1.428
Flugkilometer (DM/km)*11	1,89/3,65
Sitzplatzkilometer (DM/km)*12	0,17/0,33

*ERLÄUTERUNGEN

Alle Kostenwerte verstehen sich ohne Mehrwertsteuer. Bei den Flugstundenkosten enthält der 1. Wert keine Abschreibung und keine Kapitalzinsen (sogenannte „Bürgerliche Kalkulation").

*01	Bezogen auf das maximale Startgewicht
*02	Bezogen auf das maximale Startgewicht
*03	In Meereshöhe (MSL)
*04	65 % Leistung in typischer Reiseflughöhe
*05	Volle Klappen in Landekonfiguration
*06	Wie Wert *04, mit maximaler Tankfüllung
*07	Abschreibung, Zinsen, Sonstige Fixkosten
*08	Treibstoff, Öl, Landegeb., Wartung, Rücklagen
*09	65 % Leistung in typischer Reiseflughöhe
*10	(Liter x 80) : (km/h x Sitze), km/h-Wert *04
*11	Bei 300 Stunden pro Jahr
*12	Bei 300 Stunden pro Jahr

Ausführliche Definitionen im alphabetischen Teil.

PANEL EINER ROCKWELL 840

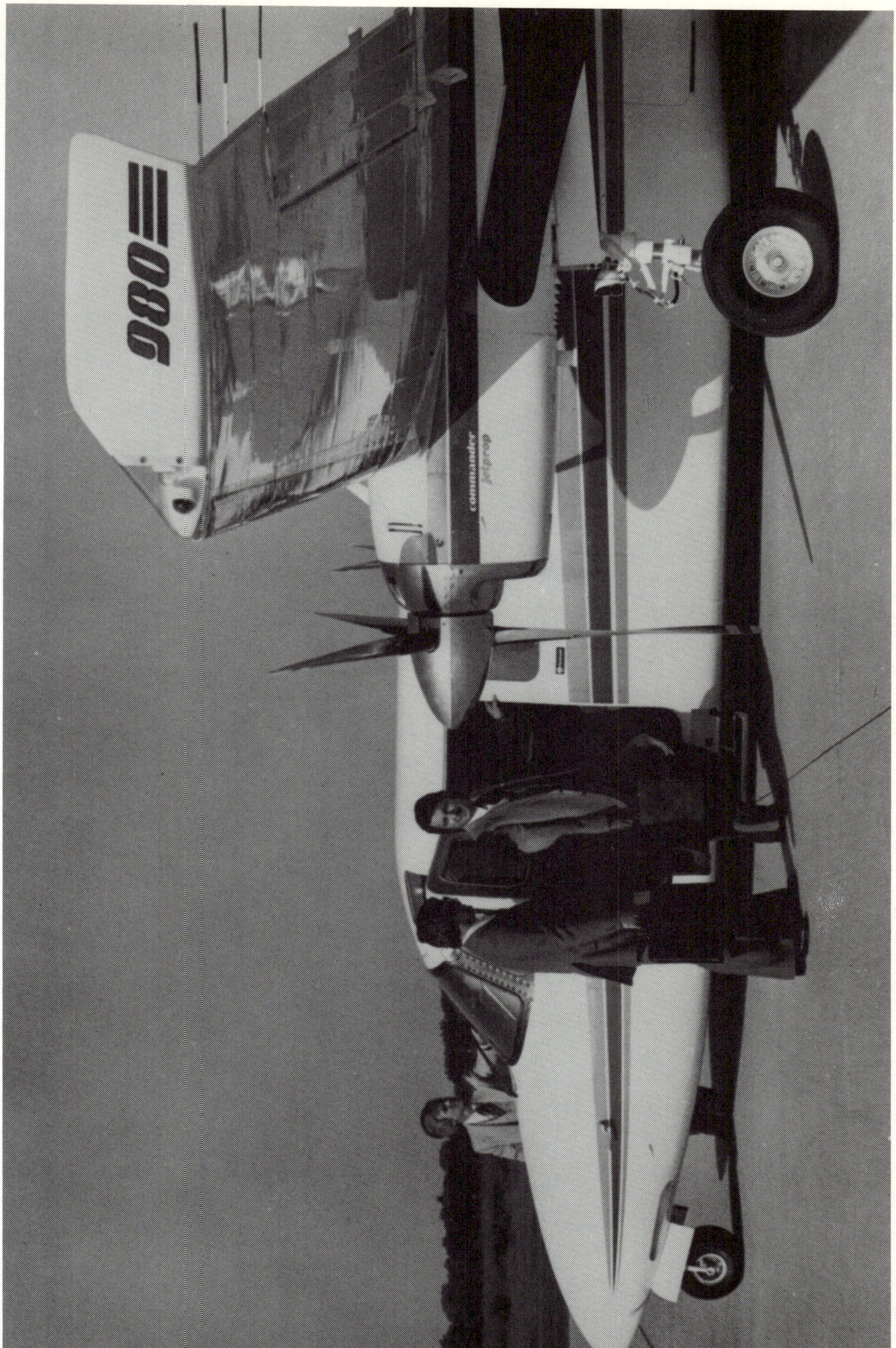

ROCKWELL PROPJET 980

Rockwell Commander 980

TECHNISCHE DATEN

Triebwerk	2 x Garrett TPE 331
Triebwerkart	Propellerturbinen
Treibstoffart	Kerosin
Triebwerkleistung (PS)	2 x 717
Triebwerkleistung (kW)	2 x 528
Flächenanordnung	Hochdecker
Fahrwerk	Einziehbar
Propeller	2 x Dreiblatt, verstellbar, Reverse
Sitzplätze (mit Besatzung)	10
Länge (m)	13,10
Höhe (m)	4,56
Spannweite (m)	15,89
Flügelfläche (qm)	25,95
Leergewicht (kg)	2.845
Zuladung ohne Treibstoff (kg)	530
Zuladung mit Treibstoff (kg)	1.838
Zuladung ohne Treibstoff (%)*01	11,32
Zuladung mit Treibstoff (%)*02	39,25
Treibstoff (Liter)	1.635
Treibstoff (kg)	1.308
Maximales Startgewicht (kg)	4.683
Flächenbelastung (kg/qm)	180,46
Leistungsbelastung (kg/PS)	3,27
Leistungsbelastung (kg/kW)	4,44
Höchstgeschwindigkeit (km/h)*03	583
Reisegeschwindigkeit (km/h)*04	531
Abreissgeschwindigkeit (km/h)*05	139
Steigleistung einmotorig (m/sek)	5,13
Steigleistung zweimotorig (m/sek)	14,43
Dienstgipfelhöhe einmotorig (m)	7.925
Dienstgipfelhöhe zweimotorig (m)	12.162
Reichweite (km)*06	2.840
Startrollstrecke (m)	392
Startstrecke über 15-m-Hindernis (m)	558
Landerollstrecke (m)	405
Landestrecke über 15-m-Hindernis (m)	655

KOSTENWERTE

Anschaffungspreis (DM)	2.277.450
Fixe Kosten (DM/p.a.)*07	402.600
Variable Kosten (DM/h)*08	780,00
Treibstoffverbrauch (Liter/h)*09	322,5
Treibstoffverbrauchsindex*10	4,42

KOSTEN JE FLUGSTUNDE UND JAHR BEI:

050 Stunden pro Jahr (DM)	2.569/8.832
100 Stunden pro Jahr (DM)	1.674/4.806
150 Stunden pro Jahr (DM)	1.376/3.464
200 Stunden pro Jahr (DM)	1.227/2.793
250 Stunden pro Jahr (DM)	1.137/2.390
300 Stunden pro Jahr (DM)	1.078/2.122
350 Stunden pro Jahr (DM)	1.035/1.930
400 Stunden pro Jahr (DM)	1.003/1.786
450 Stunden pro Jahr (DM)	978/1.674
500 Stunden pro Jahr (DM)	959/1.585

Flugkilometer (DM/km)*11	2,03/4,00
Sitzplatzkilometer (DM/km)*12	0,18/0,36

*ERLÄUTERUNGEN

Alle Kostenwerte verstehen sich ohne Mehrwertsteuer. Bei den Flugstundenkosten enthält der 1. Wert keine Abschreibung und keine Kapitalzinsen (sogenannte „Bürgerliche Kalkulation").

*01	Bezogen auf das maximale Startgewicht
*02	Bezogen auf das maximale Startgewicht
*03	In Meereshöhe (MSL)
*04	65 % Leistung in typischer Reiseflughöhe
*05	Volle Klappen in Landekonfiguration
*06	Wie Wert *04, mit maximaler Tankfüllung
*07	Abschreibung, Zinsen, Sonstige Fixkosten
*08	Treibstoff, Öl, Landegeb., Wartung, Rücklagen
*09	65 % Leistung in typischer Reiseflughöhe
*10	(Liter x 80) : (km/h x Sitze), km/h-Wert *04
*11	Bei 300 Stunden pro Jahr
*12	Bei 300 Stunden pro Jahr

Ausführliche Definitionen im alphabetischen Teil.

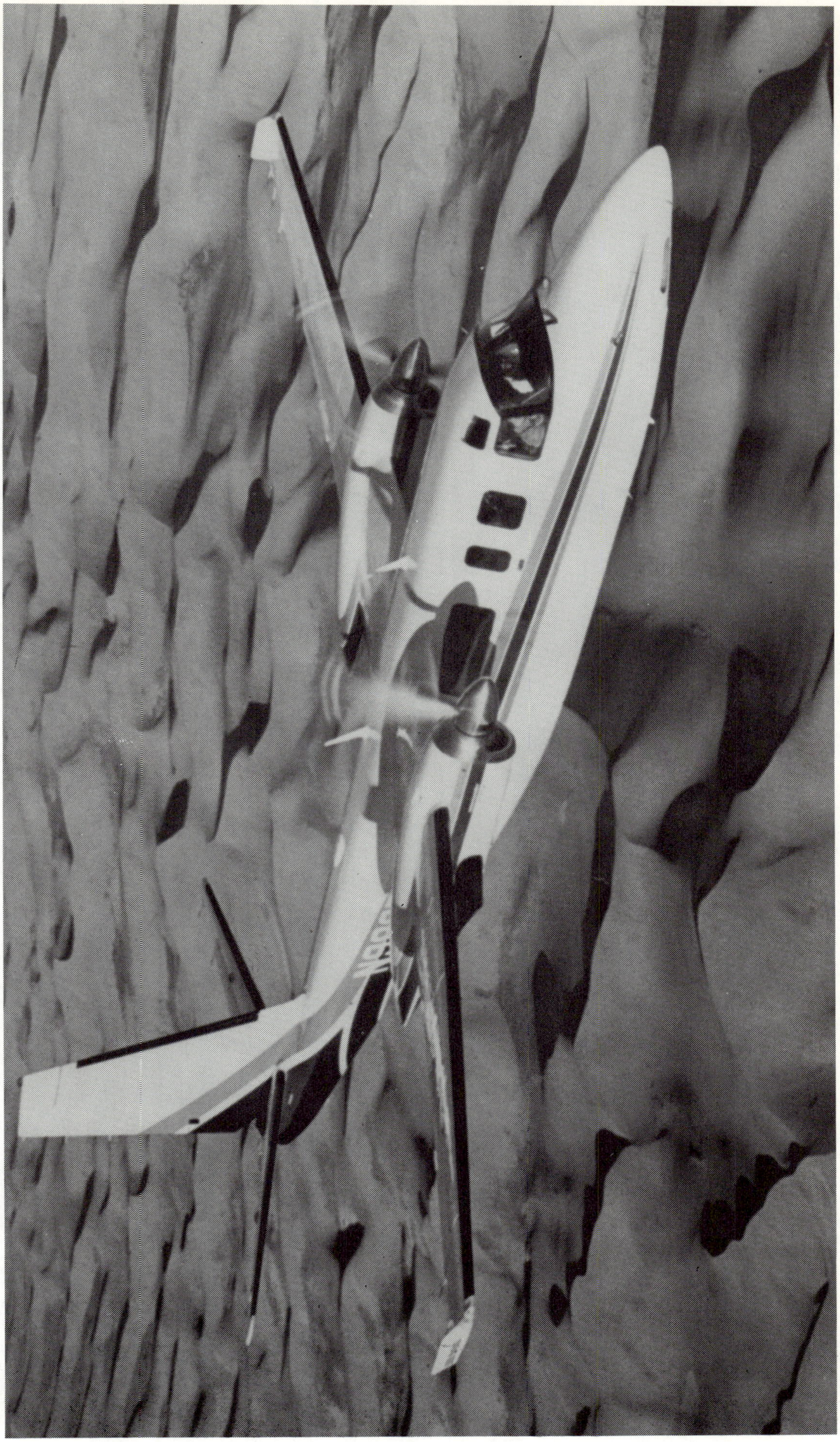

PANEL EINER ROCKWELL 980

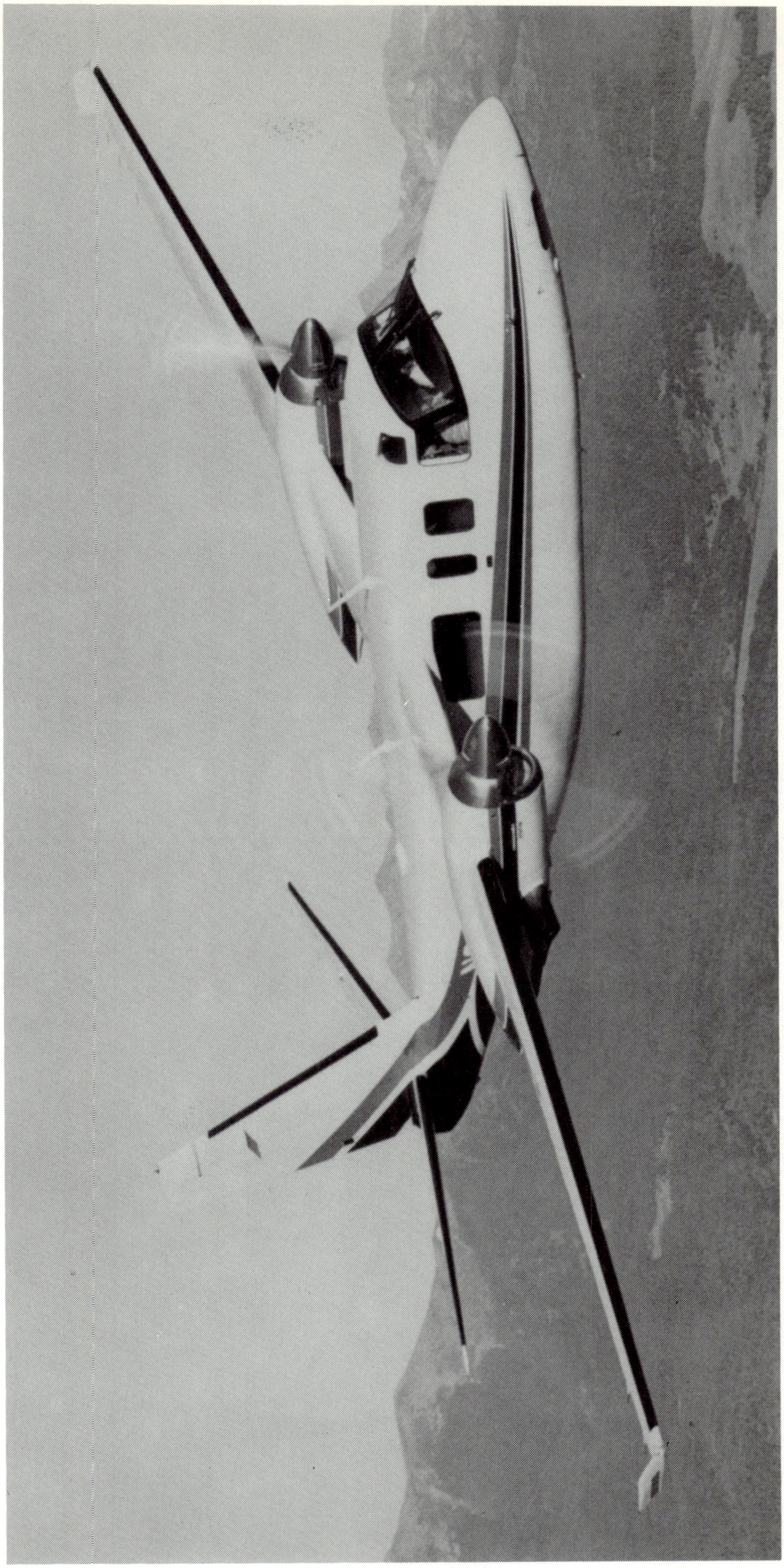

ROCKWELL 980

ROCKWELL PROPJET 980

ROCKWELL PROPJET 980 (VORNE) IM FORMATIONSFLUG

ROCKWELL PROPJET 840 (VORNE) IM FORMATIONSFLUG

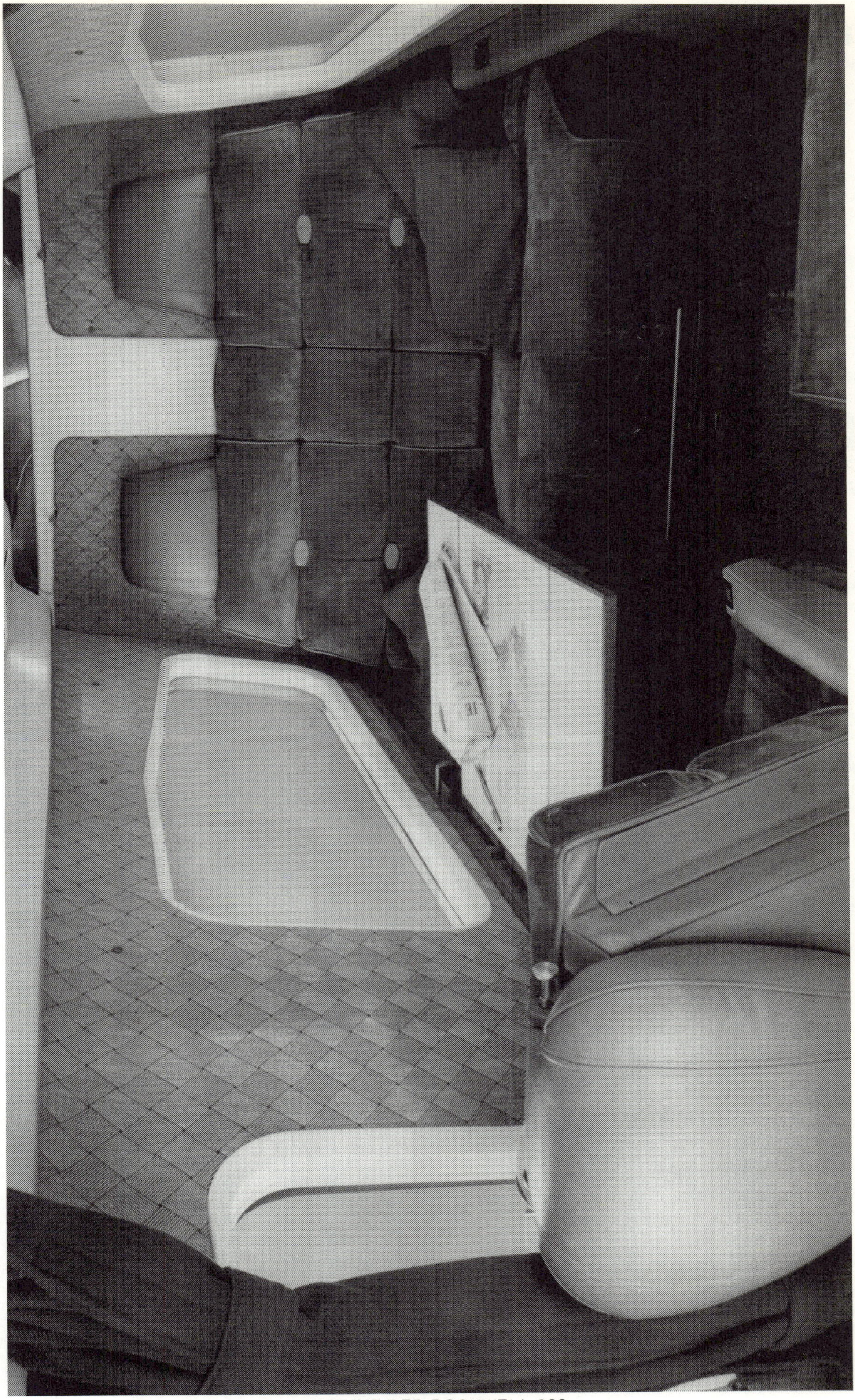

KABINE DER ROCKWELL 980

Siai Marchetti S 205

TECHNISCHE DATEN

Triebwerk	Lycoming IO - 360
Triebwerkart	Einspritzer
Treibstoffart	Flugbenzin
Triebwerkleistung (PS)	200
Triebwerkleistung (kW)	147
Flächenanordnung	Tiefdecker
Fahrwerk	Einziehbar
Propeller	Zweiblatt, verstellbar
Sitzplätze (mit Besatzung)	4
Länge (m)	8,00
Höhe (m)	2,89
Spannweite (m)	10,86
Flügelfläche (qm)	16,09
Leergewicht (kg)	761
Zuladung ohne Treibstoff (kg)	388
Zuladung mit Treibstoff (kg)	539
Zuladung ohne Treibstoff (%)*01	29,83
Zuladung mit Treibstoff (%)*02	41,46
Treibstoff (Liter)	210
Treibstoff (kg)	151
Maximales Startgewicht (kg)	1.300
Flächenbelastung (kg/qm)	80,80
Leistungsbelastung (kg/PS)	6,50
Leistungsbelastung (kg/kW)	8,83
Höchstgeschwindigkeit (km/h)*03	221
Reisegeschwindigkeit (km/h)*04	199
Abreissgeschwindigkeit (km/h)*05	76
Steigleistung einmotorig (m/sek)	4,20
Steigleistung zweimotorig (m/sek)	
Dienstgipfelhöhe einmotorig (m)	4.750
Dienstgipfelhöhe zweimotorig (m)	
Reichweite (km)*06	906
Startrollstrecke (m)	260
Startstrecke über 15-m-Hindernis (m)	442
Landerollstrecke (m)	300
Landestrecke über 15-m-Hindernis (m)	660

KOSTENWERTE

Anschaffungspreis (DM)	168.000
Fixe Kosten (DM/p.a.)*07	32.363
Variable Kosten (DM/h)*08	125,00
Treibstoffverbrauch (Liter/h)*09	44,0
Treibstoffverbrauchsindex*10	4,42

KOSTEN JE FLUGSTUNDE UND JAHR BEI:

050 Stunden pro Jahr (DM)	310/772
100 Stunden pro Jahr (DM)	217/448
150 Stunden pro Jahr (DM)	186/340
200 Stunden pro Jahr (DM)	171/287
250 Stunden pro Jahr (DM)	162/254
300 Stunden pro Jahr (DM)	156/233
350 Stunden pro Jahr (DM)	151/217
400 Stunden pro Jahr (DM)	148/206
450 Stunden pro Jahr (DM)	145/197
500 Stunden pro Jahr (DM)	143/189

Flugkilometer (DM/km)*11	0,78/1,17
Sitzplatzkilometer (DM/km)*12	0,20/0,29

*ERLÄUTERUNGEN

Alle Kostenwerte verstehen sich ohne Mehrwertsteuer. Bei den Flugstundenkosten enthält der 1. Wert keine Abschreibung und keine Kapitalzinsen (sogenannte „Bürgerliche Kalkulation").

*01	Bezogen auf das maximale Startgewicht
*02	Bezogen auf das maximale Startgewicht
*03	In Meereshöhe (MSL)
*04	65 % Leistung in typischer Reiseflughöhe
*05	Volle Klappen in Landekonfiguration
*06	Wie Wert *04, mit maximaler Tankfüllung
*07	Abschreibung, Zinsen, Sonstige Fixkosten
*08	Treibstoff, Öl, Landegeb., Wartung, Rücklagen
*09	65 % Leistung in typischer Reiseflughöhe
*10	(Liter x 80) : (km/h x Sitze), km/h-Wert *04
*11	Bei 300 Stunden pro Jahr
*12	Bei 300 Stunden pro Jahr

Ausführliche Definitionen im alphabetischen Teil.

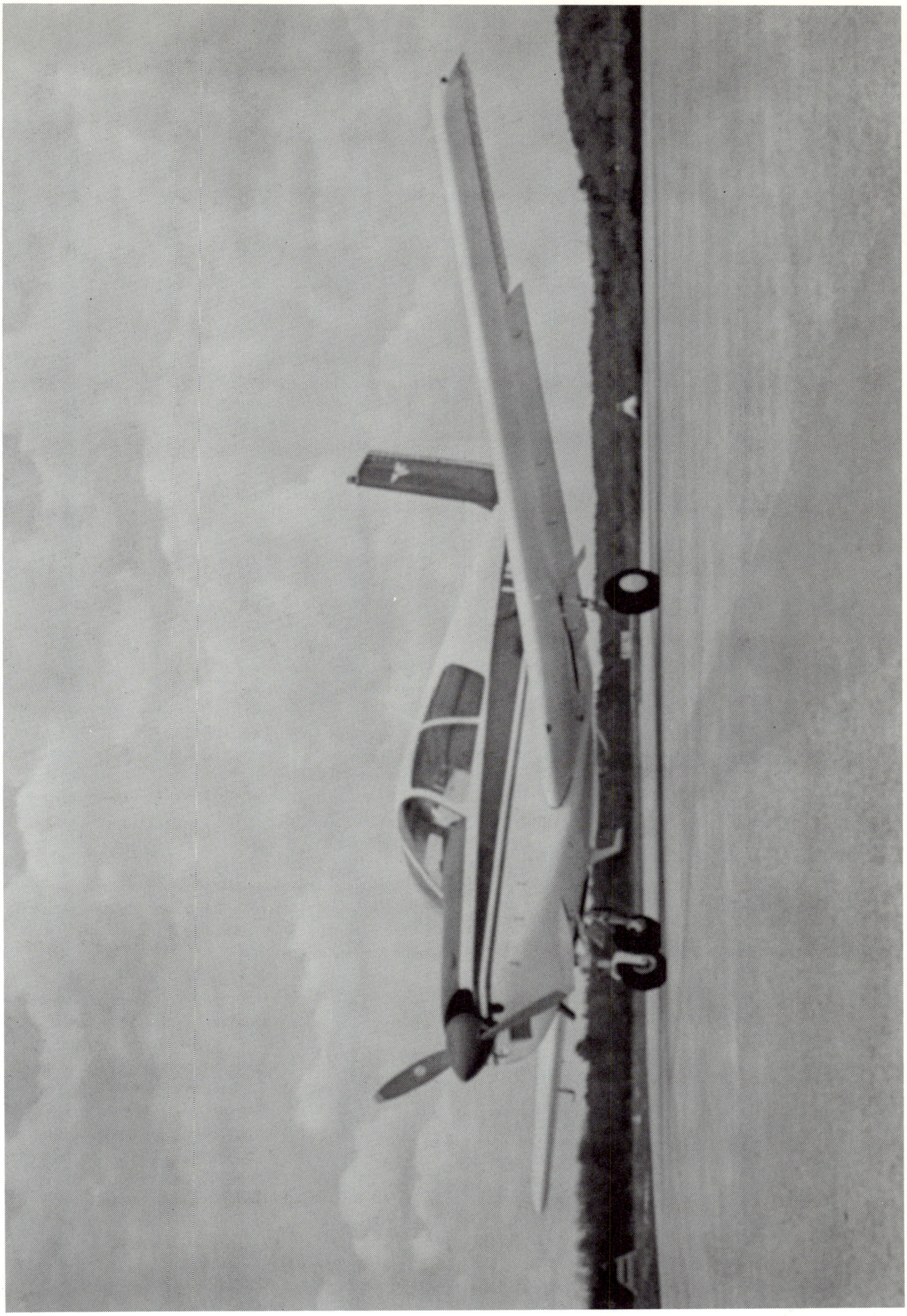

Siai Marchetti S 208

TECHNISCHE DATEN

Triebwerk	Lycoming 0 - 540
Triebwerkart	Vergasermotor
Treibstoffart	Flugbenzin
Triebwerkleistung (PS)	260
Triebwerkleistung (kW)	191
Flächenanordnung	Tiefdecker
Fahrwerk	Einziehbar
Propeller	Zweiblatt, verstellbar
Sitzplätze (mit Besatzung)	4
Länge (m)	8,10
Höhe (m)	2,89
Spannweite (m)	11,24
Flügelfläche (qm)	16,09
Leergewicht (kg)	835
Zuladung ohne Treibstoff (kg)	432
Zuladung mit Treibstoff (kg)	670
Zuladung ohne Treibstoff (%)*01	28,73
Zuladung mit Treibstoff (%)*02	44,52
Treibstoff (Liter)	330
Treibstoff (kg)	238
Maximales Startgewicht (kg)	1.505
Flächenbelastung (kg/qm)	93,54
Leistungsbelastung (kg/PS)	5,79
Leistungsbelastung (kg/kW)	7,86
Höchstgeschwindigkeit (km/h)*03	320
Reisegeschwindigkeit (km/h)*04	300
Abreissgeschwindigkeit (km/h)*05	92
Steigleistung einmotorig (m/sek)	5,00
Steigleistung zweimotorig (m/sek)	
Dienstgipfelhöhe einmotorig (m)	5.400
Dienstgipfelhöhe zweimotorig (m)	
Reichweite (km)*06	1.698
Startrollstrecke (m)	340
Startstrecke über 15-m-Hindernis (m)	578
Landerollstrecke (m)	325
Landestrecke über 15-m-Hindernis (m)	695

KOSTENWERTE

Anschaffungspreis (DM)	200.550
Fixe Kosten (DM/p.a.)*07	38.353
Variable Kosten (DM/h)*08	154,00
Treibstoffverbrauch (Liter/h)*09	57,2
Treibstoffverbrauchsindex*10	3,81

KOSTEN JE FLUGSTUNDE UND JAHR BEI:

050 Stunden pro Jahr (DM)	369/921
100 Stunden pro Jahr (DM)	262/537
150 Stunden pro Jahr (DM)	226/409
200 Stunden pro Jahr (DM)	208/345
250 Stunden pro Jahr (DM)	197/307
300 Stunden pro Jahr (DM)	190/282
350 Stunden pro Jahr (DM)	185/263
400 Stunden pro Jahr (DM)	181/250
450 Stunden pro Jahr (DM)	178/239
500 Stunden pro Jahr (DM)	175/230

Flugkilometer (DM/km)*11	0,63/0,94
Sitzplatzkilometer (DM/km)*12	0,16/0,23

*ERLÄUTERUNGEN

Alle Kostenwerte verstehen sich ohne Mehrwertsteuer. Bei den Flugstundenkosten enthält der 1. Wert keine Abschreibung und keine Kapitalzinsen (sogenannte „Bürgerliche Kalkulation").

*01	Bezogen auf das maximale Startgewicht
*02	Bezogen auf das maximale Startgewicht
*03	In Meereshöhe (MSL)
*04	65 % Leistung in typischer Reiseflughöhe
*05	Volle Klappen in Landekonfiguration
*06	Wie Wert *04, mit maximaler Tankfüllung
*07	Abschreibung, Zinsen, Sonstige Fixkosten
*08	Treibstoff, Öl, Landegeb., Wartung, Rücklagen
*09	65 % Leistung in typischer Reiseflughöhe
*10	(Liter x 80) : (km/h x Sitze), km/h-Wert *04
*11	Bei 300 Stunden pro Jahr
*12	Bei 300 Stunden pro Jahr

Ausführliche Definitionen im alphabetischen Teil.

SIAI
I-RGRG
208

Siai Marchetti SF 260

TECHNISCHE DATEN

Triebwerk	Lycoming 0 - 540
Triebwerkart	Vergasermotor
Treibstoffart	Flugbenzin
Triebwerkleistung (PS)	260
Triebwerkleistung (kW)	191
Flächenanordnung	Tiefdecker
Fahrwerk	Einziehbar
Propeller	Zweiblatt, verstellbar
Sitzplätze (mit Besatzung)	2
Länge (m)	7,10
Höhe (m)	2,41
Spannweite (m)	8,35
Flügelfläche (qm)	10,10
Leergewicht (kg)	755
Zuladung ohne Treibstoff (kg)	172
Zuladung mit Treibstoff (kg)	347
Zuladung ohne Treibstoff (%)*01	15,61
Zuladung mit Treibstoff (%)*02	31,49
Treibstoff (Liter)	243
Treibstoff (kg)	175
Maximales Startgewicht (kg)	1.102
Flächenbelastung (kg/qm)	109,11
Leistungsbelastung (kg/PS)	4,25
Leistungsbelastung (kg/kW)	5,76
Höchstgeschwindigkeit (km/h)*03	347
Reisegeschwindigkeit (km/h)*04	330
Abreissgeschwindigkeit (km/h)*05	111
Steigleistung einmotorig (m/sek)	9,10
Steigleistung zweimotorig (m/sek)	
Dienstgipfelhöhe einmotorig (m)	5.791
Dienstgipfelhöhe zweimotorig (m)	
Reichweite (km)*06	1.310
Startrollstrecke (m)	250
Startstrecke über 15-m-Hindernis (m)	472
Landerollstrecke (m)	240
Landestrecke über 15-m-Hindernis (m)	490

KOSTENWERTE

Anschaffungspreis (DM)	222.600
Fixe Kosten (DM/p.a.)*07	41.409
Variable Kosten (DM/h)*08	152,00
Treibstoffverbrauch (Liter/h)*09	57,2
Treibstoffverbrauchsindex*10	6,93

KOSTEN JE FLUGSTUNDE UND JAHR BEI:

050 Stunden pro Jahr (DM)	368/980
100 Stunden pro Jahr (DM)	260/566
150 Stunden pro Jahr (DM)	224/428
200 Stunden pro Jahr (DM)	206/359
250 Stunden pro Jahr (DM)	195/317
300 Stunden pro Jahr (DM)	188/290
350 Stunden pro Jahr (DM)	183/270
400 Stunden pro Jahr (DM)	179/255
450 Stunden pro Jahr (DM)	176/244
500 Stunden pro Jahr (DM)	173/235

Flugkilometer (DM/km)*11	0,57/0,88
Sitzplatzkilometer (DM/km)*12	0,28/0,44

*ERLÄUTERUNGEN

Alle Kostenwerte verstehen sich ohne Mehrwertsteuer. Bei den Flugstundenkosten enthält der 1. Wert keine Abschreibung und keine Kapitalzinsen (sogenannte „Bürgerliche Kalkulation").

*01	Bezogen auf das maximale Startgewicht
*02	Bezogen auf das maximale Startgewicht
*03	In Meereshöhe (MSL)
*04	65 % Leistung in typischer Reiseflughöhe
*05	Volle Klappen in Landekonfiguration
*06	Wie Wert *04, mit maximaler Tankfüllung
*07	Abschreibung, Zinsen, Sonstige Fixkosten
*08	Treibstoff, Öl, Landegeb., Wartung, Rücklagen
*09	65 % Leistung in typischer Reiseflughöhe
*10	(Liter x 80) : (km/h x Sitze), km/h-Wert *04
*11	Bei 300 Stunden pro Jahr
*12	Bei 300 Stunden pro Jahr

Ausführliche Definitionen im alphabetischen Teil.

N7895
N730W

Socata Rallye Galopin

TECHNISCHE DATEN

Triebwerk	Lycoming 0 - 235
Triebwerkart	Vergasermotor
Treibstoffart	Flugbenzin
Triebwerkleistung (PS)	110
Triebwerkleistung (kW)	81
Flächenanordnung	Tiefdecker
Fahrwerk	Fest
Propeller	Zweiblatt, starr
Sitzplätze (mit Besatzung)	2
Länge (m)	7,24
Höhe (m)	2,80
Spannweite (m)	9,74
Flügelfläche (qm)	12,28
Leergewicht (kg)	520
Zuladung ohne Treibstoff (kg)	174
Zuladung mit Treibstoff (kg)	250
Zuladung ohne Treibstoff (%)*01	22,65
Zuladung mit Treibstoff (%)*02	32,47
Treibstoff (Liter)	105
Treibstoff (kg)	76
Maximales Startgewicht (kg)	770
Flächenbelastung (kg/qm)	62,70
Leistungsbelastung (kg/PS)	7,00
Leistungsbelastung (kg/kW)	9,51
Höchstgeschwindigkeit (km/h)*03	204
Reisegeschwindigkeit (km/h)*04	176
Abreissgeschwindigkeit (km/h)*05	75
Steigleistung einmotorig (m/sek)	3,20
Steigleistung zweimotorig (m/sek)	
Dienstgipfelhöhe einmotorig (m)	3.200
Dienstgipfelhöhe zweimotorig (m)	
Reichweite (km)*06	716
Startrollstrecke (m)	210
Startstrecke über 15-m-Hindernis (m)	410
Landerollstrecke (m)	110
Landestrecke über 15-m-Hindernis (m)	265

KOSTENWERTE

Anschaffungspreis (DM)	87.885
Fixe Kosten (DM/p.a.)*07	17.547
Variable Kosten (DM/h)*08	74,00
Treibstoffverbrauch (Liter/h)*09	24,2
Treibstoffverbrauchsindex*10	5,50

KOSTEN JE FLUGSTUNDE UND JAHR BEI:

050 Stunden pro Jahr (DM)	183/425
100 Stunden pro Jahr (DM)	129/249
150 Stunden pro Jahr (DM)	110/191
200 Stunden pro Jahr (DM)	101/162
250 Stunden pro Jahr (DM)	96/144
300 Stunden pro Jahr (DM)	92/132
350 Stunden pro Jahr (DM)	89/124
400 Stunden pro Jahr (DM)	88/118
450 Stunden pro Jahr (DM)	86/113
500 Stunden pro Jahr (DM)	85/109

Flugkilometer (DM/km)*11	0,52/0,75
Sitzplatzkilometer (DM/km)*12	0,26/0,38

*ERLÄUTERUNGEN

Alle Kostenwerte verstehen sich ohne Mehrwertsteuer. Bei den Flugstundenkosten enthält der 1. Wert keine Abschreibung und keine Kapitalzinsen (sogenannte „Bürgerliche Kalkulation").

*01	Bezogen auf das maximale Startgewicht
*02	Bezogen auf das maximale Startgewicht
*03	In Meereshöhe (MSL)
*04	65 % Leistung in typischer Reiseflughöhe
*05	Volle Klappen in Landekonfiguration
*06	Wie Wert *04, mit maximaler Tankfüllung
*07	Abschreibung, Zinsen, Sonstige Fixkosten
*08	Treibstoff, Öl, Landegeb., Wartung, Rücklagen
*09	65 % Leistung in typischer Reiseflughöhe
*10	(Liter x 80) : (km/h x Sitze), km/h-Wert *04
*11	Bei 300 Stunden pro Jahr
*12	Bei 300 Stunden pro Jahr

Ausführliche Definitionen im alphabetischen Teil.

Rallye Club

Socata Rallye Garnement

TECHNISCHE DATEN

Triebwerk	Lycoming 0 - 320
Triebwerkart	Vergasermotor
Treibstoffart	Flugbenzin
Triebwerkleistung (PS)	155
Triebwerkleistung (kW)	114
Flächenanordnung	Tiefdecker
Fahrwerk	Fest
Propeller	Zweiblatt, starr
Sitzplätze (mit Besatzung)	4
Länge (m)	7,24
Höhe (m)	2,80
Spannweite (m)	9,74
Flügelfläche (qm)	12,28
Leergewicht (kg)	540
Zuladung ohne Treibstoff (kg)	198
Zuladung mit Treibstoff (kg)	330
Zuladung ohne Treibstoff (%)*01	22,70
Zuladung mit Treibstoff (%)*02	37,93
Treibstoff (Liter)	184
Treibstoff (kg)	132
Maximales Startgewicht (kg)	870
Flächenbelastung (kg/qm)	70,85
Leistungsbelastung (kg/PS)	5,61
Leistungsbelastung (kg/kW)	7,63
Höchstgeschwindigkeit (km/h)*03	220
Reisegeschwindigkeit (km/h)*04	201
Abreissgeschwindigkeit (km/h)*05	82
Steigleistung einmotorig (m/sek)	4,06
Steigleistung zweimotorig (m/sek)	
Dienstgipfelhöhe einmotorig (m)	3.900
Dienstgipfelhöhe zweimotorig (m)	
Reichweite (km)*06	1.054
Startrollstrecke (m)	215
Startstrecke über 15-m-Hindernis (m)	360
Landerollstrecke (m)	170
Landestrecke über 15-m-Hindernis (m)	340

KOSTENWERTE

Anschaffungspreis (DM)	100.905
Fixe Kosten (DM/p.a.)*07	19.981
Variable Kosten (DM/h)*08	88,00
Treibstoffverbrauch (Liter/h)*09	34,1
Treibstoffverbrauchsindex*10	3,39

KOSTEN JE FLUGSTUNDE UND JAHR BEI:

050 Stunden pro Jahr (DM)	210/488
100 Stunden pro Jahr (DM)	149/288
150 Stunden pro Jahr (DM)	129/221
200 Stunden pro Jahr (DM)	118/188
250 Stunden pro Jahr (DM)	112/168
300 Stunden pro Jahr (DM)	108/155
350 Stunden pro Jahr (DM)	105/145
400 Stunden pro Jahr (DM)	103/138
450 Stunden pro Jahr (DM)	101/132
500 Stunden pro Jahr (DM)	100/128
Flugkilometer (DM/km)*11	0,54/0,77
Sitzplatzkilometer (DM/km)*12	0,13/0,19

*ERLÄUTERUNGEN

Alle Kostenwerte verstehen sich ohne Mehrwertsteuer. Bei den Flugstundenkosten enthält der 1. Wert keine Abschreibung und keine Kapitalzinsen (sogenannte „Bürgerliche Kalkulation").

*01	Bezogen auf das maximale Startgewicht
*02	Bezogen auf das maximale Startgewicht
*03	In Meereshöhe (MSL)
*04	65 % Leistung in typischer Reiseflughöhe
*05	Volle Klappen in Landekonfiguration
*06	Wie Wert *04, mit maximaler Tankfüllung
*07	Abschreibung, Zinsen, Sonstige Fixkosten
*08	Treibstoff, Öl, Landegeb., Wartung, Rücklagen
*09	65 % Leistung in typischer Reiseflughöhe
*10	(Liter x 80) : (km/h x Sitze), km/h-Wert *04
*11	Bei 300 Stunden pro Jahr
*12	Bei 300 Stunden pro Jahr

Ausführliche Definitionen im alphabetischen Teil.

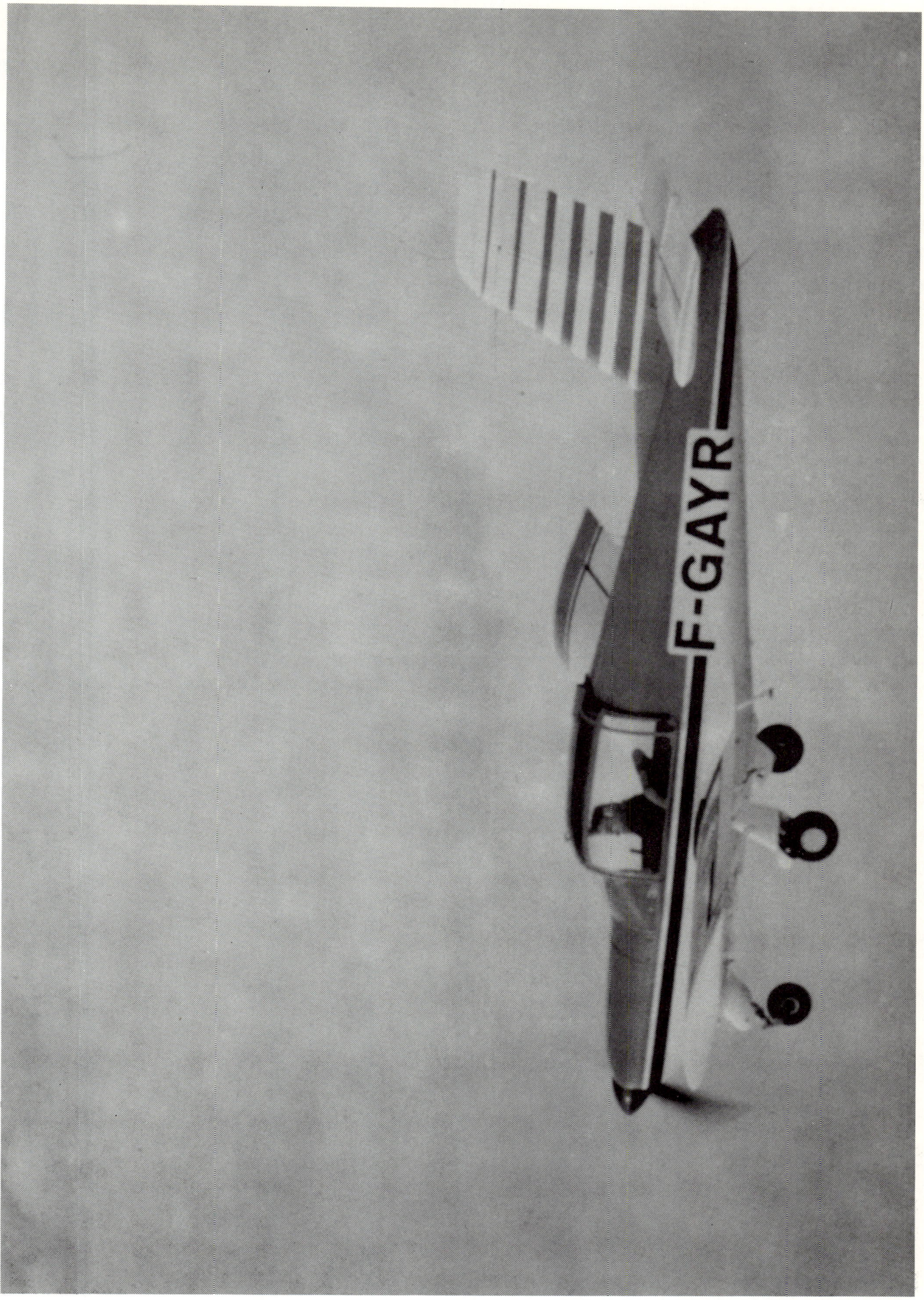
F-GAYR

Socata Rallye Tampico

TECHNISCHE DATEN

Triebwerk	Lycoming 0 - 320
Triebwerkart	Vergasermotor
Treibstoffart	Flugbenzin
Triebwerkleistung (PS)	160
Triebwerkleistung (kW)	118
Flächenanordnung	Tiefdecker
Fahrwerk	Fest
Propeller	Zweiblatt, starr
Sitzplätze (mit Besatzung)	4
Länge (m)	7,63
Höhe (m)	3,20
Spannweite (m)	9,76
Flügelfläche (qm)	11,90
Leergewicht (kg)	650
Zuladung ohne Treibstoff (kg)	298
Zuladung mit Treibstoff (kg)	410
Zuladung ohne Treibstoff (%)*01	28,12
Zuladung mit Treibstoff (%)*02	38,68
Treibstoff (Liter)	155
Treibstoff (kg)	112
Maximales Startgewicht (kg)	1.060
Flächenbelastung (kg/qm)	89,08
Leistungsbelastung (kg/PS)	6,63
Leistungsbelastung (kg/kW)	9,00
Höchstgeschwindigkeit (km/h)*03	232
Reisegeschwindigkeit (km/h)*04	213
Abreissgeschwindigkeit (km/h)*05	93
Steigleistung einmotorig (m/sek)	3,56
Steigleistung zweimotorig (m/sek)	
Dienstgipfelhöhe einmotorig (m)	4.300
Dienstgipfelhöhe zweimotorig (m)	
Reichweite (km)*06	882
Startrollstrecke (m)	380
Startstrecke über 15-m-Hindernis (m)	570
Landerollstrecke (m)	185
Landestrecke über 15-m-Hindernis (m)	380

KOSTENWERTE

Anschaffungspreis (DM)	93.135
Fixe Kosten (DM/p.a.)*07	18.997
Variable Kosten (DM/h)*08	88,00
Treibstoffverbrauch (Liter/h)*09	35,2
Treibstoffverbrauchsindex*10	3,31

KOSTEN JE FLUGSTUNDE UND JAHR BEI:

050 Stunden pro Jahr (DM)	212/468
100 Stunden pro Jahr (DM)	150/278
150 Stunden pro Jahr (DM)	130/215
200 Stunden pro Jahr (DM)	119/183
250 Stunden pro Jahr (DM)	113/164
300 Stunden pro Jahr (DM)	109/152
350 Stunden pro Jahr (DM)	106/143
400 Stunden pro Jahr (DM)	104/136
450 Stunden pro Jahr (DM)	102/130
500 Stunden pro Jahr (DM)	101/126

Flugkilometer (DM/km)*11	0,51/0,71
Sitzplatzkilometer (DM/km)*12	0,13/0,18

*ERLÄUTERUNGEN

Alle Kostenwerte verstehen sich ohne Mehrwertsteuer. Bei den Flugstundenkosten enthält der 1. Wert keine Abschreibung und keine Kapitalzinsen (sogenannte „Bürgerliche Kalkulation").

*01	Bezogen auf das maximale Startgewicht
*02	Bezogen auf das maximale Startgewicht
*03	In Meereshöhe (MSL)
*04	65 % Leistung in typischer Reiseflughöhe
*05	Volle Klappen in Landekonfiguration
*06	Wie Wert *04, mit maximaler Tankfüllung
*07	Abschreibung, Zinsen, Sonstige Fixkosten
*08	Treibstoff, Öl, Landegeb., Wartung, Rücklagen
*09	65 % Leistung in typischer Reiseflughöhe
*10	(Liter x 80) : (km/h x Sitze), km/h-Wert *04
*11	Bei 300 Stunden pro Jahr
*12	Bei 300 Stunden pro Jahr

Ausführliche Definitionen im alphabetischen Teil.

F-GBHC

Socata Rallye Gaillard

TECHNISCHE DATEN

Triebwerk	Lycoming 0 - 360
Triebwerkart	Vergasermotor
Treibstoffart	Flugbenzin
Triebwerkleistung (PS)	180
Triebwerkleistung (kW)	132
Flächenanordnung	Tiefdecker
Fahrwerk	Fest
Propeller	Zweiblatt, starr
Sitzplätze (mit Besatzung)	4
Länge (m)	7,24
Höhe (m)	2,80
Spannweite (m)	9,74
Flügelfläche (qm)	12,28
Leergewicht (kg)	570
Zuladung ohne Treibstoff (kg)	311
Zuladung mit Treibstoff (kg)	480
Zuladung ohne Treibstoff (%)*01	29,80
Zuladung mit Treibstoff (%)*02	45,71
Treibstoff (Liter)	235
Treibstoff (kg)	169
Maximales Startgewicht (kg)	1.050
Flächenbelastung (kg/qm)	85,50
Leistungsbelastung (kg/PS)	5,83
Leistungsbelastung (kg/kW)	7,93
Höchstgeschwindigkeit (km/h)*03	240
Reisegeschwindigkeit (km/h)*04	212
Abreissgeschwindigkeit (km/h)*05	92
Steigleistung einmotorig (m/sek)	3,86
Steigleistung zweimotorig (m/sek)	
Dienstgipfelhöhe einmotorig (m)	3.600
Dienstgipfelhöhe zweimotorig (m)	
Reichweite (km)*06	1.239
Startrollstrecke (m)	250
Startstrecke über 15-m-Hindernis (m)	445
Landerollstrecke (m)	150
Landestrecke über 15-m-Hindernis (m)	360

KOSTENWERTE

Anschaffungspreis (DM)	132.720
Fixe Kosten (DM/p.a.)*07	25.675
Variable Kosten (DM/h)*08	101,00
Treibstoffverbrauch (Liter/h)*09	39,6
Treibstoffverbrauchsindex*10	3,74

KOSTEN JE FLUGSTUNDE UND JAHR BEI:

050 Stunden pro Jahr (DM)	249/614
100 Stunden pro Jahr (DM)	175/357
150 Stunden pro Jahr (DM)	150/272
200 Stunden pro Jahr (DM)	138/229
250 Stunden pro Jahr (DM)	130/203
300 Stunden pro Jahr (DM)	125/186
350 Stunden pro Jahr (DM)	122/174
400 Stunden pro Jahr (DM)	119/165
450 Stunden pro Jahr (DM)	117/158
500 Stunden pro Jahr (DM)	115/152

Flugkilometer (DM/km)*11	0,59/0,88
Sitzplatzkilometer (DM/km)*12	0,15/0,22

*ERLÄUTERUNGEN

Alle Kostenwerte verstehen sich ohne Mehrwertsteuer. Bei den Flugstundenkosten enthält der 1. Wert keine Abschreibung und keine Kapitalzinsen (sogenannte „Bürgerliche Kalkulation").

*01	Bezogen auf das maximale Startgewicht
*02	Bezogen auf das maximale Startgewicht
*03	In Meereshöhe (MSL)
*04	65 % Leistung in typischer Reiseflughöhe
*05	Volle Klappen in Landekonfiguration
*06	Wie Wert *04, mit maximaler Tankfüllung
*07	Abschreibung, Zinsen, Sonstige Fixkosten
*08	Treibstoff, Öl, Landegeb., Wartung, Rücklagen
*09	65 % Leistung in typischer Reiseflughöhe
*10	(Liter x 80) : (km/h x Sitze), km/h-Wert *04
*11	Bei 300 Stunden pro Jahr
*12	Bei 300 Stunden pro Jahr

Ausführliche Definitionen im alphabetischen Teil.

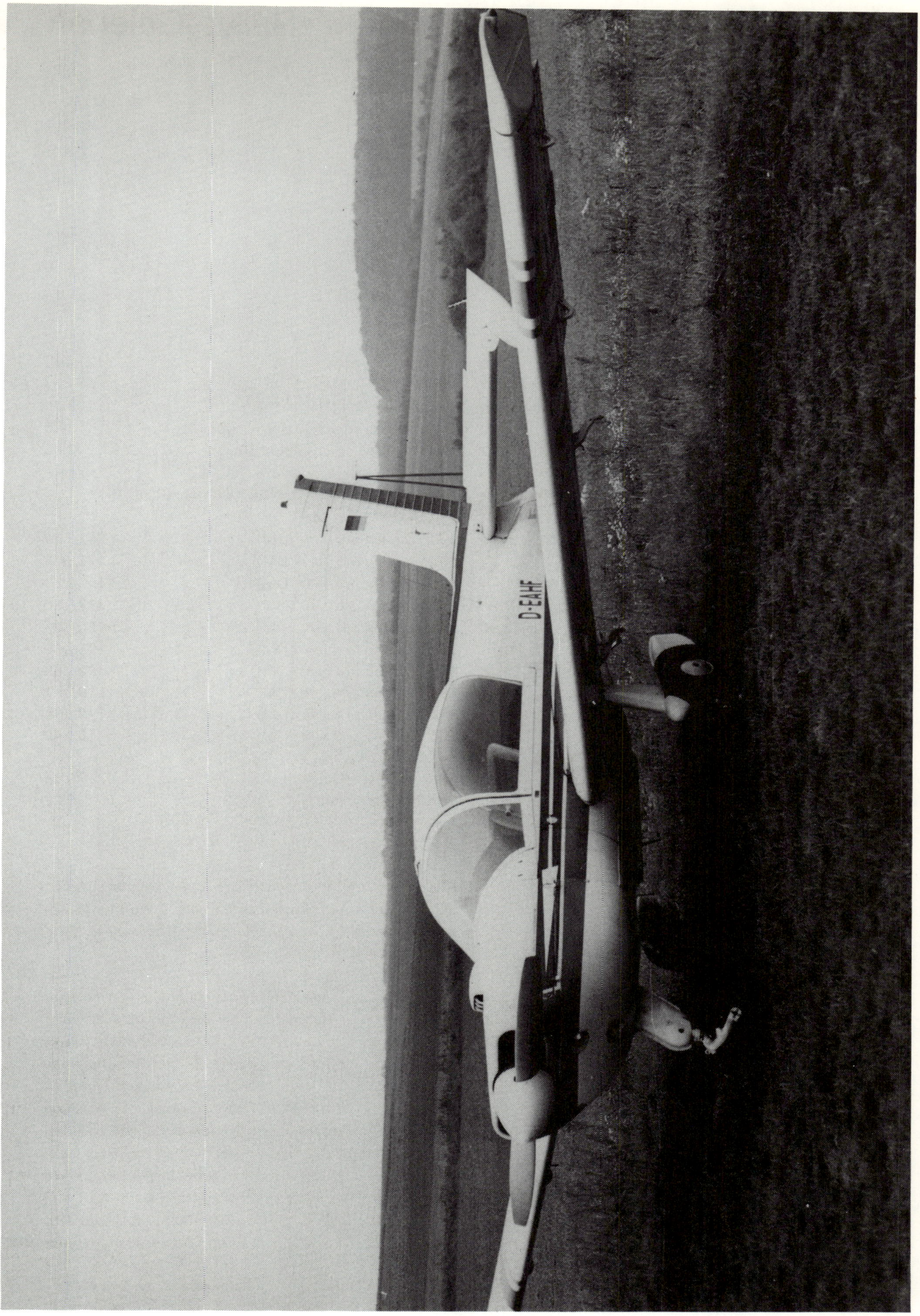
D-EAHF

Socata Rallye Galerien

TECHNISCHE DATEN

Triebwerk	Lycoming 0 - 360
Triebwerkart	Vergasermotor
Treibstoffart	Flugbenzin
Triebwerkleistung (PS)	180
Triebwerkleistung (kW)	132
Flächenanordnung	Tiefdecker
Fahrwerk	Fest
Propeller	Zweiblatt, starr
Sitzplätze (mit Besatzung)	4
Länge (m)	7,24
Höhe (m)	2,80
Spannweite (m)	9,74
Flügelfläche (qm)	12,28
Leergewicht (kg)	555
Zuladung ohne Treibstoff (kg)	263
Zuladung mit Treibstoff (kg)	395
Zuladung ohne Treibstoff (%)*01	27,63
Zuladung mit Treibstoff (%)*02	41,58
Treibstoff (Liter)	184
Treibstoff (kg)	132
Maximales Startgewicht (kg)	950
Flächenbelastung (kg/qm)	77,36
Leistungsbelastung (kg/PS)	5,28
Leistungsbelastung (kg/kW)	7,17
Höchstgeschwindigkeit (km/h)*03	226
Reisegeschwindigkeit (km/h)*04	205
Abreissgeschwindigkeit (km/h)*05	89
Steigleistung einmotorig (m/sek)	4,42
Steigleistung zweimotorig (m/sek)	
Dienstgipfelhöhe einmotorig (m)	4.500
Dienstgipfelhöhe zweimotorig (m)	
Reichweite (km)*06	905
Startrollstrecke (m)	240
Startstrecke über 15-m-Hindernis (m)	410
Landerollstrecke (m)	145
Landestrecke über 15-m-Hindernis (m)	340

KOSTENWERTE

Anschaffungspreis (DM)	121.170
Fixe Kosten (DM/p.a.)*07	23.627
Variable Kosten (DM/h)*08	102,00
Treibstoffverbrauch (Liter/h)*09	39,6
Treibstoffverbrauchsindex*10	3,86

KOSTEN JE FLUGSTUNDE UND JAHR BEI:

050 Stunden pro Jahr (DM)	241/574
100 Stunden pro Jahr (DM)	171/338
150 Stunden pro Jahr (DM)	148/259
200 Stunden pro Jahr (DM)	137/220
250 Stunden pro Jahr (DM)	130/196
300 Stunden pro Jahr (DM)	125/180
350 Stunden pro Jahr (DM)	122/169
400 Stunden pro Jahr (DM)	119/161
450 Stunden pro Jahr (DM)	117/154
500 Stunden pro Jahr (DM)	116/149

Flugkilometer (DM/km)*11	0,61/0,88
Sitzplatzkilometer (DM/km)*12	0,15/0,22

*ERLÄUTERUNGEN

Alle Kostenwerte verstehen sich ohne Mehrwertsteuer. Bei den Flugstundenkosten enthält der 1. Wert keine Abschreibung und keine Kapitalzinsen (sogenannte „Bürgerliche Kalkulation").

*01	Bezogen auf das maximale Startgewicht
*02	Bezogen auf das maximale Startgewicht
*03	In Meereshöhe (MSL)
*04	65 % Leistung in typischer Reiseflughöhe
*05	Volle Klappen in Landekonfiguration
*06	Wie Wert *04, mit maximaler Tankfüllung
*07	Abschreibung, Zinsen, Sonstige Fixkosten
*08	Treibstoff, Öl, Landegeb., Wartung, Rücklagen
*09	65 % Leistung in typischer Reiseflughöhe
*10	(Liter x 80) : (km/h x Sitze), km/h-Wert *04
*11	Bei 300 Stunden pro Jahr
*12	Bei 300 Stunden pro Jahr

Ausführliche Definitionen im alphabetischen Teil.

D.EARD
2000

Socata Rallye Tobago

TECHNISCHE DATEN

Triebwerk	Lycoming 0 - 360
Triebwerkart	Vergasermotor
Treibstoffart	Flugbenzin
Triebwerkleistung (PS)	180
Triebwerkleistung (kW)	132
Flächenanordnung	Tiefdecker
Fahrwerk	Fest
Propeller	Zweiblatt, verstellbar
Sitzplätze (mit Besatzung)	4
Länge (m)	7,63
Höhe (m)	3,20
Spannweite (m)	9,76
Flügelfläche (qm)	11,90
Leergewicht (kg)	670
Zuladung ohne Treibstoff (kg)	330
Zuladung mit Treibstoff (kg)	480
Zuladung ohne Treibstoff (%)*01	28,71
Zuladung mit Treibstoff (%)*02	41,74
Treibstoff (Liter)	208
Treibstoff (kg)	150
Maximales Startgewicht (kg)	1.150
Flächenbelastung (kg/qm)	96,84
Leistungsbelastung (kg/PS)	6,39
Leistungsbelastung (kg/kW)	8,68
Höchstgeschwindigkeit (km/h)*03	247
Reisegeschwindigkeit (km/h)*04	220
Abreissgeschwindigkeit (km/h)*05	96
Steigleistung einmotorig (m/sek)	4,01
Steigleistung zweimotorig (m/sek)	
Dienstgipfelhöhe einmotorig (m)	4.000
Dienstgipfelhöhe zweimotorig (m)	
Reichweite (km)*06	1.119
Startrollstrecke (m)	360
Startstrecke über 15-m-Hindernis (m)	540
Landerollstrecke (m)	190
Landestrecke über 15-m-Hindernis (m)	420

KOSTENWERTE

Anschaffungspreis (DM)	117.495
Fixe Kosten (DM/p.a.)*07	23.369
Variable Kosten (DM/h)*08	102,00
Treibstoffverbrauch (Liter/h)*09	39,6
Treibstoffverbrauchsindex*10	3,60

KOSTEN JE FLUGSTUNDE UND JAHR BEI:

050 Stunden pro Jahr (DM)	246/569
100 Stunden pro Jahr (DM)	174/335
150 Stunden pro Jahr (DM)	150/257
200 Stunden pro Jahr (DM)	138/218
250 Stunden pro Jahr (DM)	130/195
300 Stunden pro Jahr (DM)	126/179
350 Stunden pro Jahr (DM)	122/168
400 Stunden pro Jahr (DM)	120/160
450 Stunden pro Jahr (DM)	118/154
500 Stunden pro Jahr (DM)	116/148
Flugkilometer (DM/km)*11	0,57/0,82
Sitzplatzkilometer (DM/km)*12	0,14/0,20

*ERLÄUTERUNGEN

Alle Kostenwerte verstehen sich ohne Mehrwertsteuer. Bei den Flugstundenkosten enthält der 1. Wert keine Abschreibung und keine Kapitalzinsen (sogenannte „Bürgerliche Kalkulation").

*01	Bezogen auf das maximale Startgewicht
*02	Bezogen auf das maximale Startgewicht
*03	In Meereshöhe (MSL)
*04	65 % Leistung in typischer Reiseflughöhe
*05	Volle Klappen in Landekonfiguration
*06	Wie Wert *04, mit maximaler Tankfüllung
*07	Abschreibung, Zinsen, Sonstige Fixkosten
*08	Treibstoff, Öl, Landegeb., Wartung, Rücklagen
*09	65 % Leistung in typischer Reiseflughöhe
*10	(Liter x 80) : (km/h x Sitze), km/h-Wert *04
*11	Bei 300 Stunden pro Jahr
*12	Bei 300 Stunden pro Jahr

Ausführliche Definitionen im alphabetischen Teil.

Socata Rallye Gabier

TECHNISCHE DATEN

Triebwerk	Lycoming 0 - 540
Triebwerkart	Vergasermotor
Treibstoffart	Flugbenzin
Triebwerkleistung (PS)	235
Triebwerkleistung (kW)	173
Flächenanordnung	Tiefdecker
Fahrwerk	Fest
Propeller	Zweiblatt, verstellbar
Sitzplätze (mit Besatzung)	4
Länge (m)	7,28
Höhe (m)	2,80
Spannweite (m)	9,74
Flügelfläche (qm)	12,28
Leergewicht (kg)	694
Zuladung ohne Treibstoff (kg)	304
Zuladung mit Treibstoff (kg)	506
Zuladung ohne Treibstoff (%)*01	25,37
Zuladung mit Treibstoff (%)*02	42,17
Treibstoff (Liter)	280
Treibstoff (kg)	202
Maximales Startgewicht (kg)	1.200
Flächenbelastung (kg/qm)	97,72
Leistungsbelastung (kg/PS)	5,11
Leistungsbelastung (kg/kW)	6,94
Höchstgeschwindigkeit (km/h)*03	275
Reisegeschwindigkeit (km/h)*04	231
Abreissgeschwindigkeit (km/h)*05	100
Steigleistung einmotorig (m/sek)	4,98
Steigleistung zweimotorig (m/sek)	
Dienstgipfelhöhe einmotorig (m)	4.500
Dienstgipfelhöhe zweimotorig (m)	
Reichweite (km)*06	1.217
Startrollstrecke (m)	360
Startstrecke über 15-m-Hindernis (m)	500
Landerollstrecke (m)	165
Landestrecke über 15-m-Hindernis (m)	395

KOSTENWERTE

Anschaffungspreis (DM)	162.645
Fixe Kosten (DM/p.a.)*07	31.251
Variable Kosten (DM/h)*08	125,00
Treibstoffverbrauch (Liter/h)*09	51,7
Treibstoffverbrauchsindex*10	4,48

KOSTEN JE FLUGSTUNDE UND JAHR BEI:

050 Stunden pro Jahr (DM)	303/750
100 Stunden pro Jahr (DM)	214/438
150 Stunden pro Jahr (DM)	184/334
200 Stunden pro Jahr (DM)	170/281
250 Stunden pro Jahr (DM)	161/250
300 Stunden pro Jahr (DM)	155/229
350 Stunden pro Jahr (DM)	151/214
400 Stunden pro Jahr (DM)	147/203
450 Stunden pro Jahr (DM)	145/195
500 Stunden pro Jahr (DM)	143/188

Flugkilometer (DM/km)*11	0,67/0,99
Sitzplatzkilometer (DM/km)*12	0,17/0,25

*ERLÄUTERUNGEN

Alle Kostenwerte verstehen sich ohne Mehrwertsteuer. Bei den Flugstundenkosten enthält der 1. Wert keine Abschreibung und keine Kapitalzinsen (sogenannte „Bürgerliche Kalkulation").

*01	Bezogen auf das maximale Startgewicht
*02	Bezogen auf das maximale Startgewicht
*03	In Meereshöhe (MSL)
*04	65 % Leistung in typischer Reiseflughöhe
*05	Volle Klappen in Landekonfiguration
*06	Wie Wert *04, mit maximaler Tankfüllung
*07	Abschreibung, Zinsen, Sonstige Fixkosten
*08	Treibstoff, Öl, Landegeb., Wartung, Rücklagen
*09	65 % Leistung in typischer Reiseflughöhe
*10	(Liter x 80) : (km/h x Sitze), km/h-Wert *04
*11	Bei 300 Stunden pro Jahr
*12	Bei 300 Stunden pro Jahr

Ausführliche Definitionen im alphabetischen Teil.

F-GBKL

Sportavia RS 180 Sportsman

TECHNISCHE DATEN

Triebwerk	Lycoming 0 - 360
Triebwerkart	Vergasermotor
Treibstoffart	Flugbenzin
Triebwerkleistung (PS)	180
Triebwerkleistung (kW)	132
Flächenanordnung	Tiefdecker
Fahrwerk	Fest
Propeller	Zweiblatt, verstellbar
Sitzplätze (mit Besatzung)	4
Länge (m)	7,15
Höhe (m)	2,55
Spannweite (m)	10,50
Flügelfläche (qm)	14,50
Leergewicht (kg)	640
Zuladung ohne Treibstoff (kg)	312
Zuladung mit Treibstoff (kg)	460
Zuladung ohne Treibstoff (%)*01	28,33
Zuladung mit Treibstoff (%)*02	41,82
Treibstoff (Liter)	206
Treibstoff (kg)	148
Maximales Startgewicht (kg)	1.100
Flächenbelastung (kg/qm)	75,86
Leistungsbelastung (kg/PS)	6,11
Leistungsbelastung (kg/kW)	8,30
Höchstgeschwindigkeit (km/h)*03	270
Reisegeschwindigkeit (km/h)*04	235
Abreissgeschwindigkeit (km/h)*05	82
Steigleistung einmotorig (m/sek)	5,40
Steigleistung zweimotorig (m/sek)	
Dienstgipfelhöhe einmotorig (m)	5.400
Dienstgipfelhöhe zweimotorig (m)	
Reichweite (km)*06	1.182
Startrollstrecke (m)	235
Startstrecke über 15-m-Hindernis (m)	400
Landerollstrecke (m)	220
Landestrecke über 15-m-Hindernis (m)	484

KOSTENWERTE

Anschaffungspreis (DM)	122.850
Fixe Kosten (DM/p.a.)*07	24.198
Variable Kosten (DM/h)*08	101,00
Treibstoffverbrauch (Liter/h)*09	39,6
Treibstoffverbrauchsindex*10	3,37

KOSTEN JE FLUGSTUNDE UND JAHR BEI:

050 Stunden pro Jahr (DM)	247/585
100 Stunden pro Jahr (DM)	174/343
150 Stunden pro Jahr (DM)	150/262
200 Stunden pro Jahr (DM)	137/222
250 Stunden pro Jahr (DM)	130/198
300 Stunden pro Jahr (DM)	125/182
350 Stunden pro Jahr (DM)	122/170
400 Stunden pro Jahr (DM)	119/161
450 Stunden pro Jahr (DM)	117/155
500 Stunden pro Jahr (DM)	115/149

Flugkilometer (DM/km)*11	0,53/0,77
Sitzplatzkilometer (DM/km)*12	0,13/0,19

*ERLÄUTERUNGEN

Alle Kostenwerte verstehen sich ohne Mehrwertsteuer. Bei den Flugstundenkosten enthält der 1. Wert keine Abschreibung und keine Kapitalzinsen (sogenannte „Bürgerliche Kalkulation").

*01	Bezogen auf das maximale Startgewicht
*02	Bezogen auf das maximale Startgewicht
*03	In Meereshöhe (MSL)
*04	65 % Leistung in typischer Reiseflughöhe
*05	Volle Klappen in Landekonfiguration
*06	Wie Wert *04, mit maximaler Tankfüllung
*07	Abschreibung, Zinsen, Sonstige Fixkosten
*08	Treibstoff, Öl, Landegeb., Wartung, Rücklagen
*09	65 % Leistung in typischer Reiseflughöhe
*10	(Liter x 80) : (km/h x Sitze), km/h-Wert *04
*11	Bei 300 Stunden pro Jahr
*12	Bei 300 Stunden pro Jahr

Ausführliche Definitionen im alphabetischen Teil.

D-EHYO

Swearingen Merlin III B

TECHNISCHE DATEN

Triebwerk	2 x Garrett TPE 331
Triebwerkart	Propellerturbinen
Treibstoffart	Kerosin
Triebwerkleistung (PS)	2 x 900
Triebwerkleistung (kW)	2 x 662
Flächenanordnung	Tiefdecker
Fahrwerk	Einziehbar
Propeller	2 x Vierblatt, verstellbar, Reverse
Sitzplätze (mit Besatzung)	11
Länge (m)	12,85
Höhe (m)	5,13
Spannweite (m)	14,10
Flügelfläche (qm)	25,78
Leergewicht (kg)	3.538
Zuladung ohne Treibstoff (kg)	170
Zuladung mit Treibstoff (kg)	2.140
Zuladung ohne Treibstoff (%)*01	2,99
Zuladung mit Treibstoff (%)*02	37,74
Treibstoff (Liter)	2.453
Treibstoff (kg)	1.970
Maximales Startgewicht (kg)	5.670
Flächenbelastung (kg/qm)	219,94
Leistungsbelastung (kg/PS)	3,15
Leistungsbelastung (kg/kW)	4,28
Höchstgeschwindigkeit (km/h)*03	571
Reisegeschwindigkeit (km/h)*04	553
Abreissgeschwindigkeit (km/h)*05	164
Steigleistung einmotorig (m/sek)	3,67
Steigleistung zweimotorig (m/sek)	14,13
Dienstgipfelhöhe einmotorig (m)	5.029
Dienstgipfelhöhe zweimotorig (m)	9.571
Reichweite (km)*06	3.391
Startrollstrecke (m)	532
Startstrecke über 15-m-Hindernis (m)	905
Landerollstrecke (m)	449
Landestrecke über 15-m-Hindernis (m)	987

KOSTENWERTE

Anschaffungspreis (DM)	3.213.000
Fixe Kosten (DM/p.a.)*07	565.837
Variable Kosten (DM/h)*08	1.031,00
Treibstoffverbrauch (Liter/h)*09	396,0
Treibstoffverbrauchsindex*10	5,21

KOSTEN JE FLUGSTUNDE UND JAHR BEI:

050 Stunden pro Jahr (DM)	3.512/12.348
100 Stunden pro Jahr (DM)	2.272/6.689
150 Stunden pro Jahr (DM)	1.858/4.803
200 Stunden pro Jahr (DM)	1.651/3.860
250 Stunden pro Jahr (DM)	1.527/3.294
300 Stunden pro Jahr (DM)	1.445/2.917
350 Stunden pro Jahr (DM)	1.386/2.648
400 Stunden pro Jahr (DM)	1.341/2.446
450 Stunden pro Jahr (DM)	1.307/2.289
500 Stunden pro Jahr (DM)	1.279/2.163
Flugkilometer (DM/km)*11	2,61/5,28
Sitzplatzkilometer (DM/km)*12	0,24/0,48

*ERLÄUTERUNGEN

Alle Kostenwerte verstehen sich ohne Mehrwertsteuer. Bei den Flugstundenkosten enthält der 1. Wert keine Abschreibung und keine Kapitalzinsen (sogenannte „Bürgerliche Kalkulation").

*01	Bezogen auf das maximale Startgewicht
*02	Bezogen auf das maximale Startgewicht
*03	In Meereshöhe (MSL)
*04	65 % Leistung in typischer Reiseflughöhe
*05	Volle Klappen in Landekonfiguration
*06	Wie Wert *04, mit maximaler Tankfüllung
*07	Abschreibung, Zinsen, Sonstige Fixkosten
*08	Treibstoff, Öl, Landegeb., Wartung, Rücklagen
*09	65 % Leistung in typischer Reiseflughöhe
*10	(Liter x 80) : (km/h x Sitze), km/h-Wert *04
*11	Bei 300 Stunden pro Jahr
*12	Bei 300 Stunden pro Jahr

Ausführliche Definitionen im alphabetischen Teil.

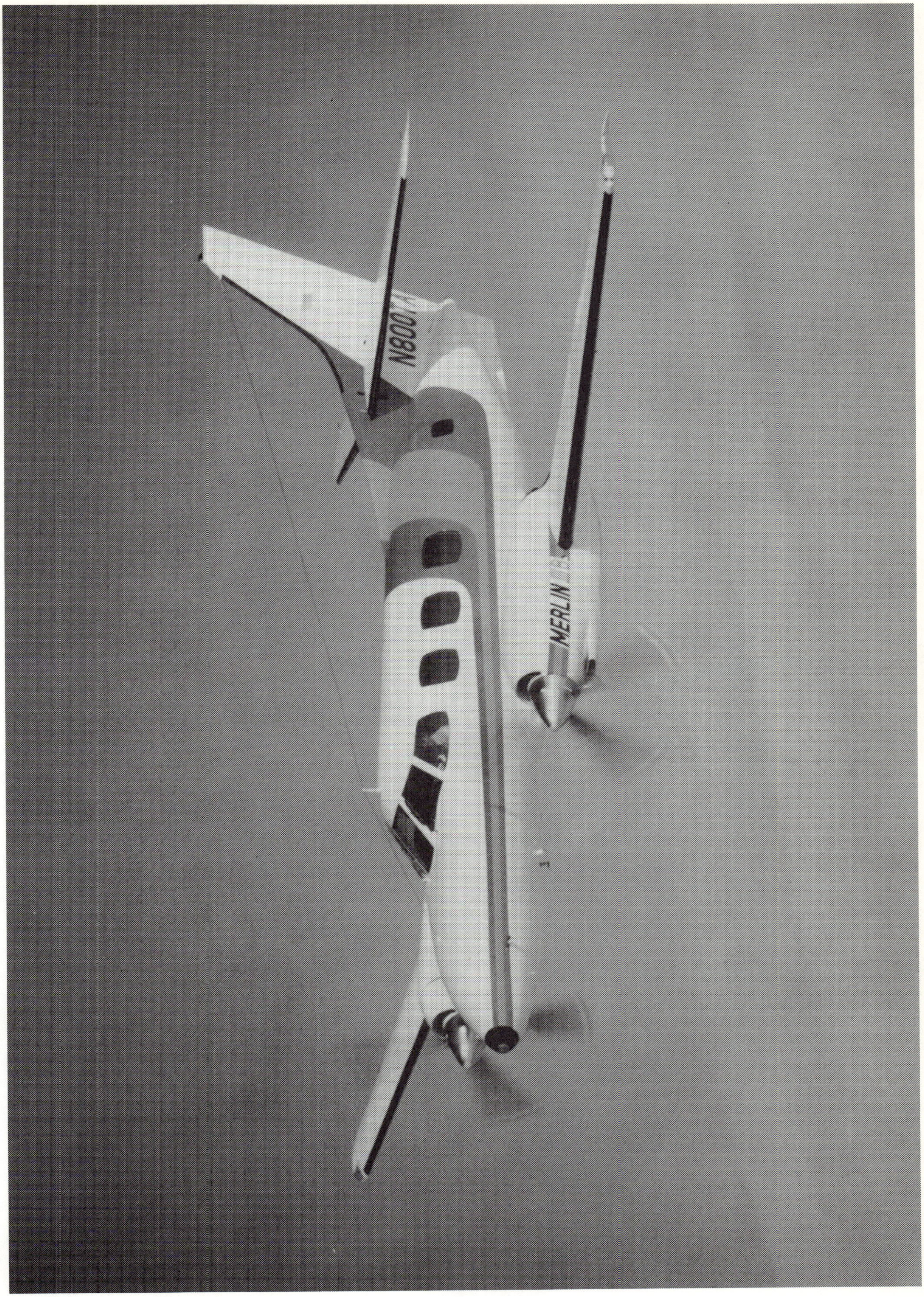
MERLIN

Swearingen Metro II

TECHNISCHE DATEN

Triebwerk . . . . 2 x Garrett TPE 331
Triebwerkart . . . . Propellerturbinen
Treibstoffart . . . . Kerosin
Triebwerkleistung (PS) . . . . 2 x 940
Triebwerkleistung (kW) . . . . 2 x 692

Flächenanordnung . . . . Tiefdecker
Fahrwerk . . . . Einziehbar
Propeller . . . . 2 x Vierblatt, verstellbar, Reverse
Sitzplätze (mit Besatzung) 22

Länge (m) 18,08
Höhe (m) 5,08
Spannweite (m) 14,10
Flügelfläche (qm) 25,78

Leergewicht (kg) 3.537
Zuladung ohne Treibstoff (kg) 129
Zuladung mit Treibstoff (kg) 2.088
Zuladung ohne Treibstoff (%)*01 2,29
Zuladung mit Treibstoff (%)*02 37,12
Treibstoff (Liter) 2.449
Treibstoff (kg) 1.959
Maximales Startgewicht (kg) 5.625

Flächenbelastung (kg/qm) 218,19
Leistungsbelastung (kg/PS) 2,99
Leistungsbelastung (kg/kW) 4,07

Höchstgeschwindigkeit (km/h)*03 474
Reisegeschwindigkeit (km/h)*04 449
Abreissgeschwindigkeit (km/h)*05 159

Steigleistung einmotorig (m/sek) 3,30
Steigleistung zweimotorig (m/sek) 12,19
Dienstgipfelhöhe einmotorig (m) 4.480
Dienstgipfelhöhe zweimotorig (m) 8.230
Reichweite (km)*06 . . . . 2.617

Startrollstrecke (m) 470
Startstrecke über 15-m-Hindernis (m) 799
Landerollstrecke (m) 492
Landestrecke über 15-m-Hindernis (m) 1.082

KOSTENWERTE

Anschaffungspreis (DM) 3.213.000
Fixe Kosten (DM/p.a.)*07 . . . . 565.837
Variable Kosten (DM/h)*08 . . . . 1.045,00
Treibstoffverbrauch (Liter/h)*09 413,6
Treibstoffverbrauchsindex*10 3,68

KOSTEN JE FLUGSTUNDE UND JAHR BEI:

050 Stunden pro Jahr (DM) 3.526/12.362
100 Stunden pro Jahr (DM) 2.286/6.704
150 Stunden pro Jahr (DM) 1.872/4.817
200 Stunden pro Jahr (DM) 1.665/3.874
250 Stunden pro Jahr (DM) 1.541/3.309
300 Stunden pro Jahr (DM) 1.459/2.931
350 Stunden pro Jahr (DM) 1.400/2.662
400 Stunden pro Jahr (DM) 1.355/2.460
450 Stunden pro Jahr (DM) 1.321/2.303
500 Stunden pro Jahr (DM) 1.293/2.177

Flugkilometer (DM/km)*11 . . . . 3,25/6,53
Sitzplatzkilometer (DM/km)*12 . . . . 0,16/0,33

*ERLÄUTERUNGEN

Alle Kostenwerte verstehen sich ohne Mehrwertsteuer. Bei den Flugstundenkosten enthält der 1. Wert keine Abschreibung und keine Kapitalzinsen (sogenannte „Bürgerliche Kalkulation").

*01 . . . . Bezogen auf das maximale Startgewicht
*02 . . . . Bezogen auf das maximale Startgewicht
*03 . . . . In Meereshöhe (MSL)
*04 . . . . 65 % Leistung in typischer Reiseflughöhe
*05 . . . . Volle Klappen in Landekonfiguration
*06 . . . . . . Wie Wert *04, mit maximaler Tankfüllung
*07 . . . . . . Abschreibung, Zinsen, Sonstige Fixkosten
*08 . . . Treibstoff, Öl, Landegeb., Wartung, Rücklagen
*09 . . . . 65 % Leistung in typischer Reiseflughöhe
*10 . . . . (Liter x 80) : (km/h x Sitze), km/h-Wert *04
*11 . . . . Bei 300 Stunden pro Jahr
*12 . . . . Bei 300 Stunden pro Jahr

Ausführliche Definitionen im alphabetischen Teil.

N324BA

Swearingen Merlin IV A

TECHNISCHE DATEN

Triebwerk	2 x Garrett TPE 331
Triebwerkart	Propellerturbinen
Treibstoffart	Kerosin
Triebwerkleistung (PS)	2 x 840
Triebwerkleistung (kW)	2 x 618
Flächenanordnung	Tiefdecker
Fahrwerk	Einziehbar
Propeller	2 x Vierblatt, verstellbar, Reverse
Sitzplätze (mit Besatzung)	21
Länge (m)	18,11
Höhe (m)	5,13
Spannweite (m)	14,10
Flügelfläche (qm)	21,16
Leergewicht (kg)	3.690
Zuladung ohne Treibstoff (kg)	260
Zuladung mit Treibstoff (kg)	1.935
Zuladung ohne Treibstoff (%)*01	4,62
Zuladung mit Treibstoff (%)*02	34,40
Treibstoff (Liter)	2.094
Treibstoff (kg)	1.675
Maximales Startgewicht (kg)	5.625
Flächenbelastung (kg/qm)	265,83
Leistungsbelastung (kg/PS)	3,35
Leistungsbelastung (kg/kW)	4,55
Höchstgeschwindigkeit (km/h)*03	499
Reisegeschwindigkeit (km/h)*04	444
Abreissgeschwindigkeit (km/h)*05	155
Steigleistung einmotorig (m/sek)	3,30
Steigleistung zweimotorig (m/sek)	12,19
Dienstgipfelhöhe einmotorig (m)	4.480
Dienstgipfelhöhe zweimotorig (m)	8.229
Reichweite (km)*06	2.462
Startrollstrecke (m)	469
Startstrecke über 15-m-Hindernis (m)	798
Landerollstrecke (m)	492
Landestrecke über 15-m-Hindernis (m)	1.082

KOSTENWERTE

Anschaffungspreis (DM)	3.213.000
Fixe Kosten (DM/p.a.)*07	565.837
Variable Kosten (DM/h)*08	1.045,00
Treibstoffverbrauch (Liter/h)*09	413,6
Treibstoffverbrauchsindex*10	4,97

KOSTEN JE FLUGSTUNDE UND JAHR BEI:

050 Stunden pro Jahr (DM)	3.526/12.362
100 Stunden pro Jahr (DM)	2.286/6.704
150 Stunden pro Jahr (DM)	1.872/4.817
200 Stunden pro Jahr (DM)	1.665/3.874
250 Stunden pro Jahr (DM)	1.541/3.309
300 Stunden pro Jahr (DM)	1.459/2.931
350 Stunden pro Jahr (DM)	1.400/2.662
400 Stunden pro Jahr (DM)	1.355/2.460
450 Stunden pro Jahr (DM)	1.321/2.303
500 Stunden pro Jahr (DM)	1.293/2.177

Flugkilometer (DM/km)*11	3,29/6,60
Sitzplatzkilometer (DM/km)*12	0,22/0,44

*ERLÄUTERUNGEN

Alle Kostenwerte verstehen sich ohne Mehrwertsteuer. Bei den Flugstundenkosten enthält der 1. Wert keine Abschreibung und keine Kapitalzinsen (sogenannte „Bürgerliche Kalkulation").

*01	Bezogen auf das maximale Startgewicht
*02	Bezogen auf das maximale Startgewicht
*03	In Meereshöhe (MSL)
*04	65 % Leistung in typischer Reiseflughöhe
*05	Volle Klappen in Landekonfiguration
*06	Wie Wert *04, mit maximaler Tankfüllung
*07	Abschreibung, Zinsen, Sonstige Fixkosten
*08	Treibstoff, Öl, Landegeb., Wartung, Rücklagen
*09	65 % Leistung in typischer Reiseflughöhe
*10	(Liter x 80) : (km/h x Sitze), km/h-Wert *04
*11	Bei 300 Stunden pro Jahr
*12	Bei 300 Stunden pro Jahr

Ausführliche Definitionen im alphabetischen Teil.